Bienvenue dans le monde

Pratiques et faciles à lire, les livres TOUT SUR répondent à toutes vos questions. Que vous souhaitiez réaliser un projet difficile, commencer un nouveau passe-temps, préparer un examen, réviser une matière un peu oubliée, ou simplement en apprendre davantage sur un sujet qui vous passionne, la collection TOUT SUR est là pour vous.

Vous pouvez lire un livre TOUT SUR d'un bout à l'autre, ou aller simplement chercher les informations qui vous manquent. Nous vous donnons littéralement tout ce qu'il faut connaître. Avec en prime des détails amusants.

La collection TOUT SUR touche à des domaines variés. Lorsque vous aurez lu un livre de la collection, vous pourrez finalement vous vanter de connaître TOUT SUR... !

FAIT

Tous les renseignements importants et pertinents

À retenir

Trucs et astuces pratiques

Attention !

Recommandations et mises en garde importantes

Question ?

Solutions aux problèmes courants

TOUT SUR L'ALIMENTATION SANS GLUTEN

LIVRE DE RECETTES

Chère lectrice,

Cher lecteur,

Des milliers de personnes souffrent d'une allergie au gluten, le produit chimique qu'on trouve dans le blé et qui sert à agglomérer le pain. Il est dramatique qu'un enfant ne puisse pas déguster un gâteau d'anniversaire, un sandwich au beurre d'arachide et à la confiture sur du pain blanc ou du macaroni au fromage du commerce. Pour ceux qui souffrent d'une telle allergie, une assiette de pâtes ou de la pizza sont des plats interdits.

La situation est également compliquée pour l'adulte qui, en route vers une réunion, ne peut pas prendre un repas sur le pouce, manger un beignet ou avaler rapidement un sandwich. Les parents doivent faire attention à ce qu'ils déposent dans leur panier d'épicerie. Manger à l'extérieur de la maison représente un défi : participer à une réception ou à une fête peut nécessiter un haut degré de diplomatie afin de traiter avec l'hôte ou l'hôtesse, le cuisinier ou le chef.

Cet ouvrage vous montrera comment cuisiner et savourer de délicieux plats légers sans gluten, avec des recettes faciles à la portée de tous.

Rick Marx et Nancy T. Maar

Rick Marx   Nancy T. Maar

TOUT SUR L'ALIMENTATION SANS GLUTEN

LIVRE DE RECETTES

300 recettes appétissantes adaptées à vos besoins !

Rick Marx et Nancy T. Maar

Traduit de l'anglais par
Nathalie Tremblay

ADA éditions

Cet ouvrage est dédié aux milliers de personnes souffrant d'allergies alimentaires ou atteintes de la maladie cœliaque, qui cherchent une solution santé pour les repas, dans l'espoir que ces recettes deviennent des plats santé délicieux et faciles à préparer !

Titre original anglais : The Everything Gluten-free Cookbook

Éditeur : François Doucet
Traduction : Nathalie Tremblay
Révision linguistique : Féminin Pluriel
Correction d'épreuves : Nancy Coulombe, Carine Paradis
Montage de la couverture : Matthieu Fortin
Illustrations de la couverture : Barry Littmann
Mise en pages : Sylvie Valois
ISBN papier : 978-2-89667-122-9
ISBN numérique : 978-2-89683-020-6
Première impression : 2010
Dépôt légal : 2010
Bibliothèque et Archives nationales du Québec
Bibliothèque Nationale du Canada

Éditions AdA Inc.
1385, boul. Lionel-Boulet
Varennes, Québec, Canada, J3X 1P7
Téléphone : 450-929-0296
Télécopieur : 450-929-0220
www.ada-inc.com
info@ada-inc.com

Diffusion

Canada :	Éditions AdA Inc.
France :	D.G. Diffusion Z.I. des Bogues 31750 Escalquens — France Téléphone : 05.61.00.09.99
Suisse :	Transat — 23.42.77.40
Belgique :	D.G. Diffusion — 05.61.00.09.99

Imprimé au Canada

Participation de la SODEC.
Nous reconnaissons l'aide financière du gouvernement du Canada par l'entremise du Programme d'aide au développement de l'industrie de l'édition (PADIÉ) pour nos activités d'édition.
Gouvernement du Québec — Programme de crédit d'impôt pour l'édition de livres — Gestion SODEC.

Catalogage avant publication de Bibliothèque et Archives nationales du Québec et Bibliothèque et Archives Canada

Marx, Rick
Tout sur l'alimentation sans gluten
Traduction de : The everything gluten-free cookbook.
ISBN 978-2-89667-122-9
1. Régimes sans gluten - Recettes. I. Maar, Nancy. II. Titre.

RM237.86.M3714 2010 641.5'638 C2010-940776-8

Table des matières

Remerciements

À ceux qui ont contribué à la création de cet ouvrage, Rick Marx souhaiterait remercier Judy Lynch, la première à avoir attiré notre attention sur les besoins des gens atteints de la maladie cœliaque ; Pat MacGregor, président du Gluten-Free Restaurant Awareness Program et membre du conseil du Celiac Sprue Support Group de Westchester, pour avoir si généreusement offert son temps et partagé ses connaissances ; Alessio Fasano, M.D., professeur de pédiatrie et directeur du service de gastro-entérologie pédiatrique et de nutrition, et directeur médical du Center for Celiac Research ; Dre Audrey Birnbaum, M.D., médecin affiliée à l'hôpital Northern Westchester de Mount Kisco, dans l'État de New York ; et Kathy Garrett, pour ses articles sur l'alimentation sans gluten parus dans le *Record-Review*.

Nancy Maar remercie son mari, Leonard Maar, pour son aide avec les recettes et pour avoir joué le rôle de goûteur, et ses amis du St. Paul's on the Green à Norwalk dans le Connecticut, pour avoir partagé leur recette de gâteau au fromage et au chocolat. Elle remercie ses enfants, qui sont toujours heureux qu'elle fasse ce qu'elle aime !

À notre agente, June Clark, pour avoir cru au projet et nous avoir aidés à le réaliser, et à notre éditrice, Kate Burgo, et tous les gens extraordinaires chez Adams Media.

Introduction

▶ Comme quiconque ayant déjà tenté de s'adapter à un monde qui ne se préoccupe pas de l'alimentation sans gluten le sait déjà, une cuisine ou un restaurant peut devenir une expérience semée d'embûches, avec des obstacles dans tous les sens. Chaque ingrédient, chaque produit, doit être examiné minutieusement et analysé, et une approche sûre doit être adoptée. Les gens qui souffrent d'une intolérance au gluten — du lot, tous ceux atteints de la maladie cœliaque et d'autres allergies alimentaires — savent qu'ils doivent déchiffrer les étiquettes non seulement des coupables potentiels évidents, mais également des aliments auxquels les profanes ne pensent pas. Les aliments de base comme la sauce soya, le vinaigre de malt et certaines marques de levure chimique peuvent contenir du gluten.

Heureusement, des ingrédients de rechange faits de riz, de maïs et d'autres sources se trouvent facilement dans le commerce ou en ligne. Notre objectif est de servir ceux qui ont besoin d'un environnement sans gluten et de les aider à rester sains d'esprit, à adopter une approche délicieuse et saine pour les repas, tout en éliminant les ingrédients nuisibles à la santé et qui peuvent provoquer des effets indésirables.

Notre but a été d'utiliser des ingrédients de tous les jours, simples et qui se trouvent dans la plupart des épiceries et des marchés d'aliments naturels. Dans certains cas, les ingrédients exotiques peuvent nécessiter une recherche sur le site Web d'une des nombreuses et excellentes boutiques consacrées à ceux atteints de la maladie cœliaque et d'autres allergies alimentaires.

Nous proposons des solutions à ceux qui apprécient la bonne chère et la cuisine de tous les jours, et qui cherchent à se trouver un menu équilibré et savoureux de recettes délicieuses. Nous avons tenté d'éviter les plats les plus exotiques, bien que nous espérions avoir réussi à proposer des recettes intéressantes et utiles, pour vous aider à établir un régime alimentaire sain.

Comme nous l'avons découvert, développer une cuisine et un style de vie sans gluten n'est pas une aventure solitaire. La coopération entre les membres de la famille, les amis et les colocataires peut s'avérer essentielle à un mode de vie sans gluten. À cet effet, nous avons cherché à présenter des recettes délicieuses qui plairont non seulement à ceux qui doivent éviter le gluten, mais également à ceux qui ne souffrent pas d'une telle intolérance. Les meilleurs compliments reçus jusqu'à présent viennent de ceux qui ont apprécié nos repas non pas parce qu'ils sont sans gluten, mais bien parce qu'ils sont tout simplement délicieux.

Nous avons divisé cet ouvrage en un grand éventail de choix sans gluten. Nous proposons des recettes de viandes, de poissons, de volaille et des plats végétariens, en plus de soupes et de variétés de recettes à base de maïs et de riz. Les condiments et les sauces jouent un rôle important pour donner vie à un repas, c'est pourquoi nous avons inclus, entre autres, une grande variété de chutneys et de salsas. Nous proposons également des idées de petits déjeuners et de déjeuners, à savourer tous les jours. Vous serez en mesure d'organiser des repas entre amis et vous prendrez plaisir à cuisiner pour les enfants. Quel que soit votre plat préféré, vous découvrirez de nouvelles recettes et de nouvelles façons de vous amuser dans la cuisine, que ce soit pour vous, pour la famille ou pour une réception. De nouvelles possibilités s'offrent à vous sur une base quotidienne, tandis que les ingrédients sont de plus en plus faciles à obtenir et que l'Internet vous permet de joindre un groupe de soutien ou de vous rapprocher de vos amis.

La conscientisation des allergies au gluten et le désir d'un régime alimentaire sain ont mené à un intérêt croissant et à une plus grande demande pour des plats et des recettes sans gluten de qualité. Des groupes de restauration sans gluten ont été formés, ce qui a motivé des personnes à parfaire leurs connaissances et à avoir accès à des recettes et à des ingrédients sans gluten. Le livre de recettes *Tout sur l'alimentation sans gluten* est un guide pratique pour cuisiner des collations et des repas sans gluten délicieux et sains.

Chapitre 1

La base de l'alimentation sans gluten

Bien des gens ignorent ce qu'est un régime alimentaire sans gluten, jusqu'à ce qu'ils apprennent qu'ils doivent en adopter un. À moins que vous ou qu'un de vos proches ne souffriez de graves allergies alimentaires, il se peut que vous ne sachiez pas ce qu'implique exactement la cuisine sans gluten. Ce chapitre trace les grandes lignes de ce genre de régime alimentaire.

Pourquoi un régime alimentaire sans gluten?

Un régime alimentaire est-il important pour votre style de vie? Si vous avez des allergies alimentaires ou la maladie auto-immunitaire connue sous le nom de « maladie cœliaque », il peut s'avérer important pour vous de prendre votre vie en main et d'adopter un nouveau régime alimentaire.

Environ 1 personne sur 133 est atteinte de la maladie cœliaque, et les organismes de la santé soutiennent que 2 à 2,5 % de la population en général souffre d'allergies alimentaires, soit de 6 à 7 millions d'Américains. La distinction entre les allergies alimentaires et la maladie cœliaque est que cette dernière est une maladie auto-immune, à l'instar du diabète.

Contrairement aux autres maladies auto-immunes, cependant, les médecins connaissent l'élément déclencheur de la maladie cœliaque : le gluten, qui engendre une réponse immunitaire qui fait en sorte que le corps se retourne contre lui-même. Deux éléments clés entrent en jeu dans la maladie cœliaque : les gènes et les facteurs environnementaux.

La maladie cœliaque est un trouble intestinal causé par une intolérance de certaines personnes au gluten, une protéine du blé, du seigle, de l'orge et de certaines autres céréales. Le gluten irrite la paroi intestinale, gênant ainsi l'absorption des éléments nutritifs et de l'eau. Contrairement à certaines allergies alimentaires, la maladie cœliaque ne « passe » pas et ceux qui en souffrent doivent demeurer vigilants, afin de maintenir leur régime sans gluten. Non traitée, la maladie peut entraîner d'importantes complications et mener à une maladie à long terme. La maladie est permanente, et des dommages à l'intestin grêle surviennent chaque fois que du gluten est ingéré, que des symptômes soient présents ou non. Les réactions de ceux qui souffrent de cette maladie varient, mais elles sont inévitables. Le seul remède consiste à être fidèle à un régime alimentaire entièrement sans gluten.

FAIT

Les tests de la maladie cœliaque commencent par une analyse sanguine grâce à laquelle les médecins examinent les anticorps qui sont des marqueurs importants de la prédisposition à la maladie. L'analyse sanguine est souvent suivie d'une biopsie de l'intestin.

Maintenir un style de vie sans gluten implique de suivre un régime alimentaire sans gluten bien équilibré, riche en protéines et faible en matière grasse. Les insuffisances de certains éléments nutritifs chez les gens atteints de la maladie cœliaque comprennent un manque de calcium, de vitamine B et de vitamines A, C, D, K et E. Il est important pour eux de bien suivre un régime alimentaire équilibré afin de s'assurer de donner à leur corps les vitamines dont il a besoin.

Quoi manger ?

Le régime alimentaire sans gluten comprend l'élimination complète de tous les aliments qui contiennent des protéines qu'on retrouve dans le blé, le seigle, l'orge et plusieurs autres céréales. Avant d'entreprendre un régime alimentaire sans gluten, il est préférable de consulter un médecin afin de déterminer si l'élimination du gluten vous convient. Il n'est pas conseillé de commencer un régime alimentaire avant d'avoir terminé les examens médicaux, cela complique le diagnostic. Vaut mieux prévenir que guérir.

Lorsque la décision d'adopter un régime alimentaire sans gluten est prise, il est possible de se procurer les ingrédients dans les magasins d'aliments naturels, en ligne et dans certaines épiceries. Les fruits frais, la viande et les légumes représentent un bon point de départ — rappelez-vous toujours que s'ils sont frais, ils sont sans gluten. Si les aliments sont manufacturés ou préparés, il y a des chances qu'ils ne soient pas sans gluten. Pour composer un régime alimentaire sans gluten, il faut éliminer les produits à base de céréales de blé, dont, évidemment, le pain, les gâteaux et les biscuits, mais aussi d'autres aliments moins évidents comme les produits contenant de l'amidon de froment et d'autres grains dérivés contenant du gluten.

Chaque personne atteinte de la maladie cœliaque doit devenir un peu chimiste. La préparation d'aliments sans gluten délicieux requiert de l'exercice, de la diligence et de l'expérimentation. Audrey Birnbaum, M.D., médecin affiliée à l'hôpital Northern Westchester de Mount Kisco dans l'État de New York, spécialisée dans les troubles gastro-intestinaux pédiatriques et les allergies alimentaires, recommande l'achat de produits sur Internet ou dans les magasins d'aliments naturels, en plus de suivre les conseils d'un diététiste. Elle affirme qu'il est habituellement facile de rendre toute la maisonnée à l'aise avec un régime sans gluten.

« Tentez de viser la perfection, soutient la Dre Birnbaum. Peut-on tricher ? Je conseille à mes patients d'apporter leurs propres petits gâteaux sans gluten. Sans devenir obsessif, il faut consommer intelligemment. »

Cela signifie consulter les étiquettes, vérifier les sites Web et être bien informé des percées médicales. Certains compléments alimentaires peuvent être nécessaires pour remplacer les éléments nutritifs perdus par l'élimination du blé et du gluten, du régime alimentaire. Par exemple, les besoins en fer du corps peuvent augmenter.

La nutritionniste Renee Simon recommande de suivre les quatre R de l'alimentation :

- Retirer les aliments malsains ;
- Remplacer ceux-ci par des ingrédients importants dans l'alimentation ;
- Rajeunir par l'exercice et un style de vie sain ;
- Revigorer le corps avec un régime alimentaire santé régulier.

Malgré la section d'aliments sans gluten des épiceries, faire ses courses peut être un casse-tête. Il faut tout de même consulter chaque étiquette. Préparer les repas peut exiger beaucoup d'efforts, surtout au début. En consommant des aliments frais, en faisant le plein de bons ingrédients, en s'informant et en étoffant sa boîte à recettes, il est possible de tirer profit d'un régime alimentaire sans gluten, dès le premier jour ou en moins de six semaines. Des compléments alimentaires comme l'échinacée, pour stimuler le système immunitaire, l'ail, qui est un antibactérien, la vitamine C et des herbes chinoises sont utiles pour vous aider à vivre une vie en santé.

Sans gluten pour les enfants

La maladie cœliaque peut se développer à tout âge et se présente parfois dès l'âge de un an. Certains médecins font des recherches qui pourraient tisser des liens entre le gluten et les allergies alimentaires, et d'autres maladies et syndromes, par exemple l'autisme et le syndrome d'Asperger. Les médecins cherchent à déterminer s'il est possible de gérer ce type de troubles grâce à un régime alimentaire sans gluten ou sans caséine.

À retenir

Une fois la décision de remplacer le gluten prise, « c'est une expérience de vie, une expérience qui transforme la vie », affirme Pat MacGregor, membre d'un groupe de soutien pour les gens atteints de la maladie cœliaque. « J'étais résolue à ce que ma fille n'en souffre pas. Si les autres enfants mangeaient de la pizza et des biscuits, elle mangerait aussi de la pizza et des biscuits. »

À la maison, il est possible de surveiller l'alimentation des enfants. À l'école et à l'extérieur, ce n'est pas aussi facile. L'éducation, la planification et la vigilance sont importantes pour mettre en place et maintenir un environnement scolaire sûr. Pourquoi ne pas proposer aux enfants une glacière bondée de leurs aliments et boissons préférés, ou les encourager à apporter des fruits séchés ou des raisins secs sans gluten avec eux ?

Les parents peuvent planifier un style de vie sans gluten en discutant avec l'infirmière de l'école de leurs enfants. Dans certaines écoles, une trousse éducative et des formulaires sont fournis aux parents d'enfants allergiques, ce qui contribue à informer les enseignants et les autres membres du personnel au sujet des besoins de ces enfants, les maintenant sur un pied d'alerte pour toutes situations potentiellement dangereuses pouvant entraîner une réaction allergique. L'infirmière peut chercher à développer un plan visant à réduire les risques de réaction allergique et à intervenir en cas d'urgence. Une bonne infirmière scolaire peut aider à stimuler l'estime de soi d'un enfant, tenir la famille au courant des nouvelles et leur donner de l'information.

« Il est vraiment important pour nous que notre fils soit traité comme « Benjamin » et non pas comme « le garçon qui a des allergies alimentaires », soutient le parent d'un enfant fréquentant la maternelle, qui est atteint de la maladie cœliaque. « Tout le monde doit composer avec une chose ou une autre dans sa vie — nous, c'est avec ça. »

L'idée que l'enfant soit en sécurité et en santé tout en fréquentant l'école comme tout le monde est de la plus haute importance. Que l'enfant puisse faire partie d'un groupe est également tout au haut des priorités.

Manger à l'extérieur

Sortir manger un repas sans gluten peut s'avérer une tâche ardue. Au restaurant, clarifier la demande d'un repas sans gluten au serveur et au chef est un processus complexe. Changez la dynamique en adoptant une approche différente. Plutôt que de consulter le menu et d'y noter toutes les bonnes choses que vous « ne pouvez pas » manger, chercher toutes celles que vous « pouvez » manger. Éliminez mentalement les pâtes, sandwichs, sauces et tout autre plat complexe. Certaines sauces soya peuvent contenir du gluten. Bon nombre de sauces des restaurants contiennent du gluten, et parfois le bœuf et le poulet sont préparés dans des emballages sous vide avec du bouillon qui peut contenir du gluten. Une salade peut être accompagnée de croûtons. Il faudra également éviter tout aliment pané ou en pâte à frire. Les frites, les rondelles d'oignon, les ailes de poulet et autres aliments roulés dans la farine représentent un autre piège.

Attention !

Pour ceux qui sont particulièrement allergiques, vaut mieux ne rien tenir pour acquis. Le chef sait peut-être quels plats ne contiennent pas de gluten, mais les serveurs l'ignorent probablement.

À l'instar de Pat, il peut être intéressant de lancer un groupe de restauration dans votre région. Vous y trouverez la camaraderie, le soutien moral et une source de recettes et de repas délicieux. Pat travaille auprès des propriétaires de restaurant et des chefs pour la conception d'un programme où les membres du groupe se réunissent une fois par mois, pour déguster un repas sans gluten. Cherchez des restaurants prêts à tenter l'expérience. Plutôt que de vous fâcher de ce qu'ils ne peuvent pas faire, travaillez avec les chefs et les gérants pour bâtir un repas qui vous convient. (Peut-être découvrirez-vous vous-même quelques nouvelles recettes délicieuses!)

Certaines chaînes de restauration ont élaboré des menus sans gluten, dont McDonald's, Outback Steakhouse et P.F. Chang's. Repérez-les à l'avance lorsque vous planifiez vos déplacements.

Vivre sans gluten

Les supermarchés, particulièrement les magasins d'aliments naturels, proposent une variété d'aliments sans gluten. Visitez votre magasin d'aliments naturels du coin ou naviguez en ligne. Parlez-en à des amis ou pendant une rencontre avec un groupe de soutien, bref, à des gens qui ont l'expérience de la maladie cœliaque ou des allergies alimentaires. Découvrez toutes les farines que vous pouvez utiliser, et maximisez les ressources qui s'offrent à vous.

Pour aménager un garde-manger sans gluten, assurez-vous d'avoir en main quatre sortes de farine. Nous vous recommandons la farine de riz, de maïs, de châtaigne (pour les desserts) et de quinoa (pour les protéines). Vous aurez besoin d'un mélangeur électrique, d'un batteur-mélangeur, d'un robot culinaire, des articles que tout cuisinier trouverait utiles et qui sont essentiels à la préparation de repas sans gluten. Faites le plein de fruits et de légumes frais, de viandes de qualité et de fruits de mer de première qualité. Évitez les aliments préassaisonnés, puisque de la farine entre peut-être dans la composition de l'assaisonnement.

FAIT

La loi américaine sur l'emballage et l'étiquetage offre aux consommateurs des renseignements utiles sur ce qui entre dans la préparation des aliments qu'ils achètent. La loi comprend l'étiquetage des produits à base de blé, afin que les gens atteints de la maladie cœliaque puissent facilement identifier les ingrédients.

Scott Adams, fondateur de celiac.com et du Gluten Free Mall, propose un site en ligne qui offre une vaste gamme de produits sans gluten. Scott, qui est atteint de la maladie cœliaque, s'est lancé en affaires en 1996 afin d'offrir aux consommateurs de meilleurs choix de produits sans gluten. Scott conseille aux consommateurs de dresser leur liste en consultant des groupes de soutien et en effectuant leur recherche à la maison et en ligne. Son site et d'autres du même genre proposent des liens de fabricants, des produits et des renseignements sur les produits.

- Au supermarché et à l'épicerie, consultez toujours les étiquettes ;
- Posez des questions partout et tout le temps ;
- N'hésitez pas à partager votre existence sans gluten avec autrui.

Cuisinez pour vos amis et votre famille. La coauteure Nancy Maar a apporté un gâteau au fromage choco-menthe sans gluten, pour le partager avec les paroissiens de son église. « Je leur ai dit : "Ce gâteau est sans gluten." Ils ont répondu : "Pas de problème, nous y goûterons." La plupart des gens se préoccupaient peu du fait qu'il soit sans gluten. Ils voulaient simplement qu'il ait bon goût. »

Ne vous sentez pas démuni ; les aliments sans gluten sont tout aussi délicieux que les autres. Par exemple, les aliments frits à la façon du Sud ne contiennent pas de farine de blé — il s'agit de farine ou de semoule de maïs. Trempez la viande, la volaille, les légumes et les crevettes dans la farine de maïs et les œufs, puis dans la semoule de maïs et vous obtiendrez une délicieuse friture.

Une visite dans une épicerie étrangère peut vous donner de nouvelles idées de repas. La farine de maïs, qu'on trouve dans les épiceries latino-américaines, est excellente. Le risotto, un essentiel de la cuisine italienne, est une solution de rechange délicieuse pour les pâtes. Essayez des substituts de farine dans vos recettes traditionnelles.

Nous croyons que malgré un bon appareil pour fabriquer des pâtes, les pâtes sans gluten du commerce sont une bonne solution. Essayez donc l'une de ces délicieuses pâtes sans gluten qu'on trouve au magasin d'aliments naturels ou à l'épicerie asiatique, ou encore en ligne.

N'oubliez pas que l'expérimentation fait partie du processus, alors ne vous découragez pas. Lorsque vous commencerez à cuisiner, tout ne sera pas parfait du premier coup. Essayez de nouveau jusqu'à ce que vous réussissiez.

Soyez créatif. Variez les ingrédients et les quantités, et suivez les recettes de cet ouvrage pour atteindre le succès. Bon appétit !

Chapitre 2

Hors-d'œuvre, canapés et salades

Trempette épicée aux artichauts et aux épinards

Donne 500 ml (2 tasses)

- 1 paquet de 284 g (10 oz) d'épinards surgelés, décongelés et hachés
- 30 ml (2 c. à soupe) d'huile d'olive
- 1 pot de 340 g (12 oz) de cœurs d'artichaut, égouttés et hachés
- 125 ml (½ tasse) de fromage à la crème
- 250 ml (1 tasse) de crème sure
- 5 ml (1 c. à thé) de poudre d'ail
- ½ botte d'oignons verts, hachés
- 30 ml (2 c. à soupe) de jus de citron fraîchement pressé
- 1 ml (¼ c. à thé) de noix de muscade, fraîchement râpée

Pour un plat de fête réussi, accompagner cette trempette de pains et de craquelins sans gluten. Cette recette peut être préparée à l'avance, puis réchauffée à la dernière minute.

1. Égoutter les épinards décongelés en les essorant avec un essuie-tout jusqu'à ce que tout le liquide soit absorbé.
2. Faire chauffer l'huile d'olive et ajouter les épinards. Cuire jusqu'à ce qu'ils soient tendres, environ 5 minutes.
3. Retirer la poêle du feu et ajouter le reste des ingrédients ; mélanger. Servir chaud ou froid avec du céleri ou des craquelins.

Le dilemme des artichauts

Certaines personnes adorent les artichauts en conserve du commerce. Nous les préférons frais ou surgelés. La cuisson des artichauts requiert un peu plus de travail, mais même une personne fort occupée peut cuisiner à l'avance. De petits artichauts cuits serviront pour différentes recettes. Il faut simplement retirer les feuilles extérieures.

Trempette épicée au gorgonzola et « cuillères » de poivron

Cette recette est très savoureuse. Plus les herbes sont fraîches, mieux c'est. Utiliser de la ciboulette, du basilic et de l'origan frais.

Donne 500 ml (2 tasses)

- 190 ml (¾ tasse) de gorgonzola, à la température ambiante
- 125 ml (½ tasse) de mayonnaise
- 125 ml (½ tasse) de fromage à la crème, à la température ambiante
- 65 ml (¼ tasse) de piments rouges grillés (ceux en conserve conviennent)
- 10 ml (2 c. à thé) d'herbes fraîches, hachées (telles que l'origan, le basilic et la ciboulette)
- Sel, poivre et sauce Tabasco, au goût
- 4 poivrons rouges doux

1. Mettre tous les ingrédients, sauf les poivrons rouges doux, au robot culinaire et mélanger jusqu'à consistance lisse. Déposer dans un bol de service.
2. Laver, étrogner et épépiner les poivrons rouges, puis les couper en gros morceaux (ils deviendront vos « cuillères »). Disposer les cuillères autour de la trempette.

Un plat de fête excitant, différent et santé

Bon nombre des amuse-gueules de ce chapitre sont moins caloriques que la traditionnelle assiette de fromages vieillis et de craquelins. Ils ne sont absolument pas ennuyeux et plusieurs sont remplis de vitamines, de minéraux et d'éléments phytochimiques santé. Les jolis poivrons rouges et jaunes sont une excellente source de vitamine C.

Donne 6 portions

- 2 boîtes de 284 ml (10 oz) de bouillon de bœuf hyposodique
- 15 ml (1 c. à soupe) de sauce soya sans gluten
- 4 gros œufs
- 250 ml (1 tasse) de crème riche en matière grasse ou de crème à fouetter
- 10 ml (2 c. à thé) de xérès sec
- 750 ml (3 tasses) de petits légumes verts frais
- 6 feuilles de sauge fraîche, pour la garniture

Flan de bœuf délicat

Servir ce flan délicieux sur un lit de petits légumes verts, accompagnés d'une vinaigrette au vin rouge.

1. Amener le bouillon de bœuf à ébullition et laisser réduire aux deux tiers, puis ajouter la sauce soya.
2. Préchauffer le four à 165 °C (325 °F).
3. Dans un grand bol, fouetter les œufs, la crème et le xérès. Lorsque bien mélangés, incorporer dans le bouillon.
4. Vaporiser six moules à flan ou ramequins de 125 ml (4 oz) d'un enduit à cuisson antiadhésif. Répartir également le flan dans les moules. Poser les moules dans une grande rôtissoire de 5 cm (2 po) de hauteur. Placer sur la grille centrale du four, puis ajouter de l'eau bouillante dans le plat.
5. Cuire les flans jusqu'à ce qu'ils soient bien pris, environ 30 minutes. Renverser les flans sur un lit de petits légumes verts. Orner chacun d'une feuille de sauge fraîche et servir chaud.

Petits fours légers au gorgonzola et à la ricotta

Ces petits fours sont légers et délicieux. Vous découvrirez que cette recette fonctionne mieux dans un moule à charnière. Servir chaud ou à la température ambiante.

Donne 6 portions

- 500 ml (2 tasses) de ricotta de lait entier
- 125 ml (½ tasse) de gorgonzola, émietté
- 5 ml (1 c. à thé) d'origan frais ou 1 ml (¼ c. à thé) d'origan séché
- 5 ml (1 c. à thé) de jus de citron fraîchement pressé
- 5 ml (1 c. à thé) de zeste de citron frais
- Sel et poivre, au goût
- 3 blancs d'œufs, battus en neige
- 125 ml (½ tasse) de noisettes, hachées et grillées, pour la garniture

1. Préchauffer le four à 180 °C (350 °F).
2. Mettre le fromage, le jus de citron, le sel et le poivre dans le robot culinaire et mélanger jusqu'à consistance lisse. Transférer dans un bol et replier les blancs d'œufs battus.
3. Vaporiser l'intérieur d'un moule à charnière de 25 cm (10 po). Ajouter le mélange de fromage et cuire environ 30 minutes ou jusqu'à ce que ce soit légèrement doré.
4. Parsemer de noisettes. Laisser refroidir un peu et servir en quartiers.

L'agent liant

Le gluten est le liant qui solidifie le pain, les gâteaux et la pâte à tarte. Lorsque vous remplacez la farine au gluten par de la farine sans gluten, vous devez utiliser des œufs ou tout autre stabilisateur, comme la gomme de guar ou de xanthane, pour bien lier les ingrédients ensemble. Cependant, bien que les œufs fonctionnent dans certaines recettes, n'essayez pas de faire des pâtes sans gluten — il faut une telle quantité de gomme de guar ou de xanthane que le mélange devient visqueux.

Tartinade savoureuse au poulet

Donne 750 ml (3 tasses)

500 ml (2 tasses) de poulet cuit, viande blanche ou brune

1 branche de céleri, hachée grossièrement

1 ou 2 oignons verts, parties blanches pelées

2 échalotes, pelées

170 ml (⅔ tasse) de mayonnaise (pas faible en matière grasse)

5 ml (1 c. à thé) de poudre de cari Madras

5 ml (1 c. à thé) de moutarde de Dijon

5 ml (1 c. à thé) de thym séché

3 ml (½ c. à thé) de sel de céleri

Sel et poivre du moulin, au goût

125 ml (½ tasse) de persil frais, rincé et haché

Il est possible d'utiliser des restes de poulet grillé. Les restes de dinde sont également un excellent choix. Excellent en canapé, pour farcir le céleri ou pour préparer des sandwichs.

Mettre tous les ingrédients au robot culinaire et mélanger grossièrement. Transférer dans un joli bol et réfrigérer jusqu'au moment de servir. Délicieux sur des tranches de baguette sans gluten grillées, avec des croustilles ou sur un lit de laitue, comme plat principal. Des garnitures possibles comprennent la ciboulette hachée, les câpres, les olives vertes ou noires tranchées ou de petits cornichons.

Champignons copieux farcis au bœuf épicé

Cette recette est géniale par une soirée frisquette. Il est possible d'augmenter les quantités et de servir les champignons comme repas, accompagnés d'un bol de soupe.

Donne 4 portions

- 170 g (6 oz) de bœuf haché maigre
- 1 œuf
- 30 ml (2 c. à soupe) de sauce chili
- 5 ml (1 c. à thé) d'ail frais, haché
- 125 ml (½ tasse) d'oignon rouge, haché
- 2,5 cm (1 po) de racine de gingembre, pelée et hachée
- ½ ml (⅛ c. à thé) de cannelle moulue
- 3 ml (½ c. à thé) de flocons de piment rouge séché, ou au goût
- 3 ml (½ c. à thé) de poivre noir du moulin
- Sel, au goût
- 8 très gros champignons
- Eau ou vin blanc (suffisamment pour couvrir le fond d'un plat)
- 40 ml (8 c. à thé) de parmesan frais, râpé, pour la garniture
- 65 ml (¼ tasse) de noix de pin, pour la garniture

1. Pour la farce, mettre le bœuf, l'œuf, la sauce chili, l'ail, l'oignon, les épices et le sel au robot culinaire et bien mélanger.
2. Retirer délicatement les pieds des champignons et garnir les chapeaux de farce.
3. Préchauffer le four à 165 °C (325 °F). Mettre les champignons dans le plat et ajouter suffisamment d'eau ou de vin blanc pour couvrir le fond du plat.
4. Saupoudrer de parmesan et garnir de noix de pin. Cuire 35 minutes.

Le champignon, ce légume polyvalent

De nos jours, il est possible de trouver des champignons exotiques cultivés commercialement. Les champignons ne portent l'appellation « sauvage » que s'ils ont été cueillis dans les bois. Il faut goûter aux petits bellas, qui sont en fait de petits portobellos. Les shiitakés sont d'un goût fin, et les pleurotes en huîtres sont délicieux. En l'absence de contrainte budgétaire, achetez des morilles ou des chanterelles.

Céleri farci aux œufs

Donne 12 portions

6 œufs durs, refroidis dans l'eau, craqués et écalés
30 ml (2 c. à soupe) de mayonnaise
6 gouttes de sauce Tabasco
Poivre blanc du moulin, au goût
5 ml (1 c. à thé) de sel de céleri
15 ml (1 c. à soupe) de moutarde de Dijon
30 ml (2 c. à soupe) d'oignon, haché
1 gousse d'ail, hachée
Sel, au goût
30 ml (2 c. à soupe) de crème riche en matière grasse
4 branches de céleri, lavées et coupées en trois

POUR LA GARNITURE :
15 ml (3 c. à thé) de caviar de saumon
15 ml (3 c. à thé) de câpres
15 ml (3 c. à thé) de grains de poivre vert
Persil frais, haché
Paprika hongrois, fort ou doux

Voici une version renouvelée des œufs farcis. Ce qu'il y a de bien avec les œufs durs, c'est qu'ils peuvent être préparés en toute simplicité pour les enfants ou avec élégance pour les adultes.

Mettre tous les ingrédients, sauf le céleri et la garniture, au robot culinaire et mélanger jusqu'à consistance lisse. Garnir les céleris du mélange, couvrir de pellicule plastique ou de papier d'aluminium et réfrigérer. Ajouter la garniture au moment de servir.

Une saveur internationale

La sauce chili et la mayonnaise donneront une saveur de Russie aux œufs. Le caviar de saumon leur donnera un petit goût scandinave. Modifier la force des épices et les herbes pour une toute nouvelle expérience gustative. Les expériences permettent de trouver les combinaisons de saveurs qui nous plaisent.

Foie de poulet haché traditionnel

Cette recette peut être cachère ou non, au cuisinier de décider.
Lorsque le pâté est garni de bacon, ce n'est assurément pas casher.

Donne 500 ml (2 tasses)

1 oignon doux, haché finement
45 ml (3 c. à soupe) d'huile d'olive ou de gras de poulet fondu, divisés
454 g (1 l) de foie de poulet frais, paré
5 ml (1 c. à thé) de sel casher et de poivre noir du moulin, au goût

1. Faire sauter l'oignon dans 30 ml (2 c. à soupe) d'huile d'olive et égoutter sur un essuie-tout.
2. Faire sauter le foie de poulet dans la même poêle, en s'assurant qu'il n'est pas trop mince.
3. Hacher le foie de poulet à la main ou au moulin, ou encore réduire au robot culinaire, en s'assurant qu'il n'est pas trop mince.
4. Mélanger l'oignon, le foie, le sel et le poivre ensemble, puis réfrigérer.

Pour briser la tradition

Cette recette est vraiment de base. Elle peut être modifiée par l'ajout de bacon, avec 15 ml (1 c. à soupe) d'eau-de-vie, de porto ou de xérès. Des œufs durs émiettés peuvent être parsemés sur le dessus, pour changer l'aspect. Quelle que soit la façon de le servir, voilà un joli hors-d'œuvre, délicieux sur des craquelins sans gluten ou des petites tranches de pain sans gluten grillées.

Rouleaux siciliens à l'aubergine

Donne de 10 à 15 rouleaux

1 aubergine moyenne (environ 454 g [1 l]), pelée
Sel
125 ml (½ tasse) d'huile d'olive
125 ml (½ tasse) de farine de riz
250 ml (1 tasse) de ricotta
65 ml (¼ tasse) d'olives siciliennes, dénoyautées et hachées
65 ml (¼ tasse) de parmesan

Préparés à l'avance et réchauffés au moment de servir, ces rouleaux sont d'excellents plats d'accompagnement.

1. Couper à la mandoline l'aubergine en tranches fines (0,3 mm [⅛ po]). Saler les tranches et les empiler sur une assiette. Laisser reposer sous un poids pendant ½ heure, pour laisser égoutter le jus.
2. Essuyer les tranches avec un essuie-tout, pour enlever l'excédent.
3. Faire chauffer l'huile à 150 °C (300 °F). Tremper les tranches dans la farine et frire jusqu'à ce qu'elles soient presque croustillantes, environ 2 minutes de chaque côté.
4. Égoutter les tranches, puis mettre une cuillère de fromage et d'olives hachées au bout de chaque tranche. Rouler et fixer avec un cure-dent.
5. Préchauffer le four à 150 °C (300 °F). Saupoudrer les rouleaux de parmesan et cuire 8 minutes. Servir chaud.

L'aubergine est géniale pour des rouleaux.
L'aubergine peut être tranchée mince dans le sens de la longueur ou de la largeur et frite, grillée ou cuite au four. Saler et empiler les tranches d'aubergine sous un poids fait perdre à l'aubergine toute son amertume. S'assurer de choisir une assiette profonde ou un bol à soupe, puisque certaines aubergines sont bien juteuses, une fois salées.

Croustilles de patate douce

Les patates douces regorgent de vitamine A et sont délicieuses frites et salées.

Donne environ 3 douzaines de croustilles

(Il est possible de remplacer la patate douce par le plantain, pour un goût exotique.)

2 grosses patates douces, pelées

750 ml (3 tasses) d'huile de canola

Sel et poivre, au goût

1. Trancher les patates douces finement à la mandoline.
2. Faire chauffer l'huile dans une friteuse à 190 °C (375 °F).
3. Frire environ 3 à 4 minutes, selon l'épaisseur des croustilles. Les retirer de l'huile et les égoutter lorsqu'elles sont bien croustillantes.
4. Saler et poivrer. Servir tel quel ou avec une trempette.

Miniquiches

Un canapé délicieux pour une soirée mondaine. Il est possible de varier les ingrédients, d'utiliser du cheddar plutôt que du Jarlsberg, et du bacon cuit et haché plutôt que du jambon.

Donne 12 miniquiches

1 paquet de mélange pour croûtes à tarte sans gluten (par Gluten Free Pantry)

2 œufs

125 ml (½ tasse) de fromage Jarlsberg, râpé

65 ml (¼ tasse) de prosciutto ou de jambon fumé, haché

170 ml (⅔ tasse) de crème

½ ml (⅛ c. à thé) de muscade, râpée

30 ml (2 c. à soupe) de ciboulette fraîche, hachée

Poivre noir du moulin, au goût

1. Préchauffer le four à 165 °C (325 °F). Vaporiser des moules à minimuffins d'enduit à cuisson antiadhésif et préparer la croûte à tarte selon la recette. Rouler la croûte bien mince. À l'aide d'un verre trempé dans la farine de riz ou un emporte-pièce de 5 cm (2 po), tailler la pâte en 12 ronds et tapisser le fond des moules à muffins.
2. Mélanger le reste des ingrédients au robot culinaire.
3. Garnir les croûtes aux trois quarts avec le mélange au fromage.
4. Cuire environ 10 minutes ou jusqu'à ce que les quiches soient prises. Laisser reposer environ 5 minutes. Retirer délicatement les miniquiches des moules. Servir chaud.

Salade de lentilles bistro

Donne 6 portions

1 paquet de 454 g (16 oz) de lentilles rouges ou de petites lentilles françaises

500 ml (2 tasses) de bouillon de poulet

Eau, au besoin

2 gousses d'ail, écrasées et pelées

2 clous de girofle

4 tranches de bacon fumé

125 ml (½ tasse) d'oignon rouge doux, haché finement

1 poivron rouge, grillé, pelé et haché

2 branches de céleri, lavées et hachées finement

125 ml (½ tasse) de persil frais

10 ml (2 c. à thé) d'origan séché

5 ml (1 c. à thé) de moutarde de Dijon

30 ml (2 c. à soupe) de jus de citron

30 ml (2 c. à soupe) de vinaigre de vin rouge

170 ml (⅔ tasse) d'huile d'olive extra vierge

Sel et poivre du moulin, au goût

Voilà un grand classique de la cuisine de bistro française et des tavernes grecques. Les assaisonnements sont légèrement différents, mais ce plat est toujours délicieux.

1. Mélanger les lentilles et le bouillon ; ajouter de l'eau pour couvrir. Ajouter l'ail et les clous de girofle. Amener à ébullition et réduire le feu, pour faire mijoter. Cuire jusqu'à ce que les lentilles soient tendres, environ 20 minutes. Égoutter et mettre dans un grand bol de service. Retirer l'ail et les clous de girofle.
2. Cuire le bacon et l'égoutter sur un essuie-tout.
3. Incorporer le reste des ingrédients aux lentilles, mélanger et laisser refroidir de 2 à 3 heures. Juste avant de servir, faire réchauffer quelques secondes au four à micro-ondes ou servir bien froid avec de la laitue déchiquetée. Garnir de bacon haché croustillant.

L'élégante lentille

Les lentilles sont un aliment de base en Inde, où un grand nombre de personnes doivent être nourries à peu de frais. Il est possible de devenir gourmet à petit prix en faisant des expériences avec différentes variétés de lentilles. Remplacer les pâtes par des lentilles dans les soupes, les ragoûts et les salades.

Croustilles de parmesan doré

Il est important d'utiliser un bloc de parmesan frais, le parmesan râpé du commerce ne fonctionnera pas aussi bien, puisqu'il est râpé trop fin et qu'il est trop sec. Utiliser la grosse lame du robot culinaire ou de la râpe pour râper grossièrement.

Donne 12 croustilles

30 ml (2 c. à soupe) de beurre non salé (plus, si nécessaire)

180 ml (12 c. à soupe combles) de parmesan frais, grossièrement râpé

Poivre noir du moulin ou piment de Cayenne, au goût

1. Faire chauffer le beurre dans la poêle à feu moyen jusqu'à ce qu'il bouillonne.
2. Mettre le fromage à la cuillère sur le beurre, en pressant légèrement avec le dos de la cuillère pour l'étendre.
3. Après environ 2 minutes, retourner et faire sauter jusqu'à ce que les deux côtés soient légèrement dorés. Ajouter du beurre au besoin.
4. Saupoudrer de poivre noir ou de piment de Cayenne, ou des deux. Servir immédiatement.

Salade César classique et croûtons sans gluten

Donne 4 portions

1 laitue romaine, lavée, séchée et hachée en bouchées

1 œuf + 1 jaune d'œuf, battus

Jus de ½ citron fraichement pressé

2 gousses d'ail, hachées

5 ml (1 c. à thé) de moutarde anglaise sans gluten

2,5 cm (1 po) de pâte d'anchois ou 2 boîtes d'anchois dans l'huile, en purée

190 ml (¾ tasse) d'huile d'olive extra vierge

Sel et poivre noir du moulin, au goût

90 ml (6 c. à soupe) de parmesan frais, râpé

24 *Croûtons frais sans gluten* (voir à la page 23)

La salade César est des plus populaires. Elle peut être servie avec des calmars frits, du poulet grillé, des crevettes, du poisson et des légumes.

1. Laver et essorer la laitue ; puis la hacher, l'envelopper dans une serviette et la réfrigérer pour qu'elle soit plus croquante.
2. Fouetter ensemble l'œuf, le jaune d'œuf, le jus de citron, l'ail, la moutarde, la pâte d'anchois et l'huile d'olive jusqu'à consistance lisse. Saler et poivrer au goût. Ajouter la laitue et mélanger.
3. Saupoudrer de parmesan et garnir de croûtons, puis servir.

Pas ce César-là !

Selon l'institut culinaire JNA de Philadelphie, la salade César aurait été créée en 1924 par Ceasar Cardini, un restaurateur italien de Tijuana au Mexique. La salade porte le nom de son créateur — un chef cuisinier — et non de Jules César, l'empereur romain.

Croûtons frais sans gluten

Ces croûtons peuvent être préparés et conservés au réfrigérateur, puis rendus croustillants au dernier moment. Préparer deux recettes, pour avoir des restes.

Donne 24 croûtons

125 ml (½ tasse) d'huile d'olive
2 gousses d'ail, hachées ou pressées
4 tranches épaisses de pain sans gluten, sans la croûte
Sel et poivre, au goût

1. Préchauffer le four à 180 °C (350 °F).
2. Mélanger l'huile et l'ail. Badigeonner chaque côté des tranches avec l'huile. Saupoudrer de sel et de poivre.
3. Couper les tranches en 6 dés, de façon à obtenir 24 dés. Vaporiser une plaque à biscuits d'un enduit à cuisson antiadhésif. Placer les dés sur la plaque et griller jusqu'à ce qu'ils soient dorés des deux côtés.
4. Mettre la plaque à biscuits sur la grille du bas du four. Éteindre le four et laisser les croûtons sécher 20 minutes.
5. Conserver dans un contenant étanche jusqu'à ce que vous en ayez besoin.

Pour l'amour de l'ail

L'ail peut avoir divers degrés d'intensité, selon la façon dont il est coupé. Haché finement ou pressé, l'ail sera plus prononcé. Lorsque l'ail est tranché, il est moins fort, tandis que lorsque la gousse est entière, la saveur sera encore plus douce.

Chapitre 3

Petit déjeuner et brunch

3

Crêpes à la farine de châtaigne

Donne 12 crêpes

2 œufs
250 ml (1 tasse) de lait
3 ml (½ c. à thé) de sel
125 ml (½ tasse) de farine de châtaigne
125 ml (½ tasse) de farine de riz
10 ml (2 c. à thé) de sucre (facultatif)
30 ml (2 c. à soupe) de beurre, fondu (et d'autre pour la poêle)

La farine de châtaigne est sucrée et a un petit goût de noix, ce qui permet de préparer les crêpes les plus savoureuses qui soient. Elles peuvent être garnies de fruits et de crème fouettée ou d'autres accompagnements salés.

1. Mettre les œufs, le lait et le sel au robot culinaire, bien mélanger. À faible vitesse, ajouter lentement les farines, en arrêtant de temps en temps pour racler les parois du récipient.
2. Ajouter le sucre pour des crêpes avec des garnitures sucrées ; l'omettre pour des garnitures salées.
3. Verser le beurre fondu, bien mélanger. Verser par demi-tasse dans une poêle antiadhésive beurrée. Incliner la poêle pour bien étendre la pâte.
4. Cuire les crêpes à feu moyen en les retournant, jusqu'à ce qu'elles soient dorées de chaque côté. Placer sur du papier ciré et saupoudrer d'un peu de farine de riz pour éviter qu'elles ne collent ensemble.
5. Lorsque les crêpes sont cuites, les garnir immédiatement ou les conserver au réfrigérateur ou au congélateur pour usage ultérieur.

Les poêles antiadhésives

Les poêles antiadhésives facilitent la préparation des crêpes. Cependant, même si la poêle est récente, il vaut mieux utiliser un peu de beurre, par prudence et pour le goût. Garder la poêle bien beurrée : voilà la méthode irréfutable pour des crêpes réussies.

Crêpes à la farine de châtaigne avec prosciutto et sauce aux pêches

En l'absence de mascarpone, il est possible d'utiliser du fromage à la crème. Les crêpes et la sauce peuvent être faites à l'avance, de même que la garniture pour les crêpes. Il suffit de les faire réchauffer au moment de servir.

Donne 4 portions

- 30 ml (2 c. à soupe) de fécule de maïs
- 65 ml (¼ tasse) d'eau froide
- 2 pêches, blanchies, pelées et tranchées
- Jus de ½ citron
- 5 ml (1 c. à thé) de sauce forte, ou au goût
- 125 ml (½ tasse) de sucre
- 8 petites *Crêpes à la farine de châtaigne* (voir à la page 26)
- Poivre noir du moulin en quantité
- 40 ml (8 c. à thé) de mascarpone ou de fromage à la crème
- 8 tranches minces de prosciutto

1. Mélanger la fécule de maïs dans de l'eau froide jusqu'à consistance lisse. Mettre dans une casserole les pêches, le jus de citron, la sauce forte et le sucre. Il faudra peut-être ajouter de l'eau, si les pêches ne sont pas assez juteuses. Amener à ébullition, en remuant constamment, jusqu'à consistance épaisse et sirupeuse. Goûter pour rectifier l'assaisonnement et poivrer au goût.
2. Préchauffer le four à 150 °C (300 °F).
3. Déposer les crêpes sur une plaque à pâtisserie et tartiner de fromage. Mettre une tranche de prosciutto sur chacune et rouler. Utiliser un enduit à cuisson antiadhésif dans un moule à tarte ou un plat à cuire.
4. Poser les rouleaux, le côté replié vers le bas, dans le moule et cuire de 10 à 15 minutes ou jusqu'à ce que les rouleaux de crêpes soient chauds. Servir avec le sirop aux pêches.

Donne de 4 à 6 portions

- 2 œufs
- 190 ml (¾ tasse) de babeurre
- 125 ml (½ tasse) de farine de riz
- 125 ml (½ tasse) de farine de sarrasin
- 5 ml (1 c. à thé) de sucre
- 5 ml (1 c. à thé) de sel
- 15 ml (1 c. à soupe) de levure chimique
- 3 ml (½ c. à thé) de bicarbonate de soude
- 15 ml (1 c. à soupe) de beurre fondu, plus 30 ml (2 c. à soupe) pour cuire les crêpes
- 250 ml (1 tasse) de crème sure
- 65 ml (¼ tasse) de caviar de saumon

Crêpes de sarrasin avec crème sure et caviar

Ce « petit déjeuner russe » peut être servi à tout moment de la journée ! Les crêpes devraient être petites, environ de 4 à 5 cm (1½ à 2 po) de diamètre.

1. Fouetter ensemble les œufs et le babeurre. Ajouter doucement, en mélangeant, la farine de riz, la farine de sarrasin, le sucre, le sel, la levure chimique, le bicarbonate de soude et le beurre fondu. Pour une consistance épaisse et crémeuse, il faudra peut-être ajouter un peu de lait.
2. Allumer le feu à température élevée et beurrer la plaque chauffante ou la poêle à frire. Déposer de 65 ml (¼ tasse) à 85 ml (⅓ tasse) de pâte dans la poêle. Retourner quand des bulles apparaissent dans la pâte, environ 3 minutes, puis cuire encore 2 minutes. Il est permis de jeter un coup d'œil. Servir avec une cuillerée de crème sure et du caviar.

La cuisine au sarrasin

Le sarrasin a une saveur particulière. Il a un petit goût à la fois de noix et acidulé. On trouve sur le marché une bière de sarrasin sans gluten, qui peut aussi être préparée à la maison. Plus vous utiliserez le sarrasin, plus vous l'aimerez. Les crêpes de sarrasin peuvent être nappées de toutes sortes de sauces, de champignons, de légumes grillés et de fromage fondu.

Crêpes aux champignons, au jambon et au fromage

Cette garniture est excellente pour le brunch, le déjeuner ou un dîner léger. Les herbes peuvent varier.

Donne 12 crêpes

12 *Crêpes à la farine de châtaigne* (voir à la page 26) ou *de maïs* (sans le sucre ; voir à la page 30)
500 ml (2 tasses) de champignons, brossés et hachés
30 ml (2 c. à soupe) d'huile d'olive
6 feuilles de sauge, déchiquetées
Sel et poivre, au goût
125 ml (½ tasse) de ricotta
1 œuf, légèrement battu
1 recette de *Sauce à la crème de base* (voir à la page 200)
125 ml (½ tasse) de parmesan

3. Faire sauter les champignons dans l'huile jusqu'à ce qu'ils soient tendres. Ajouter les feuilles de sauge ; saler et poivrer. Dans un bol, mélanger les champignons avec la ricotta et l'œuf.
4. Préchauffer le four à 180 °C (350 °F).
5. Étendre les crêpes. Déposer 15 ml (1 c. à table) de garniture sur chacune. Rouler et placer dans le moule. Couvrir de Sauce à la crème de base et saupoudrer de parmesan.
6. Cuire 20 minutes ; servir chaud.

Crêpes aigres-douces aux pommes et à la cannelle

La seule odeur de cette recette idéale pour le brunch vous mettra l'eau à la bouche. Elle fera également sortir les enfants du lit.

Donne 12 crêpes

2 grosses pommes acidulées, comme la Granny Smith, pelées, étrognées et hachées
15 ml (1 c. à soupe) de beurre
5 ml (1 c. à thé) de cannelle
1 ml (¼ c. à thé) de clou de girofle moulu
30 ml (2 c. à soupe) de cassonade, ou au goût
125 ml (½ tasse) de fromage à la crème, à la température ambiante
12 *Crêpes à la farine de châtaigne* (voir à la page 26), avec le sucre
Crème fouettée ou crème glacée

1. Faire sauter les pommes dans le beurre 20 minutes. Ajouter la cannelle, le clou de girofle et le sucre ; bien mélanger. Intégrer le fromage à la crème dans le mélange chaud.
2. Préchauffer le four à 180 °C (350 °F).
3. Étendre les crêpes et déposer une cuillerée de garniture sur chacune. Rouler et mettre dans un moule vaporisé d'un enduit à cuisson antiadhésif.
4. Cuire au four jusqu'à ce que les rouleaux soient chauds, environ 8 à 10 minutes. Servir avec de la crème fouettée ou de la crème glacée à la vanille.

Crêpes de maïs

Comme pour les Crêpes à la farine de châtaigne *(voir à la page 26), elles peuvent être préparées et conservées au réfrigérateur ou au congélateur.*

Donne 12 crêpes

2 œufs

250 ml (1 tasse) de lait ou de babeurre

5 ml (1 c. à thé) de sel, ou au goût

250 ml (1 tasse) de farine de maïs contenant de l'hydroxyde de calcium

10 ml (2 c. à thé) de sucre (facultatif)

30 ml (2 c. à soupe) de beurre fondu

Huile végétale pour cuire les crêpes

1. Mettre les œufs, le lait et le sel au robot culinaire ; mélanger jusqu'à consistance lisse. À faible vitesse, ajouter doucement la farine et le sucre, si vous préparez des crêpes sucrées. Racler les parois du récipient régulièrement. Ajouter le beurre fondu.
2. Préchauffer une poêle antiadhésive à feu moyen et ajouter une cuillerée d'huile végétale. Verser la pâte pour faire les crêpes. Incliner la poêle pour étendre la pâte.
3. Déposer les crêpes sur du papier ciré enfariné de farine de maïs.
4. Pour la conservation, mettre au réfrigérateur ou au congélateur dans un sac de plastique. Ces crêpes peuvent être garnies de salsa, de monterey et de crème sure, ou encore de purée de fruits, comme des fraises.

La conservation des crêpes

Pour conserver des crêpes, simplement déposer de la farine de maïs sur du papier ciré et empiler les crêpes individuellement. Puis, mettre le tout dans un sac de plastique et ranger.

Crêpes de maïs aux œufs, au fromage et à la salsa

Cette recette mexicaine est parfaite pour le brunch !

1. Déposer les crêpes sur une plaque à biscuits vaporisée d'un enduit à cuisson antiadhésif. Placer une tranche de fromage sur chaque crêpe. Ajouter un œuf sur chaque tranche de fromage. Mettre une cuillerée de salsa sur chaque œuf.
2. Préchauffer le gril du four à 200 °C (400 °F). Saupoudrer les crêpes de parmesan et griller environ 5 minutes, jusqu'à ce que le fromage soit chaud et qu'il commence à fondre.
3. Il est possible de mettre le monterey sur l'œuf et de servir la salsa en accompagnement.

Donne 12 crêpes

- 1 recette de *Crêpes de maïs* (voir à la page 30)
- 12 tranches minces de monterey ou de monterey épicé
- 12 œufs, pochés ou sur le plat
- 60 ml (12 c. à thé) de salsa
- 60 ml (12 c. à thé) de parmesan râpé

Donne 4 portions

12 *Crêpes de maïs* (voir à la page 30)

125 ml (½ tasse) de fromage à la crème, à la température ambiante

125 ml (½ tasse) de saumon fumé, en tranches

½ oignon doux, tranché mince

Condiments : raifort, ciboulette hachée, moutarde, etc.

Crêpes de maïs au saumon et au fromage à la crème

Pour les amateurs de saumon fumé et de fromage à la crème, ces crêpes seront délicieuses. Le fromage à la crème peut être remplacé par de la crème fouettée non sucrée.

1. Griller les crêpes sur une plaque à pâtisserie sous le gril à 180 °C (350 °F) environ 5 minutes. Tartiner de fromage à la crème.
2. Déposer le saumon tranché sur le fromage et laisser les convives ajouter les tranches d'oignons et les condiments.

Le maïs, aliment de base

La fécule de maïs est un grain ancien originaire de l'Amérique du Sud et de l'Amérique centrale. Il a fait son entrée dans le Nord par l'entremise des tribus amérindiennes. Au moment où les pèlerins sont arrivés à Plymouth, le maïs était devenu un aliment de base en Amérique du Nord. C'est un aliment copieux, riche et chaud, qui réchauffe le corps. Sans le maïs, ou blé d'Inde, fourni par des Amérindiens sympathisants, les premiers colons de ce pays n'auraient pas survécu.

Crêpes de maïs avec garniture à la ricotta et aux herbes

La garniture peut comprendre toute une gamme d'herbes fraîches comme le basilic, la sauge, l'origan ou le romarin.

Donne 12 crêpes

375 ml (1½ tasse) de ricotta
2 œufs
65 ml (¼ tasse) de parmesan, râpé fin
Sel et poivre du moulin, au goût
65 ml (¼ tasse) feuilles de basilic (ou une autre herbe), hachées finement
1 recette de *Crêpes de maïs* (voir à la page 30)
1 recette de *Sauce à la crème de base* (voir à la page 200)
250 ml (1 tasse) de fromage blanc, râpé

1. Au robot culinaire, mélanger la ricotta, les œufs, le parmesan, le sel, le poivre et le basilic.
2. Préchauffer le four à 165 °C (325 °F). Étendre les crêpes. Vaporiser un moule d'un enduit à cuisson antiadhésif. Déposer une cuillerée de garniture au bout de chaque crêpe et rouler. Mettre les rouleaux dans le moule.
3. Verser la sauce sur les rouleaux. Parsemer de fromage râpé. Cuire 25 minutes. Servir chaud.

Herbes et épices

Les gens mélangent souvent les herbes et les épices. Les herbes sont vertes et sont les feuilles de plantes. La seule herbe qui soit une fleur (dans la cuisine occidentale) est la lavande. Les herbes les plus fréquemment utilisées sont le persil, le basilic, l'origan, le thym, le romarin, la coriandre et la menthe. Les épices sont des racines, des tubercules, des écorces ou des baies. Elles comprennent le poivre, la cannelle, la muscade, le piment de la Jamaïque, le cumin, le curcuma, le gingembre, la cardamome et la coriandre.

Pancakes aux bleuets ou aux fraises

Donne 12 pancakes

475 ml (1 chopine) de bleuets ou de fraises

15 ml (1 c. à soupe) de sucre

5 ml (1 c. à thé) de zeste d'orange

1 recette de *Pancakes de base* (voir à la page 35)

Les pancakes garnies de fruits sont un grand classique, bonnes pour la santé et délicieuses.

1. Dans un bol, mélanger les fruits, le sucre et le zeste d'orange. Écraser avec un presse-purée ou un pilon.
2. Préchauffer la poêle à feu moyen. Ajouter du beurre. Verser la pâte à pancake et ajouter des petits fruits sur le dessus.
3. Retourner lorsque des bulles sont visibles sur la pâte et faire dorer de l'autre côté. Le sucre et les fruits caraméliseront de façon délicieuse. Garnir de plus de fruits et de crème fouettée.

Congeler des fruits frais

Il n'y a rien comme une tarte aux bleuets en janvier, et je ne parle pas des fruits en conserve baignant dans le sucre et le sirop. Lorsque les bleuets sont de saison, les rincer et les égoutter sur un essuie-tout. Déposer les fruits sur une plaque à biscuits au congélateur ½ heure, puis dans un sac de plastique pour utilisation ultérieure.

Pancakes de base

Pour des pancakes légères, séparer les œufs et battre les blancs en neige. Ces pancakes sont géniales avec des pêches, des fraises ou des bleuets frais et écrasés.

Donne 16 pancakes

125 ml (½ tasse) de lait

2 œufs

25 ml (1½ c. à soupe) de beurre, fondu

15 ml (1 c. à soupe) de levure chimique

250 ml (1 tasse) de farine de riz (ou de maïs, de pois chiche ou de tapioca)

Beurre supplémentaire pour la cuisson

1. Dans le récipient du robot culinaire, mettre tous les ingrédients liquides ; mélanger. Ajouter lentement la levure chimique et la farine.
2. Préchauffer la poêle à feu moyen. Déposer 5 ml (1 c. à thé) de beurre. Lorsque le beurre grésille, verser 5 cm (2 po) de diamètre de pâte.
3. Lorsque des bulles sont visibles dans la pâte, retourner la pancake et faire dorer l'autre côté. Placer sur une assiette au four, pour garder au chaud le temps de préparer les autres pancakes.

Substitutions de farine

Dans certaines recettes, essayer la farine de riz ou de pommes de terre. La farine de pois chiche est également excellente pour les pancakes salées. Le choix est vaste — donnez libre cours à votre imagination.

Pancakes à la banane et aux noix

Donne 4 portions

- 1 banane
- Beurre pour la cuisson
- 1 recette de *Pancakes de base* (voir à la page 35)
- 250 ml (1 tasse) de noix, hachées grossièrement
- 250 ml (1 tasse) de crème riche en matière grasse, fouettée avec 15 ml (1 c. à soupe) de sucre

La banane peut être tranchée sur la pancake ou écrasée et incorporée à la pâte.

1. Mettre la banane au robot culinaire et mélanger jusqu'à consistance lisse.
2. Préchauffer la poêle à feu moyen. Ajouter le beurre et verser la pâte par 125 ml (½ tasse). Parsemer chaque pancake de noix.
3. Retourner la pancake lorsque des bulles se forment sur la pâte. Déposer dans une assiette chaude. Servir avec de la crème fouettée fraîche.

Crêpes à la ricotta

Donne 12 pancakes

- 250 ml (1 tasse) de ricotta
- 2 œufs entiers + 1 jaune d'œuf
- 85 ml (⅓ tasse) + 15 ml (1 c. à soupe) de farine de riz ou de tapioca
- 5 ml (1 c. à thé) de vanille
- 5 ml (1 c. à thé) de bicarbonate de soude
- 3 ml (½ c. à thé) de sel
- ½ ml (⅛ c. à thé) de muscade
- ½ ml (⅛ c. à thé) de cannelle
- 30 ml (2 c. à soupe) de beurre non salé, fondu
- Beurre pour la cuisson

Préparer la pâte de ces crêpes au mélangeur pour une texture des plus lisses. Elles se servent avec des fruits ou avec un coulis de baies. La ricotta ajoute des protéines.

1. Au mélangeur, combiner les ingrédients en les ajoutant en ordre, en finissant par le beurre fondu.
2. Préchauffer la poêle à feu moyen avec un peu de beurre. Lorsque le beurre commence à bouillir, verser 65 ml (¼ tasse) de pâte dans la poêle.
3. Après 4 minutes, retourner pour cuire l'autre côté. Empiler sur une assiette au four (100 °C [200 °F]), pour garder au chaud jusqu'au moment de servir. Servir avec des fruits, du sirop ou un coulis de fruit.

Tomates vertes ou jaunes frites du Sud

Utiliser des tomates très fermes. Elles ne sont habituellement pas très grosses, alors en prévoir deux par personne. Servir avec des tranches de jambon ou de bacon.

Donne 4 portions

250 ml (1 tasse) de farine de maïs

Poivre noir du moulin, grossièrement moulu

250 ml (1 tasse) de semoule de maïs

2 œufs entiers, battus dans un grand bol à soupe plat

8 tomates vertes ou jaunes, étrognées, en tranches de 0,8 cm (⅓ po) d'épaisseur

Huile pour la friture

5 ml (1 c. à thé) de sel

1. Étendre la farine avec le sel et le poivre sur une feuille de papier ciré et la semoule de maïs sur une autre. Placer les œufs battus dans un bol.
2. Tremper les tranches de tomates d'abord dans la farine, puis dans l'œuf, avant de les enduire de semoule.
3. Faire chauffer 1,3 cm (½ po) d'huile dans une poêle à 180 °C (350 °F). Glisser les tranches de tomates dans l'huile et frire 4 minutes ou jusqu'à ce qu'elles soient dorées. Retourner et terminer la friture.
4. Égoutter sur un essuie-tout. Servir comme plat d'accompagnement avec des œufs et du bacon. Il est possible aussi d'ajouter une cuillerée de crème sure sur chaque tranche de tomate.

Beignets italiens à la ricotta et à la châtaigne

Cette recette traditionnelle de beignets italiens est excellente en plat d'accompagnement avec du bacon ou du jambon. Les beignets sont aussi faciles à préparer que des frites maison.

Donne 4 portions

2 œufs

125 ml (½ tasse) de sucre

5 ml (1 c. à thé) d'extrait de vanille

5 ml (1 c. à thé) de bicarbonate de soude

250 ml (1 tasse) de ricotta

125 ml (½ tasse) de farine de châtaigne

125 ml (½ tasse) de farine de riz

Huile végétale pour la cuisson

Sucre en poudre pour ajouter sur les beignets

1. Battre les œufs et le sucre jusqu'à consistance épaisse. Ajouter graduellement le reste des ingrédients, sauf l'huile végétale et le sucre en poudre. Couvrir le bol et laisser reposer 1 heure.
2. Faire chauffer 5 cm (2 po) d'huile à feu moyen à 190 °C (375 °F). Déposer les beignets à la cuillère dans l'huile. Ne pas surcharger. Frire environ 2 minutes, retourner pour faire dorer.
3. Égoutter sur du papier brun ou des essuie-tout et saupoudrer de sucre en poudre.

Donne 6 portions

12 œufs très gros
Sel et poivre, au goût
60 ml (4 c. à soupe) de beurre
190 ml (¾ tasse) de cheddar, râpé

Œufs sur le plat avec garniture au cheddar

Ces œufs sont tout simplement mignons et si appétissants. Pour un petit extra, ajouter une mince tranche de tomate au fond de chaque ramequin.

1. Préchauffer le four à 180 °C (350 °F). Vaporiser 12 petits ramequins de 125 ml (4 oz) ou 6 grands de 190 ml (6 oz) d'un enduit à cuisson antiadhésif. Placer les ramequins sur une tôle. Casser un œuf dans chacun ou deux pour les grands ramequins.
2. Saupoudrer les œufs de sel et de poivre et couvrir d'une petite cuillère de beurre.
3. Garnir de cheddar et cuire de 8 à 12 minutes. Servir immédiatement.

Une touche d'élégance

Si vous recevez beaucoup de personnes pour le brunch, déposer les ramequins sur une tôle et cuire 10 minutes. Puis, servir avec un grand bol de fruits frais. Vous pouvez utiliser des coupelles à flan, mais les ramequins blancs en porcelaine sont plus élégants.

Tourte à la ricotta, au jambon et au parmesan

En l'absence de jambon Serrano, utiliser du prosciutto. Par contre, ne pas utiliser de ricotta à faible teneur en matière grasse, cela ne fonctionnera tout simplement pas.

Donne 6 portions

2 échalotes, pelées et hachées
30 ml (2 c. à soupe) de beurre
3 œufs
500 ml (2 tasses) de ricotta
125 ml (½ tasse) de parmesan, râpé
65 ml (¼ tasse) de jambon Serrano ou prosciutto, haché finement
60 ml (4 c. à soupe) de beurre, fondu
5 ml (1 c. à thé) d'origan séché
½ ml (⅛ c. à thé) de muscade
Sel et poivre, au goût

1. Faire sauter l'échalote dans le beurre et la mettre dans un moule à tarte vaporisé d'enduit à cuisson antiadhésif. Préchauffer le four à 165 °C (325 °F).
2. Battre les œufs et ajouter le reste des ingrédients en mélangeant sans cesse. Verser dans le moule à tarte paré et cuire 35 minutes, ou jusqu'à ce que le mélange soit bien pris et doré. Couper en pointes et servir.

Donne 4 portions

- 8 tomates moyennes
- 2 gousses d'ail, hachées et pressées
- 60 ml (4 c. à soupe) de beurre
- 5 ml (1 c. à thé) de sel
- 5 ml (1 c. à thé) de poivre noir
- 5 ml (1 c. à thé) de piment de Cayenne
- 5 ml (1 c. à thé) d'origan séché
- 5 ml (1 c. à thé) de cumin en poudre
- 8 œufs
- 125 ml (½ tasse) de monterey ou de cheddar, râpé
- 40 ml (8 c. à thé) de chapelure sans gluten (de pain de maïs)

Tomates épicées farcies aux œufs et au fromage

Voici une bonne façon d'utiliser les tomates du jardin en fin de saison.

1. Couper le dessus des tomates, étrogner et, à l'aide d'une cuillère parisienne, enlever les graines et la pulpe. Déposer les tomates sur une plaque à pâtisserie couverte de papier-parchemin ou vaporisée d'un enduit antiadhésif. Mélanger la moitié des épices et de l'origan avec l'intérieur des tomates, en gardant le reste pour la garniture.
2. Préchauffer le four à 180 °C (350 °F).
3. Faire sauter l'ail dans le beurre. Pendant ce temps, mélanger l'autre moitié des épices et de l'origan dans un petit bol.
4. Frotter l'intérieur des tomates avec le mélange d'épices et en garder un peu pour les œufs. Mettre à la cuillère le beurre et l'ail dans les tomates. Saupoudrer d'épices.
5. Casser un œuf dans chaque tomate. Saupoudrer d'épices. Ajouter le fromage sur les œufs, puis saupoudrer 5 ml (1 c. à thé) de chapelure sur chaque tomate. Cuire 20 minutes. La tomate devrait être ferme, l'œuf mollet, le fromage fondu et la chapelure dorée.

Traditions irremplaçables

Il y a de bonnes tomates au supermarché et de bonnes tomates en boîtes, mais les meilleures proviennent du jardin. Récemment, il y a eu une grande tendance vers les variétés anciennes de tomates. Ces semences traditionnelles sont plus savoureuses, alliant douceur et acidité, que les tomates ordinaires. Il est possible de se procurer les semences et de les cultiver soi-même. Certains marchés naturels les tiennent également en stock.

Rouleaux de jambon et d'asperge fromagés

Cette recette est excellente par un matin frisquet. Les rouleaux sont assez savoureux pour vous mettre en appétit et assez consistants pour soutenir des activités matinales comme le ski ou la luge.

Donne 6 portions

1 paquet de 284 g (10 oz) d'asperges surgelées

250 ml (1 tasse) de jambon fumé, tranché mince

250 ml (1 tasse) de fromage blanc, tranché mince

1 recette de *Sauce crémeuse au cheddar, au jambon et au xérès* (voir à la page 201)

1. Préchauffer le four à 180 °C (350 °F). Mettre les asperges surgelées dans l'eau bouillante 1 minute et égoutter sur un essuie-tout. Étendre les tranches de jambon. Déposer une tranche de fromage, puis une asperge sur chaque tranche de jambon. Rouler et fixer avec un cure-dent, au besoin.
2. Mettre les rouleaux dans un moule en verre vaporisé d'un enduit à cuisson antiadhésif. Verser la sauce au fromage sur le dessus.
3. Cuire 25 minutes ou jusqu'à ce que le dessus soit légèrement doré et que les rouleaux soient chauds. Servir chaud.

Donne 4 portions

- 125 ml (½ tasse) de noix de pin, grillées
- 2 gousses d'ail, pelées
- 1 l (4 tasses) de feuilles de basilic frais, rincées et bien tassées
- 125 ml (½ tasse) feuilles de menthe fraîche, rincées et bien tassées
- 250 ml (1 tasse) d'huile d'olive
- 250 ml (1 tasse) de parmesan, râpé
- Sel et poivre, au goût

Pesto au basilic et à la menthe

Cette variante d'un grand classique est délicieuse avec des œufs durs ou pochés, sur des pâtes ou en guise de condiment avec des charcuteries ou de la volaille. Il est délicieux sur du poulet froid tranché.

Mettre tous les ingrédients dans un mélangeur électrique et remuer jusqu'à consistance lisse. Servir en plat d'accompagnement ou avec de la viande froide.

Douceur et chaleur !

Le mélange de douceur et de piquant forme une combinaison intrigante. Songez à toutes ces salsas qui marient les fruits et les piments jalapeños (ou d'autres encore plus relevés) — elles sont superbes. Essayez différentes sortes de sauces fruitées, ajoutant chaque fois un brin de piquant jusqu'à ce que vous trouviez les mariages qui vous plaisent le plus. Essayez la mangue, l'ananas, la nectarine, l'abricot ou tout autre fruit de saison.

Chapitre 4

Plats mijotés et plats principaux

Bœuf Stroganoff

Donne 6 portions

- 30 ml (2 c. à soupe) d'huile d'olive
- 4 échalotes, pelées et hachées
- 250 ml (1 tasse) de petits champignons, brossés et équeutés
- 2 gousses d'ail, hachées
- 30 ml (2 c. à soupe) de farine de tapioca, plus 65 ml (¼ tasse) pour enduire la viande
- 5 ml (1 c. à thé) de moutarde sèche
- Sel et poivre, au goût
- 375 ml (1½ tasse) de bouillon de bœuf, chaud
- 250 ml (1 tasse) de vin rouge sec
- 5 ml (1 c. à thé) de sauce Worcestershire
- 900 g (2 livres) de filet mignon, en petites bouchées
- 30 ml (2 c. à soupe) de beurre non salé
- 30 ml (2 c. à soupe) d'aneth frais
- 250 ml (1 tasse) de crème sure ou fraîche

Cette recette historique et élégante porte le nom du général russe qui l'aurait inventée. Elle peut être servie avec des galettes de pommes de terre en accompagnement ou sur un lit de riz sauvage.

1. Dans un grand plat à sauter, faire chauffer l'huile à feu moyen et ajouter les échalotes, les champignons et l'ail. Cuire 5 minutes jusqu'à ce qu'ils soient ramollis. Ajouter la farine, la moutarde, le sel et le poivre ; bien mélanger.
2. Incorporer le bouillon chaud, cuire et mélanger jusqu'à épaississement. Ajouter le vin et la sauce Worcestershire ; amener à ébullition. Fermer le feu.
3. Sur un grand morceau de papier ciré, enfariner le bœuf. Faire chauffer le beurre non salé dans une autre poêle. Ajouter le bœuf. Mettre le bœuf à la cuillère dans la sauce aux champignons, ajouter l'aneth ; bien mélanger. Laisser mijoter de 10 à 15 minutes, le bœuf devrait être à point.
4. Juste avant de servir, ajouter la crème sure. Servir sur un lit de riz sauvage ou avec des galettes de pommes de terre en accompagnement.

Pourquoi il ne faut pas laver les champignons

Les champignons sont cultivés dans un environnement sûr, généralement du fumier de cheval ayant subi un traitement thermophile tuant toutes les bactéries par un réchauffement naturel du milieu à température très élevée. De plus, le lavage des champignons les ramollit, puisqu'ils absorbent l'eau. Évitez également de les peler, ne faites que les brosser.

Crêpes mexicaines

Ces crêpes délicieuses peuvent être préparées, puis réfrigérées ou surgelées. Elles conviennent à une fête familiale décontractée ou à une fête pour les ados et leurs amis.

Donne 4 portions

2 œufs
375 ml (1½ tasse) de lait ou d'eau
3 ml (½ c. à thé) de sel ou de sel assaisonné (ou au goût)
1 ml (¼ c. à thé) de poivre (ou au goût)
250 ml (1 tasse) de farine de maïs (masa harina)
Beurre ou huile de cuisson pour cuire les tortillas/crêpes
454 g (1 livre) de bœuf haché
1 petit oignon, haché
2 piments jalapeños marinés, hachés et 65 ml (2 oz) de leur jus
5 ml (1 c. à thé) de sel et de poivre, au goût
5 ml (1 c. à thé) de poudre d'ail
250 ml (1 tasse) de salsa
15 ml (1 c. à soupe) d'assaisonnement au chili
Sel et poivre noir, au goût

GARNITURES :

500 ml (2 tasses) de monterey, râpé
500 ml (2 tasses) de cheddar, râpé
Laitue iceberg ou romaine, déchiquetée
Tomate, hachée
Olives noires ou vertes, hachées
Guacamole (voir à la page 251)
250 ml (1 tasse) de crème sure.

1. Passer les œufs, le lait ou l'eau, le sel, le poivre et la farine au mélangeur électrique, jusqu'à consistance lisse, en prenant le temps de racler les parois du récipient. Laisser la pâte reposer au moins 30 minutes. La farine pourrait absorber l'extra de liquide ; la pâte devrait être assez molle. Si elle est trop épaisse, ajouter du lait.
2. Dans une poêle antiadhésive, faire chauffer l'huile ou faire fondre le beurre et frire 8 crêpes de 15 cm (6 po) jusqu'à ce qu'elles soient dorées des deux côtés. Mettre de côté sur du papier ciré saupoudré de farine.
3. Faire sauter le bœuf et les oignons, en ajoutant graduellement le reste des ingrédients, sauf les garnitures ; bien mélanger.
4. Déposer les crêpes dans des assiettes et laisser les convives les garnir à leur goût.

Cannellonis aux châtaignes avec sauce au vin, à la sauge et aux champignons

Le nombre de cannellonis dépend non pas de la recette, mais de leur largeur et de leur épaisseur. Prévoir un ou deux cannellonis par personne.

Donne 6 portions

- 2 œufs
- 5 ml (1 c. à thé) de sel
- Poivre blanc du moulin, au goût
- 250 ml (1 tasse) de lait
- 250 ml (1 tasse) de farine de châtaigne italienne
- Huile végétale ou beurre non salé pour la cuisson
- 250 ml (1 tasse) de ricotta
- 2 œufs
- 1 ml (¼ c. à thé) de muscade
- 125 ml (½ tasse) de jambon fumé, tranché mince et haché
- 125 ml (½ tasse) de persil plat, haché
- 125 ml (½ tasse) de parmesan, fraîchement râpé
- 2 échalotes, hachées
- 500 ml (2 tasses) de champignons, tranchés
- 125 ml (½ tasse) d'huile d'olive
- 15 ml (1 c. à soupe) de fécule de maïs
- 250 ml (1 tasse) de vin blanc sec
- 125 ml (½ tasse) de bouillon de poulet
- 10 feuilles de sauge fraîche, hachées
- Sel et poivre, au goût
- Parmesan râpé, en garniture

1. Mettre les œufs, le sel, le poivre, le lait et la farine au mélangeur électrique ou au robot culinaire ; mélanger jusqu'à consistance lisse.
2. Faire chauffer assez d'huile ou de beurre dans une poêle non adhésive à feu moyen. Verser la pâte dans la poêle chaude ; faire des rotations avec la poêle pour bien répandre la pâte.
3. Frire une minute de chaque côté. Ne pas trop ou pas assez cuire, sinon la pâte risque de se déchirer. Empiler sur des feuilles de papier ciré et conserver dans un sac de plastique au réfrigérateur jusqu'à l'utilisation (si les cannellonis sont préparés).
4. Préchauffer le four à 180 °C (350 °F).
5. Mélanger la ricotta, les œufs, la muscade, le jambon, le persil et le parmesan dans un bol. Étendre les cannellonis et tartiner chacun d'une cuillère du mélange. Rouler délicatement la pâte en un tube et déposer dans un moule beurré.
6. Faire sauter les échalotes et les champignons dans l'huile d'olive. Ajouter la fécule de maïs et mélanger jusqu'à épaississement. Incorporer le vin et le bouillon, la sauge, le sel et le poivre. Verser sur les cannellonis et saupoudrer de parmesan. Cuire au four 30 minutes.

Variation sur un même thème

Cette recette est délicieuse et simple à préparer, afin de conserver les pâtes pour un usage ultérieur. Une variation intéressante consiste à ajouter des épinards à la garniture à base de ricotta. Il est également possible de remplacer le jambon fumé par du jambon ordinaire.

Riz savoureux et saucisses

Cette recette si simple est idéale quand le temps nous presse.
Les enfants l'adorent, et les grands aussi.

1. Faire revenir les morceaux de saucisse, l'oignon et l'ail. Si la saucisse est très faible en matières grasses, ajouter un peu d'huile d'olive pour éviter que les ingrédients collent.
2. Ajouter le riz. Ajouter le bouillon et le romarin ; couvrir. Dans une poêle ou une casserole allant au four, cuire à feu doux ou mettre au four à 165 °C (325 °F) de 45 minutes à 1 heure, en fonction du riz utilisé. (Ne pas utiliser de riz instantané.)
3. Juste avant de servir, saupoudrer de parmesan et dorer sous le gril. Ajouter le persil haché et servir.

À l'ancienne

Une fois traitée, une bonne poêle en fonte peut durer des générations. En fait, elle ne s'usera jamais. De plus, l'épaisseur du métal permet une distribution homogène de la chaleur. Le traitement requiert simplement un peu d'huile laissée dans la poêle chaude toute la nuit. Puis, éviter l'excès de détergent. Léguez votre poêle à vos petits-enfants, particulièrement si vous l'avez héritée de votre grand-mère.

Donne de 4 à 6 portions

454 g (1 livre) de saucisses italiennes, douces ou piquantes, coupées en morceaux de 2,5 cm (1 po)

1 oignon moyen, haché finement

2 gousses d'ail, hachées

250 ml (1 tasse) de riz

690 ml (2¾ tasses) de bouillon de poulet

5 ml (1 c. à thé) de romarin séché, ou 15 ml (1 c. à soupe) de romarin frais

Parmesan et persil frais haché, en garniture

Donne 6 portions

375 ml (1½ tasse) de parmesan, râpé

250 ml (1 tasse) de fontina, râpé grossièrement

125 ml (½ tasse) de farine de maïs

Sel et poivre du moulin, au goût

6 pommes de terre Idaho ou Yukon Gold, pelées et tranchées finement

4 poireaux, coupés finement en biais, le blanc seulement

454 g (1 livre) de jambon, tranché et coupé en dés

750 ml (3 tasses) de lait

60 ml (4 c. à soupe) de beurre (pour beurrer le moule et mettre sur les pommes de terre)

Pommes de terre normandes aux poireaux et au jambon

Voilà un plat idéal pour le brunch ou pour le dîner. Il est nourrissant et délicieux, particulièrement par une journée froide ou une soirée frisquette.

1. Beurrer le moule ou la vaporiser d'un enduit à cuisson antiadhésif. Préchauffer le four à 180 °C (350 °F).
2. Mélanger les fromages, la farine de maïs, le sel et le poivre.
3. Déposer une couche de pommes de terre dans le moule, puis une de poireaux, avec un peu de jambon. Saupoudrer du mélange de fromages, de farine de maïs et d'épices. Répéter jusqu'au bord du moule. Ajouter le lait, garnir du mélange de fromages et ajouter de petites noisettes de beurre.
4. Cuire environ 90 minutes. Le dessus devrait devenir doré et croustillant, l'intérieur tendre et crémeux.

Casserole toscane de haricots, de tomate et de parmesan

À la recherche d'un mets satisfaisant, chaleureux et délicieux pour une soirée froide et orageuse ? Voilà la réponse tant attendue.

Donne de 4 à 6 portions

- 4 tranches de bacon
- 65 ml (¼ tasse) d'huile d'olive
- 4 gousses d'ail, hachées grossièrement
- 1 oignon moyen, pelé et haché grossièrement
- ½ bulbe de fenouil, haché grossièrement
- 15 ml (1 c. à soupe) de farine de riz
- 2 boîtes de haricots blancs, égouttés et rincés
- 454 g (16 oz) de tomates, hachées (celles en boîte conviennent)
- 1 courgette moyenne, hachée
- 15 ml (1 c. à soupe) de basilic frais, haché
- 5 ml (1 c. à thé) d'origan séché
- 125 ml (½ tasse) de persil plat frais, rincé et haché
- 5 ml (1 c. à thé) de flocons de piment rouge, ou au goût
- 5 ml (1 c. à thé) de sel, ou au goût
- 125 ml (½ tasse) de parmesan, fraîchement râpé
- 30 ml (2 c. à soupe) de beurre non salé, en petits morceaux

1. Frire le bacon jusqu'à ce qu'il soit croustillant. Égoutter sur un essuie-tout. Retirer tout le gras du bacon sauf 5 ml (1 c. à thé) de la poêle. Ajouter l'huile, l'ail, l'oignon et le fenouil. Faire sauter à feu doux 10 minutes ou jusqu'à ce qu'ils soient tendres, sans être dorés.
2. Préchauffer le four à 180 °C (350 °F). Incorporer la farine au mélange et cuire 3 minutes ; bien mélanger.
3. Ajouter les haricots, les tomates et les courgettes. Bien mélanger et verser dans un moule. Ajouter les herbes, les flocons de piment rouge et le sel. Mélanger et incorporer le bacon haché.
4. Saupoudrer de parmesan et de beurre ; cuire 25 minutes ou jusqu'à ce que le fromage soit légèrement doré.

Consommer davantage de haricots

Il existe plus de variétés de légumineuses qu'il est possible d'en énumérer ici. Elles sont délicieuses et riches en protéines, en vitamines, en minéraux et en fibres. Si une culture ou une maisonnée a besoin d'étirer sa réserve alimentaire, les haricots sont la réponse au problème. Ils sont rouges, roses, verts, oranges, blancs ou noirs, marbrés ou unis. Certains sont à œil noir, d'autres ressemblent à des canneberges. Les haricots — ou légumineuses — viennent sous différentes formes, des tous petits pois aux gros haricots réniformes.

Courge spaghetti et sauce crémeuse à la vodka et aux crevettes

Donne 6 portions

- 1 grosse (1,75 à 2,25 kg [4 à 5 livres]) courge spaghetti, cuite
- 2 échalotes, hachées
- 30 ml (2 c. à soupe) d'huile d'olive
- 15 ml (1 c. à soupe) de beurre
- 15 ml (1 c. à soupe) de fécule de maïs
- 125 ml (½ tasse) de vodka
- 1 boîte de 796 ml (28 oz) de tomates broyées
- 250 ml (1 tasse) de crème riche en matière grasse
- 680 g (1,5 livre) de crevettes, pelées et déveinées
- Sel et beaucoup de poivre du moulin, au goût
- 125 ml (½ tasse) chacun de persil et de basilic frais, hachés
- 65 ml (¼ tasse) de prosciutto, haché pour la garniture

La courge peut être préparée la veille. Sa fraîcheur se prête à de nombreux mariages de sauces, de la sauce marinara à la sauce bolognaise.

1. Placer la courge cuite dans un grand bol et garder au chaud, le temps de préparer la sauce.
2. Faire sauter les échalotes dans un mélange d'huile et de beurre. Lorsqu'elles sont tendres, ajouter la fécule de maïs. Cuire en mélangeant à feu doux jusqu'à consistance lisse, puis ajouter la vodka et les tomates.
3. Couvrir et laisser mijoter 20 minutes.
4. Incorporer la crème et cuire à feu doux, puis ajouter les crevettes. Ne pas amener à ébullition après avoir ajouté la crème. Lorsque les crevettes rosissent, verser sur la courge spaghetti ; saler et poivrer au goût. Garnir de persil, de basilic et de prosciutto.

Le parmesan

Toujours râper soi-même le parmesan, au besoin. L'acheter en bloc de 454 g (1 livre) et le conserver au réfrigérateur dans un sac de plastique bien hermétique. Utiliser une grosse râpe pour un fromage goûteux, grossièrement râpé.

Sauce hollandaise

Si cette sauce devient trop chaude, elle risque de cailler.
Pour régler ce problème, remettre au mélangeur, ajouter
15 ml (1 c. à soupe) d'eau bouillante et mélanger 30 secondes.

Donne 375 ml (1½ tasse)

250 ml (1 tasse) de beurre non salé
Jus de 1 citron
2 jaunes d'œufs + 1 œuf entier
½ ml (⅛ c. à thé) de piment de Cayenne
Sel et poivre du moulin, au goût

1. Faire fondre le beurre dans une casserole sur le poêle. Tandis que le beurre fond, mettre le jus de citron, les jaunes d'œufs, l'œuf et la Cayenne dans le récipient du mélangeur.
2. Lorsque le beurre est fondu, réduire à feu très doux. Très lentement, verser le beurre fondu dans le mélangeur, mélanger à vitesse lente.
3. Remettre la sauce dans la casserole où le beurre a fondu et mélanger constamment jusqu'à épaississement. Retirer du feu ; saler et poivrer. Servir immédiatement.

Divan au poulet

Donne 6 portions

- 500 ml (2 tasses) de bouquets de brocoli, coupés en bouchées, cuits et égouttés
- 1,4 kg (3 livres) de poitrines de poulet, désossées et sans la peau, coupées en languettes
- 250 ml (1 tasse) de farine de maïs
- 15 ml (1 c. à soupe) de sel de mer ou de sel casher
- Poivre noir du moulin, au goût
- 125 ml (½ tasse) d'huile d'olive, ou plus au besoin
- 375 ml (1½ tasse.) de *Sauce hollandaise* (voir à la page 51)
- 30 ml (2 c. à soupe) de parmesan
- Pincée de paprika (facultatif)

Cette recette est si délicieuse que l'absence de pommes de terre, de croûte à tarte ou de pâtes passe inaperçue. En fait, c'est un repas en un plat !

1. S'assurer de bien égoutter le brocoli cuit. Il est possible de le cuire à l'avance et de le mettre au réfrigérateur sur des essuie-tout.
2. Rouler le poulet dans la farine ; saler et poivrer. Préchauffer le four à 180 °C (350 °F).
3. Faire chauffer l'huile d'olive dans une poêle à frire. Faire sauter le poulet 5 minutes de chaque côté jusqu'à ce qu'il soit bien doré ; ajouter plus d'huile au besoin.
4. Beurrer un moule de 2 l (2 pintes) ou utiliser un enduit à cuisson antiadhésif. Mettre le brocoli au fond et verser un peu de sauce hollandaise dessus. Disposer le poulet sur le brocoli et verser le reste de la sauce. Saupoudrer de parmesan et de paprika. Cuire 30 minutes.

Dinde fruitée

Varier les saveurs de ce mets en ajoutant de la sauge fraîche ou du persil frais. Il est aussi possible de remplacer les fruits par des variétés de champignons.

Donne 4 portions

30 ml (2 c. à soupe) de beurre

125 ml (½ tasse) d'oignon doux, haché

2 branches de céleri, rincées et hachées

2 pommes acidulées, pelées, étrognées et hachées

2 poires mûres, pelées, étrognées et hachées

125 ml (½ tasse) de canneberges séchées

5 ml (1 c. à thé) de feuilles de thym séchées

10 ml (2 c. à thé) de romarin séché, émietté

570 g (1¼ livre) de poitrine ou de cuisse de dinde, tranchée

Sel et poivre, au goût

125 ml (½ tasse) de cidre de pomme

125 ml (½ tasse) de bouillon de poulet

375 ml (1½ tasse) de chapelure sans gluten

1. Faire fondre le beurre et ajouter l'oignon et le céleri. Faire sauter jusqu'à ce qu'ils soient tendres, environ 10 minutes, à feu doux. Ajouter les fruits et les assaisonnements. Cuire jusqu'à ce qu'ils soient tendres, environ 5 minutes de plus.
2. Préchauffer le four à 180 °C (350 °F).
3. Vaporiser un moule d'enduit à cuisson antiadhésif. Saler et poivrer la dinde et la mettre dans le moule. Couvrir du mélange de fruits.
4. Ajouter le cidre et le bouillon. Saupoudrer de chapelure et humecter de jus. Cuire 45 minutes.

Suggestion de présentation — servir avec du riz

Il y a de plus en plus de variétés de riz sur le marché. À l'époque, il n'y avait que Uncle Ben's et Carolina. Maintenant, vous pouvez vous procurer du riz Arborio d'Italie et du riz basmati, la base des régimes alimentaires indien et chinois. Il y a aussi du riz pourpre, du riz brun et du riz gluant. Les riz Arborio et basmati ont des grains courts et gros. Ils sont plus « crémeux » que les autres sortes de riz. Essayez-les pour trouver votre préféré. Les riz basmati et Arborio sont parfaits pour le risotto, le riz en plat et le pouding au riz.

Donne 4 portions

- 2 grosses aubergines, pelées, coupées en longues tranches minces
- Sel de table
- 1 oignon rouge, pelé et coupé en dés
- 4 gousses d'ail, pelées et hachées
- 65 ml (¼ tasse) d'huile d'olive, plus pour faire sauter
- 570 g (1¼ livre) d'agneau haché très maigre
- 1 ml (¼ c. à thé) de cannelle
- 3 ml (½ c. à thé) de coriandre moulue
- Jus de 1 citron
- 125 ml (½ tasse) de raisins secs Sultana
- 125 ml (½ tasse) d'abricots séchés, hachés
- 250 ml (1 tasse) tomates broyées, avec le jus
- 10 feuilles de menthe fraîche, déchiquetées
- Sel et poivre, au goût
- Paprika fort ou piment de Cayenne, au goût

Casserole marocaine d'aubergine et d'agneau

Comme cette recette n'a pas besoin de croûte ou d'épaississant, ajouter un peu de fécule de maïs ou de farine de riz, pour une consistance plus épaisse.

1. Trancher les aubergines et les empiler en ajoutant beaucoup de sel entre les couches. Laisser reposer le temps de préparer la garniture.
2. Faire sauter les oignons et l'ail dans 15 ml (1 c. à soupe) d'huile d'olive. Ajouter l'agneau lorsque les légumes sont tendres.
3. Ajouter le reste des ingrédients et cuire en mélangeant jusqu'à homogénéité. Les abricots absorberont la majorité du liquide. Si le mélange est trop liquide, saupoudrer 5 ml (1 c. à thé) de fécule de maïs. Couvrir et laisser mijoter 15 minutes.
4. Préchauffer le four à 180 °C (350 °F).
5. Égoutter le liquide des aubergines et mettre une couche dans un moule de 28 x 33 cm (11 x 13 po) bien graissé. Ajouter un peu du mélange à base d'agneau et bien étendre. Poursuivre les couches jusqu'à obtenir une couche d'aubergine sur le dessus. Arroser d'un peu d'huile d'olive et cuire 45 minutes. Servir en quartiers. Ce plat est traditionnellement accompagné de riz.

L'aubergine, en lavande, en mauve ou en blanc

L'aubergine vient en différentes tailles, formes et couleurs. Leur goût, toutefois, est assez semblable. Les plus grandes peuvent avoir des graines amères. Une vieille tradition pour les adoucir est de les trancher mince, de saler les tranches de chaque côté et de les empiler dans une assiette, sous un poids. Puis, un jus brunâtre s'en échappe, et l'aubergine est plus douce.

Pain de veau aux poivrons rouges et au gorgonzola

Grâce à la technique du bain-marie utilisée pour cette recette, la viande sera aussi tendre qu'un flan.

Donne de 4 à 6 portions

680 g (1½ livre) de veau haché
1 petit oignon
2 gousses d'ail
2 œufs
250 ml (1 tasse) de chapelure sans gluten
15 ml (1 c. à soupe) d'origan
Sel et poivre, au goût
125 ml (½ tasse) de sauce chili sans gluten
2 poivrons rouges grillés, dans l'huile d'olive
84 g (3 oz) de gorgonzola, émietté
30 ml (2 c. à soupe) de parmesan, râpé

1. Préchauffer le four à 165 °C (325 °F). Mélanger le veau, l'oignon, l'ail, les œufs, la chapelure, l'origan, le sel, le poivre et la sauce chili au robot culinaire jusqu'à consistance lisse.
2. Vaporiser un moule à pain de 23 x 13 cm (9 x 5 po) d'un enduit à cuisson antiadhésif. Verser la moitié du mélange dans le moule. Mettre une couche de poivrons rouges et saupoudrer du fromage émietté. Ajouter le reste du mélange. Saupoudrer de parmesan.
3. Placer le moule dans une grande rôtissoire et ajouter assez d'eau pour couvrir la moitié du moule à pain. Enfourner et cuire 1 heure.

Le basilic

Le basilic est une herbe polyvalente — cru ou cuit, séché ou frais, il donne beaucoup de saveur à un grand nombre de mets : des plats principaux aux sauces, salades et soupes. Dans la vieille tradition italienne, il était de mauvais augure de tailler le basilic au couteau. Il devait être déchiqueté délicatement à la main. Les déchirures ainsi obtenues ne sont pas franches et permettent peut-être ainsi au basilic de répandre davantage sa saveur. Le basilic se trouve également dans différentes variétés et saveurs. Le basilic italien se prête à tout. À la fin de l'été, cueillir le basilic en bouquets, les attacher et les laisser sécher. Cela durera tout l'hiver.

Courgette aux fruits de mer, à la tomate et au bacon

Donne 6 portions

6 courgettes moyennes
1 petit oignon, pelé et haché
2 gousses d'ail, pelées et hachées
1 piment Serrano, étrogné, épépiné et haché
30 ml (2 c. à soupe) de beurre ou d'huile d'olive
250 ml (1 tasse) de riz, cuit
250 ml (1 tasse) de tomates broyées
454 g (1 livre) de chair de crabe ou d'imitation sans gluten
30 ml (2 c. à soupe) de jus de citron fraîchement pressé
2 œufs
15 ml (1 c. à soupe) d'origan séché ou 30 ml (2 c. à soupe) d'origan frais
Sel et poivre, au goût
6 tranches de bacon pour la garniture

Cette recette peut utiliser les grosses courgettes, mais il est préférable de les choisir de taille moyenne, soit d'environ 25 à 30 cm (10 à 12 po).

1. Couper le quart du haut des courgettes dans le sens de la longueur. Évider les courgettes à la petite cuillère ; réserver la chair.
2. Faire sauter l'oignon, l'ail, le piment et la chair de courgette dans le beurre jusqu'à tendreté. Ajouter tous les autres ingrédients, sauf le bacon.
3. Préchauffer le four à 180 °C (350 °F).
4. Répartir la garniture dans les barquettes de courgettes. Mettre une tranche de bacon sur chaque courgette farcie. Mettre dans un moule vaporisé d'enduit antiadhésif. Cuire jusqu'à ce que les « bateaux » soient chauds et que le bacon soit doré et croustillant. Servir chaud ou à la température ambiante.

Les légumes farcis

Il existe plusieurs légumes qu'on peut farcir de toutes sortes d'ingrédients délicieux. La viande hachée, les crevettes, le poisson et la chair de crabe font une excellente farce. Un champignon cuit farci aux palourdes est également un délice. La ricotta, qui sert à garnir les pâtes comme les raviolis et la lasagne, se prête aussi bien au jeu.

Lasagne végétarienne avec substitut de pâtes

Cette recette est très rapide à préparer et peut convenir pour un repas familial. Elle est également parfaite pour les végétariens.

Donne de 6 à 8 portions

- 2 œufs
- 3 ml (½ c. à thé) de sel de table ou de mer (ou au goût)
- 1 ml (¼ c. à thé) de poivre (ou au goût)
- 375 ml (1½ tasse) de lait ou d'eau
- 250 ml (1 tasse) de farine de maïs (masa harina)
- Beurre ou huile pour graisser la plaque chauffante
- 500 ml (2 tasses) de légumes crus mélangés, hachés, comme l'oignon vert, la courgette, les épinards et les jeunes pois
- 125 ml (½ tasse) de persil frais, haché
- 275 ml (1½ tasse) de *Sauce crémeuse de base* (voir à la page 200)
- 500 ml (2 tasses) de ricotta
- 125 ml (½ tasse) de parmesan
- 2 œufs
- 250 ml (1 tasse) de mozzarella, râpée

1. Mélanger les œufs, le sel, le poivre, le lait et la farine de maïs au mélangeur jusqu'à consistance lisse.
2. Sur une plaque chauffante bien graissée, verser la pâte, frire jusqu'à ce qu'elle soit ferme et couper en longueur de 25 cm (10 po) et de 5 cm (2 po) de largeur. Retourner avec une grande spatule. Après la cuisson, mettre les pâtes dans un moule vaporisé d'un enduit antiadhésif. Lorsque le fond du moule est couvert, frire le reste de la pâte de la même façon et réserver pour la garniture.
3. Dans un bol, mélanger la ricotta, les autres œufs, le parmesan, les légumes et le persil. Répandre à la cuillère sur les pâtes dans le moule. Couvrir d'autres pâtes.
4. Ajouter la sauce crémeuse et couvrir de mozzarella râpée. Cuire environ 12 minutes. Servir chaud.

Une pâte polyvalente

Toute sauce que vous servez avec des pâtes de blé peut s'utiliser avec des pâtes de riz — de l'onctueuse Alfredo à la consistante marinara.

Poulet au cidre et à l'eau-de-vie de pomme

Donne de 4 à 6 portions

2 petits poulets, coupés en quartiers
60 ml (4 c. à soupe) de beurre
250 ml (1 tasse) d'oignon, haché
15 ml (1 c. à soupe) de fécule de maïs
65 ml (¼ tasse) d'eau-de-vie de pomme
315 ml (1¼ tasse) de cidre de pomme
Sel et poivre, au goût
125 ml (½ tasse) de crème riche en matière grasse

Ce plat peut être préparé à l'avance. Le faire réchauffer avant de servir, en ajoutant la crème à la dernière minute.

1. Rincer et assécher le poulet. Le faire dorer dans le beurre à feu moyen. Ajouter l'oignon et cuire jusqu'à ce qu'il soit tendre. Incorporer la fécule de maïs.
2. Ajouter l'eau-de-vie et flamber en l'allumant avec une longue allumette. Attention à ne pas se brûler. Ajouter le cidre, le sel et le poivre. Couvrir et laisser mijoter 25 minutes.
3. Juste avant de servir, déposer le poulet dans une assiette de service. Ajouter la crème à la sauce dans la poêle et faire chauffer. Verser à la cuillère la sauce sur le poulet. Saupoudrer d'une herbe au choix et servir.

Œufs et asperges au gratin

Donne 4 portions

500 ml (2 tasses) d'asperges fraîches, bouts coupés ou 2 paquets de 284 g (10 oz) d'asperges surgelées
8 œufs
250 ml (1 tasse) de roquefort, émietté

Voilà une recette très facile pour le brunch ou pour le déjeuner. Il est possible d'utiliser des asperges surgelées, mais elles sont meilleures fraîches. Le truc est de bien répartir les asperges dans le plat.

1. Blanchir les asperges 5 minutes dans l'eau bouillante. Immerger dans l'eau glacée et égoutter. Préchauffer le four à 180 °C (350 °F).
2. Vaporiser un moule à gratin d'un enduit à cuisson antiadhésif et répartir les asperges au fond. Casser les œufs par-dessus. Saupoudrer de roquefort émietté et cuire jusqu'à ce que les œufs soient bien cuits et que le fromage soit chaud et coulant (environ 12 minutes). Servir chaud.

Chapitre 5

Volaille

Poulet en croûte croustillante

Donne 4 portions

- 1 sac de 340 g (12 oz) de croustilles
- 4 poitrines de poulet, désossées et sans la peau
- 170 ml (⅔ tasse) de crème sure
- 5 ml (1 c. à thé) de poivre noir du moulin
- 30 ml (2 c. à soupe) de ciboulette fraîche, hachée
- 5 ml (1 c. à thé) de thym séché

Cette croûte sur le poulet grillé est vraiment croustillante et croquante. Ne pas ajouter de sel, puisque les croustilles sont déjà salées.

1. Au robot culinaire, émietter les croustilles jusqu'à l'obtention de 250 ml (1 tasse).
2. Rincer le poulet, assécher avec des essuie-tout et mettre dans un plat vaporisé d'enduit à cuisson antiadhésif.
3. Préchauffer le four à 180 °C (350 °F). Badigeonner le poulet de crème sure, saupoudrer de miettes de croustilles mélangées avec le poivre, la ciboulette et le thym ; cuire au four jusqu'à ce que le poulet soit doré et croustillant.

Filets de poulet du sportif

Donne de 4 à 6 portions

- 454 g (1 livre) de filets de poulet, cuits et coupés en bouchées
- 250 ml (1 tasse) de farine de pommes de terre
- 5 ml (1 c. à thé) de sel
- Flocons de piment de Cayenne, au goût
- 5 ml (1 c. à thé) de levure chimique
- 250 ml (1 tasse) de chapelure de maïs sans gluten
- 1 œuf, bien battu
- 30 ml (2 c. à soupe) de lait
- Huile pour la cuisson, au besoin

Les filets de poulet sont des lanières tendres situées le long de la poitrine. Lorsqu'il y a foule, c'est une collation parfaite.

1. Rincer le poulet et l'assécher avec des essuie-tout. Étendre deux feuilles de papier ciré. Mélanger la farine, le sel, le poivre et la levure chimique et déposer sur une feuille de papier ciré.
2. Étendre la chapelure sur l'autre feuille de papier ciré. Battre l'œuf et le lait ensemble. Saupoudrer les filets du mélange de farine, puis tremper dans le mélange d'œuf et finalement rouler dans la chapelure.
3. Dans une poêle à fond épais, faire chauffer 1,3 cm (½ po) d'huile à 185 °C (365 °F) et frire les filets de poulet jusqu'à ce qu'ils soient dorés, environ de 3 à 4 minutes. Égoutter sur des essuie-tout.

Poulet frit classique du Sud

Du bon poulet frit, c'est tout simplement délicieux. C'est parfait pour un pique-nique et génial pour déguster en regardant du sport à la télé.

Donne 4 portions

1 poulet, coupé en 8 morceaux (pilons, cuisses, poitrines et ailes)
250 ml (1 tasse) de babeurre
375 ml (1½ tasse) de farine de maïs
5 ml (1 c. à thé) de sel (ou au goût)
5 ml (1 c. à thé) de poivre noir (ou au goût)
5 ml (1 c. à thé) de levure chimique
1 œuf, battu
125 ml (½ tasse) de bière de sarrasin sans gluten
375 ml (1½ tasse) de semoule de maïs
Huile végétale pour la cuisson

1. Rincer les morceaux de poulet et les assécher avec des essuie-tout, puis déposer dans un sac refermable avec le babeurre et mariner de 2 à 3 heures.
2. Dans un grand sac de papier, mélanger la farine de maïs, le sel, le poivre et la levure chimique. Ajouter les morceaux de poulet et mélanger jusqu'à ce qu'ils soient bien enrobés.
3. Battre l'œuf et la bière ensemble. Étendre la semoule de maïs sur une grande feuille de papier ciré. Tremper le poulet dans le mélange d'œuf, puis rouler dans la semoule de maïs en pressant.
4. Faire chauffer 2,5 cm (1 po) d'huile à 185 °C (365 °F) dans une friteuse électrique ou environ 1,3 cm (½ po) dans une poêle. Frire le poulet de 20 à 25 minutes, et retourner toutes les 4 à 5 minutes. Bien surveiller pour éviter qu'il ne brûle.

La friture à la semoule de maïs

Lorsque vous utilisez la farine ou la semoule de maïs pour la friture, il est possible de la mélanger à de la farine de riz ou de pommes de terre pour obtenir de bons résultats. Pour une croûte légère de type tempura, mélangez de la semoule de maïs avec un œuf et de l'eau pour enrober. La cuisine sans gluten exige une toute nouvelle chimie.

Poulet cacciatore à l'ancienne et courge spaghetti

Donne de 4 à 6 portions

- 1 poulet de 2,1 kg (3½ livres), coupé en 8 morceaux
- 250 ml (1 tasse) de farine de pommes de terre ou de maïs
- Sel et poivre, au goût
- 5 ml (1 c. à thé) d'origan, émietté
- 65 ml (¼ tasse) d'huile d'olive
- 5 ml (1 c. à thé) de beurre
- 1 oignon, pelé et coupé en dés
- 2 ou 3 gousses d'ail, pelées et hachées
- 30 ml (2 c. à soupe) de romarin frais
- 500 ml (2 tasses) de champignons, brossés et hachés
- 1 pot de 500 ml (16 oz) de sauce marinara sans gluten ou 1 boîte de 500 ml (16 oz) de tomates
- 125 ml (4 oz) de vin rouge (ou au goût)
- 125 ml (½ tasse) de parmesan
- 1 bouquet de persil frais, haché, pour la garniture

Il est possible de varier cette recette en ajoutant de la menthe fraîche, du vermouth rouge plutôt que du vin rouge, des câpres et du zeste de citron.

1. Tremper le poulet dans la farine, le sel, le poivre et l'origan. Faire chauffer l'huile et le beurre ensemble jusqu'à ce que le beurre fonde. Faire sauter le poulet dans le mélange d'huile et de beurre. Ajouter l'oignon, l'ail, le romarin et les champignons. Faire sauter 5 minutes.
2. Ajouter la sauce tomate ou les tomates et le vin rouge. Couvrir et laisser mijoter 1 heure à feu très bas. Retirer le couvercle, déposer le poulet sur une assiette et laisser encore mijoter la sauce jusqu'à ce qu'elle réduise de moitié.
3. Verser la sauce sur le poulet ; saupoudrer de fromage et de persil frais.

Pâté de poulet et de foie onctueux

Délicieux en sandwich ou sur des craquelins sans gluten avec des petits cornichons. Il est également possible de le servir au brunch avec des œufs pochés.

Donne de 6 à 8 portions

30 ml (2 c. à soupe) de beurre doux

15 ml (1 c. à soupe) d'huile d'olive

225 g (½ livre) de foie de poulet, rincé et essuyé

225 g (½ livre) de poitrine de poulet, sans la peau, coupée en petits morceaux

30 ml (2 c. à soupe) de farine de tapioca ou de fécule de maïs

Sel et poivre blanc fin ou poivre rose du moulin, au goût

1 gousse d'ail, pelée et hachée

65 ml (¼ tasse) d'oignon doux, haché finement

65 ml (¼ tasse) d'eau-de-vie de fruit

3 gros œufs

125 ml (½ tasse) de crème riche en matière grasse

30 ml (2 c. à soupe) de petites câpres

2 tranches de bacon, coupées en dés

1. Faire chauffer le beurre et l'huile dans une grande poêle à frire. Enrober les foies et les poitrines de poulet de farine, de sel et de poivre. Faire sauter 10 minutes en retournant sans cesse. Mettre au robot culinaire et réduire en une purée lisse.
2. Ajouter l'ail et l'oignon dans la poêle et cuire quelques minutes. Déposer l'ail et l'oignon au robot culinaire.
3. Déglacer la poêle avec l'eau-de-vie en s'assurant de racler tout ce qui est grillé au fond de la poêle. Verser dans le robot culinaire. Casser les œufs dans le robot culinaire.
4. Verser la crème à la dernière minute, et dès que mélangé, éteindre le robot culinaire. Vaporiser un moule d'un enduit à cuisson antiadhésif et y verser la préparation. Garnir le dessus de câpres et de bacon.
5. Préchauffer le four à 165 °C (325 °F).
6. Déposer le moule dans un plus grand moule rempli à moitié d'eau chaude. Cuire 40 minutes. Laisser refroidir et trancher.

Poulet aux lentilles à l'indienne

Donne de 4 à 6 portions

250 ml (1 tasse) de lentilles
750 ml (3 tasses) d'eau
Sel et flocons de piment de Cayenne, au goût
2 gousses d'ail, pelées et hachées
1 oignon, pelé et tranché finement
30 ml (2 c. à soupe) de jus de citron
5 ml (1 c. à thé) de cumin
125 ml (½ tasse) de persil, finement haché
454 g (1 livre) de poitrine de poulet, désossée, sans la peau et coupée en bouchées
250 ml (1 tasse) de yogourt
15 ml (1 c. à soupe) de poudre de cari
Sel et sauce Tabasco, au goût

Dans les pays populeux, il est à la fois sensé et répandu de combiner la viande, le poisson et les fruits de mer avec toutes sortes de légumineuses.

1. Mettre les lentilles et l'eau dans une casserole. Amener à ébullition, réduire le feu et laisser mijoter.
2. Juste avant la fin de la cuisson des lentilles (lorsqu'elles sont un peu tendres, environ 25 minutes), ajouter le sel, le poivre, l'ail, l'oignon, le jus de citron, le cumin et le persil.
3. Mélanger le poulet avec le yogourt, le cari, le sel et la sauce Tabasco. Déposer sur un papier d'aluminium et griller 5 minutes de chaque côté.
4. Incorporer le poulet aux lentilles et servir sur du riz.

Pain de viande à la dinde

Donne de 4 à 6 portions

454 g (1 livre) de dinde, hachée
250 ml (1 tasse) maïs soufflé, moulu, ou de chapelure sans gluten
170 ml (⅔ tasse) de lait
65 ml (¼ tasse) de sauce chili
3 œufs
5 ml (1 c. à thé) de thym
125 ml (½ tasse) d'oignon, haché
Sel et poivre, au goût
1 ml (¼ c. à thé) de muscade
2 tranches de bacon

Ce mets peut être servi sur du riz ou accompagné d'une purée de pommes de terre. Il peut être adapté aux goûts de chacun, épicé ou doux.

1. Préchauffer le four à 180 °C (350 °F).
2. Mettre tous les ingrédients, sauf le bacon, au robot culinaire et bien mélanger.
3. Verser dans un moule à pain de 23 x 13 cm (9 x 5 po) et le déposer dans un plus grand moule (par exemple un moule de 28 x 33 cm [11 x 13 po]). Mettre au four et ajouter de l'eau bouillante dans le grand moule. Couper les tranches de bacon en deux et les poser sur le dessus du pain. Cuire 1 heure.
4. Servir avec une purée de pommes de terre. Pour une saveur plus relevée, ajouter 65 ml (2 oz) d'eau-de-vie.

Crêpes de maïs garnies au canardeau et aux fruits

Voilà un déjeuner délicieux ou un lunch servi sur un lit d'épinards ou de salade verte. La douceur du canardeau va bien avec les fruits — un mariage divin !

1. Mélanger le bouillon de poulet et la fécule de maïs ; réserver.
2. Enrober les poitrines de canard de farine de maïs et les faire sauter dans le beurre à feu moyen. Ajouter le sel, le poivre et le mélange de bouillon de poulet et de fécule de maïs dans la poêle, en mélangeant pour créer la sauce.
3. Ajouter les fruits trempés, le céleri, les oignons, le romarin et l'eau-de-vie de pomme. Couvrir et cuire 20 minutes à feu doux.
4. Préchauffer le four à 180 °C (350 °F).
5. Laisser refroidir et retirer le canardeau de la poêle. Couper en petits morceaux et déchiqueter. Remettre le canardeau dans la sauce. Diviser la sauce entre les 8 crêpes. Rouler les crêpes, les poser à l'envers dans un moule et arroser de beurre fondu ou d'huile d'olive. Faire réchauffer au four de 10 à 15 minutes. Servir sur des légumes verts ou des épinards sautés.

Donne 4 portions

125 ml (½ tasse) de bouillon de poulet

15 ml (1 c. à soupe) de fécule de maïs

310 g (⅔ livre) de poitrine de canard, désossée et sans la peau

125 ml (½ tasse) de farine de maïs

45 ml (3 c. à soupe) de beurre non salé

Sel et 10 ml (2 c. à thé) de poivre noir du moulin

125 ml (½ tasse) de canneberges séchées, trempées dans 170 ml (⅔ tasse) de jus de pomme ou de vin

65 ml (¼ tasse) de cerises séchées, trempées dans 125 ml (½ tasse) de jus d'orange

65 ml (¼ tasse) de feuilles de céleri, hachées

24 petits oignons (peuvent être surgelés)

125 ml (½ tasse) d'eau-de-vie de pomme (de type Calvados)

15 ml (1 c. à soupe) de romarin, séché et émietté

8 grandes *Crêpes de maïs* (voir à la page 30)

30 ml (2 c. à soupe) de beurre, fondu, ou d'huile d'olive

Donne 15 portions

1 dinde de 4,5 kg (10 livres)

65 ml (¼ livre) de beurre, ramolli

5 ml (1 c. à thé) de thym séché

125 ml (½ tasse) de persil plat frais, rincé et haché

Sel, au goût, et 5 ml (1 c. à thé) de poivre

Abats, y compris les bouts d'ailes et le cou

125 ml (½ tasse) de vin blanc sec

2 feuilles de laurier

1 recette de *Farce pour la dinde* (voir à la page 67)

4 tranches de bacon, pour le fond de la rôtissoire

10 ml (2 c. à thé) de fécule de maïs

65 ml (¼ tasse) d'eau

La meilleure dinde rôtie

Pour une volaille plus tendre et plus juteuse, choisissez une dinde entre 4 et 5,4 kg (9 et 12 livres). Pour plus de sauce, ajoutez une boîte de bouillon de poulet au jus de cuisson.

1. Rincer la dinde à l'eau froide et l'assécher. Bien mélanger le beurre, les herbes, le sel et le poivre. Farcir sous la peau de la poitrine, jusqu'aux cuisses. Attention de ne pas déchirer la peau.
2. Mettre les abats et les bouts d'ailes dans une casserole ; couvrir du vin et de l'eau. Ajouter les feuilles de laurier. Cuire 2 heures, ou jusqu'à ce que la dinde soit cuite. Ajouter plus d'eau, si le bouillon s'évapore.
3. Farcir la dinde et attacher les cuisses ensemble. Fermer la cavité du cou avec une brochette. Préchauffer le four à 165 °C (325 °F).
4. Placer le bacon au fond de la rôtissoire et poser la dinde poitrine vers le bas. Après 30 minutes, retourner la dinde et poser le bacon sur la poitrine et les cuisses. Rôtir 3 heures, en arrosant toutes les 20 minutes avec le bouillon, puis avec le jus de cuisson. Rôtir jusqu'à ce que la partie épaisse atteigne 75 °C (155 °F) au thermomètre. Laisser la dinde reposer 15 minutes avant de découper.
5. Préparer une sauce en diluant 10 ml (2 c. à thé) de fécule de maïs dans 65 ml (¼ tasse) d'eau, avant de l'ajouter au liquide de cuisson.

Rôtir la dinde

Toujours commencer la poitrine vers le bas afin de récupérer les jus, plutôt que de les enfermer dans la poitrine. Le bacon permet d'éviter que la poitrine n'adhère au fond de la rôtissoire et ajoute de la saveur au liquide de cuisson. Si, comme la plupart des familles, vous aimez beaucoup la farce, préparez-en de 750 ml à 1 l (de 3 à 4 tasses) de plus et grillez-la dans un poêlon durant la cuisson de la dinde.

Farce pour dinde rôtie

Faites votre propre farce sans gluten un jour ou deux à l'avance et conservez-la en morceaux au réfrigérateur dans un sac en plastique, prête à l'emploi.

Donne de la farce pour 1 dinde

- 1 oignon, haché finement
- 4 branches de céleri avec les feuilles, hachées finement
- 60 ml (4 c. à soupe) de beurre
- 454 g (1 livre) de saucisses à déjeuner
- 2,5 l (10 tasses) de pain de maïs sans gluten, coupé en dés
- 250 ml (1 tasse) de beurre non salé, fondu avec 125 ml (½ tasse) d'eau
- 10 ml (2 c. à thé) de thym séché
- 10 feuilles de sauge fraîche, hachées, ou 30 ml (2 c. à soupe) de sauge séchée
- 2 grosses pommes acidulées, pelées, étrognées et hachées
- Sel et poivre, au goût

1. Dans une grande poêle à frire, faire sauter les oignons et le céleri dans le beurre. Ajouter la saucisse et découper à la cuillère de bois. Cuire jusqu'à ce que la saucisse soit cuite et les légumes tendres. Mettre dans un grand bol.
2. Ajouter le reste des ingrédients dans le bol. Les mains dans de grands sacs de plastique, bien mélanger les ingrédients. Farcir la dinde avec cette préparation.

Farce pour poulet ou canard grillé

Les pruneaux et les noix vont bien avec le canard et le poulet. Voilà le goût de l'automne au pays.

Donne environ 1,5 l (6 tasses)

- 250 ml (1 tasse) d'oignon, haché
- 500 ml (2 tasses) de céleri avec les feuilles, haché
- 2 pommes, pelées, étrognées et hachées
- 60 ml (4 c. à soupe) de beurre
- 250 ml (1 tasse) de pruneaux dénoyautés, coupés en deux
- 65 ml (¼ tasse) de xérès sec, mélangé avec 125 ml (½ tasse) d'eau
- 750 ml (3 tasses) de pain de maïs sans gluten, coupé en dés
- 15 ml (1 c. à soupe) de romarin séché
- 30 ml (2 c. à soupe) de zeste de citron ou d'orange, haché fin
- 250 ml (1 tasse) de noix de Grenoble ou de pacanes, grillées et hachées
- Sel et poivre, au goût

1. Faire sauter l'oignon, le céleri et les pommes dans le beurre. Lorsqu'ils sont tendres, mettre dans un bol. Tandis que les légumes cuisent, mélanger les pruneaux dans un petit bol avec le xérès et l'eau pour les faire tremper.
2. Mélanger ensemble tous les ingrédients. Utiliser cette préparation pour farcir la volaille avant de la rôtir.

Dinde savoureuse au parmesan

Il est possible d'assaisonner la sauce de toutes sortes d'herbes, de zeste de citron ou de vin rouge.

Donne 4 portions

570 g (1¼ livre) de poitrine de dinde, désossée, sans la peau et tranchée mince
250 ml (1 tasse) de chapelure de maïs sans gluten
250 ml (1 tasse) de parmesan, divisé
Sel et poivre, au goût
250 ml (1 tasse) de farine de maïs
1 œuf, battu
250 ml (1 tasse) d'huile pour la friture
500 ml (2 tasses) de sauce tomate
250 ml (1 tasse) de mozzarella de lait entier, râpée ou tranchée mince

1. Aplatir les morceaux de dinde avec un attendrisseur. Couper en 4 portions. Mélanger la chapelure avec 125 ml (½ tasse) de parmesan. Rouler la dinde dans la farine, puis dans l'œuf et finalement dans le mélange de chapelure.
2. Préchauffer le four à 180 °C (350 °F).
3. Frire la dinde dans l'huile jusqu'à ce qu'elle soit dorée ; égoutter sur un essuie-tout. Vaporiser le plat à cuisson d'un enduit à cuisson antiadhésif. Verser un peu de sauce tomate au fond du plat. Ajouter les morceaux de dinde. Saupoudrer de 125 ml (½ tasse) de parmesan. Couvrir de sauce tomate. Étendre la mozzarella sur le dessus.
4. Cuire au four jusqu'à ce que le plat soit chaud et bouillonnant, environ 20 minutes. Servir chaud.

Qu'y a-t-il dans la farce ?

La clé pour acheter des aliments sans gluten est de bien lire les étiquettes. La chapelure du commerce pourrait contenir de la farine de blé mélangée avec la farine et la semoule de maïs. Les muffins de maïs, également une farce populaire, peuvent contenir un mélange de farine de blé et de semoule de maïs. En fin de compte, la façon la plus prudente d'utiliser une farce de maïs sans gluten est de préparer soi-même le pain de maïs.

Poulet et riz mexicains

Ce mets n'est pas trop épicé, mais il est bien relevé.
Cuire le riz tandis que le poulet mijote.

1. Mélanger la farine de maïs, le sel et le poivre sur une feuille de papier ciré. Enrober le poulet de cette préparation.
2. Faire chauffer l'huile et dorer le poulet dans une grande poêle ou un faitout. Enlever le poulet de la poêle.
3. Ajouter l'ail, l'oignon, les tomatilles, le piment fort, le poivron doux et les champignons. Faire sauter jusqu'à ce qu'ils soient tendres, environ 10 minutes.
4. Ajouter les tomates, le vin, le citron et la cannelle. Bien mélanger.
5. Remettre le poulet dans la poêle, ajouter le riz à grains courts et le bouillon. Couvrir et laisser mijoter 45 minutes. Juste avant de servir, ajouter le persil ou la coriandre. Servir avec du riz.

Influence texane

La cuisine mexicaine est bien relevée, avec des couches de saveur provenant des herbes, des aromates et, évidemment, de quelques épices. C'est l'influence texane et la passion américaine pour la brûlure des papilles gustatives qui ont donné à la cuisine mexicaine sa réputation de « très épicée ».

Donne de 4 à 6 portions

- 125 ml (½ tasse) de farine de maïs
- Sel et poivre, au goût
- 1 poulet de 1,6 kg (3½ livres), coupé en morceaux, rincé et asséché avec un essuie-tout
- 125 ml (½ tasse) d'huile de maïs
- 4 gousses d'ail, pelées et coupées en tranches épaisses
- 1 gros oignon rouge, haché grossièrement
- 4 tomatilles, pelées et hachées
- 1 piment fort, Serrano ou poblano, étrogné, épépiné et haché
- 1 poivron rouge doux, étrogné, épépiné et haché
- 10 champignons, hachés
- 375 ml (1½ tasse) de tomates, hachées (fraîches ou en boîte)
- 250 ml (1 tasse) de vin rouge sec
- 1 citron, coupé en tranches minces, dénoyauté
- 3 ml (½ c. à thé) de cannelle
- 250 ml (1 tasse) de riz à grains courts
- 500 ml (2 tasses) de bouillon de poulet
- 125 ml (½ tasse) de persil plat ou de coriandre, haché
- 750 ml (3 tasses) de riz blanc, cuit

Donne 4 portions

1 poulet de 1,4 kg (3 livres), coupé en 8 morceaux

Sel et poivre, au goût

60 ml (4 c. à soupe) de beurre non salé

170 ml (⅔ tasse) d'oignon doux, haché

125 ml (½ tasse) de bouillon de poulet

125 ml (½ tasse) de vin blanc sec

24 olives vertes, dénoyautées

5 ml (1 c. à thé) de moutarde de Dijon

Sel, poivre noir et sauce forte, au goût

Persil frais, haché, pour la garniture

Poulet épicé aux olives

Il est possible de préparer ce mets directement dans la rôtissoire. Les jus de cuisson donneront de la saveur à la sauce.

1. Saupoudrer les morceaux de poulet de sel et de poivre et les faire dorer dans le beurre. Faire sauter les oignons dans la même poêle. Ajouter le bouillon, le vin et les olives.
2. À l'aide d'une fourchette, incorporer la moutarde. Couvrir la poêle et laisser mijoter jusqu'à ce que le poulet soit cuit, environ 45 minutes. Ajouter le sel, le poivre et la sauce forte.
3. Verser la sauce et les olives sur de la purée de pommes de terre, du riz ou des nouilles de riz. Garnir de persil frais haché.

Les câpres

Les câpres sont de petits fruits savoureux. Cueillis verts, ils peuvent être conservés dans le sel ou dans la saumure. Recherchez les plus petits, qui semblent avoir plus de saveur que les gros. Les câpres sont délicieuses seules ou incorporées dans une sauce. Elles sont bonnes dans les salades et comme garniture de plusieurs mets qui autrement seraient fades.

Chapitre 6

Viandes

Donne de 10 à 12 portions

60 ml (4 c. à soupe) de beurre non salé

1 l (4 tasses) de champignons creminis, morilles, shiitakés ou pleurotes, brossés, pieds enlevés, hachés finement

6 échalotes, pelées et hachées

4 gousses d'ail, pelées et hachées

15 ml (1 c. à soupe) de sauce Worcestershire

65 ml (¼ tasse) de farine de châtaigne, avec du sel et du poivre, au goût

125 ml (½ tasse) de vin rouge sec, divisé

4 feuilles de sauge, déchiquetées

1 filet mignon de 2,7 kg (6 livres), gras enlevé

125 ml (½ tasse) de farine de châtaigne

15 ml (1 c. à soupe) de gros sel

5 ml (1 c. à thé) de poivre noir

250 ml (1 tasse) de bouillon de bœuf

30 ml (2 c. à soupe) d'huile d'olive

Filet mignon farci et sauce au vin rouge

Farcir un filet mignon complet avec des champignons et de l'ail le transformera en un succulent festin. L'utilisation de farine de châtaigne ajoutera une délicieuse saveur de noix.

1. Faire fondre le beurre et faire sauter les champignons, les échalotes et l'ail jusqu'à ce que les légumes soient tendres et que les champignons soient tendres. Ajouter la sauce Worcestershire. Ajouter 65 ml (¼ tasse) de farine assaisonnée de sel et poivre et mélanger ; incorporer 125 ml (½ tasse) de vin rouge et la sauge. Réduire jusqu'à environ 375 ml (1 tasse).
2. Préchauffer le four à 180 °C (350 °F).
3. Faire un tunnel au milieu du filet mignon à l'aide d'une grosse aiguille à tricoter ou du manche d'un couteau émoussé. Farcir le tunnel avec le mélange de champignons. Réserver les champignons restants pour la sauce.
4. Enrober l'extérieur du filet de 125 ml (½ tasse) de farine de châtaigne, de sel et de poivre. Ajouter les 125 ml (½ tasse) de vin rouge et de bouillon de bœuf dans une rôtissoire, avec le filet. Arroser d'huile d'olive et griller au four 20 minutes par 454 g (1 livre).

Les égouttures forment la parfaite sauce

Utilisez les égouttures pour la sauce qui sera servie en accompagnement. Si les jus de cuisson ont trop réduit, ajoutez un peu d'eau bouillante ou du bouillon de bœuf.

Bœuf épicé mariné garni de bébés épinards

Après avoir mariné le bœuf, quelques minutes suffisent à la cuisson. Garnissez-le de quelques tranches de citron ou de lime.

Donne 4 portions

2 gousses d'ail, hachées

30 ml (2 c. à soupe) de sucre

3 ml (½ c. à thé) de sel, ou au goût

5 ml (1 c. à thé) de flocons de piment de Cayenne, ou au goût

30 ml (2 c. à soupe) d'huile de canola

680 g (1½ livre) de filet mignon, coupé en tranches de 1,3 cm (½ po)

65 ml (¼ tasse) de vin rouge sec

65 ml (¼ tasse) de vinaigre de vin blanc

10 ml (2 c. à thé) de sucre

30 ml (2 c. à soupe) de sauce de poisson

30 ml (2 c. à soupe) d'huile de canola ou d'arachide

1 l (4 tasses) de bébés épinards, rincés, égouttés, tiges enlevées

15 ml (1 c. à soupe) de beurre

GARNITURE :

Sauce soya

Oignons verts hachés

Tranches de citron et de lime

1. Dans un grand bol ou un plat à cuisson en verre, mélanger l'ail, 10 ml (2 c. à thé) de sucre, le sel, les flocons de piment de Cayenne et 30 ml (2 c. à soupe) d'huile. Ajouter les tranches de filet mignon et les tourner pour les enrober. Couvrir et réfrigérer 2 heures.
2. Mélanger le vin, le vinaigre, 10 ml (2 c. à thé) de sucre et la sauce de poisson ; réserver. Faire chauffer une poêle antiadhésive à feu vif et ajouter 30 ml (2 c. à soupe). Faire rapidement sauter les morceaux de filets jusqu'à ce qu'ils soient dorés de chaque côté, environ 2 minutes par côté. Déposer la viande sur un lit d'épinards.
3. Ajouter le mélange de vin et de beurre dans la poêle pour la déglacer rapidement. Verser sur les épinards et la viande. Servir accompagné de sauce soya, d'oignons verts hachés et de tranches de citron ou de lime.

Sauce de poisson

La sauce de poisson, en vente dans les épiceries asiatiques, est un important ingrédient dans la cuisine asiatique du sud-est, chinoise et indonésienne.

Rôti gascon

Donne 6 portions

- 1 rôti de bœuf (intérieur ou extérieur de ronde) de 2 kg (4 livres)
- 4 gousses d'ail, hachées
- 5 ml (1 c. à thé) de sel
- 5 ml (1 c. à thé) de poivre noir du moulin
- Une pincée de cannelle et une pincée de muscade
- 1 tranche de bacon, coupée en petits morceaux
- 4 échalotes, pelées et coupées en deux
- 2 oignons rouges, pelés et coupés en quartiers
- 65 ml (¼ tasse) de cognac
- 500 ml (2 tasses) de vin rouge
- 250 ml (1 tasse) de bouillon de bœuf riche
- 5 ml (1 c. à thé) de thym
- 4 clous de girofle entiers
- 65 ml (¼ tasse) de fécule de maïs, mélangée à 85 ml (⅓ tasse) d'eau froide jusqu'à consistance lisse

Voici un mets traditionnel des fêtes, souvent préparé la veille de Noël pour être servi le lendemain. Le servir avec une purée de pommes de terre et des légumes d'hiver.

1. Faire plusieurs entailles dans la viande et y placer un morceau de gousse d'ail. Frotter le rôti avec le sel, le poivre, la cannelle et la muscade.
2. Faire chauffer le bacon dans une cocotte. Enlever le bacon avant qu'il ne soit croustillant et faire dorer le rôti. Mettre les échalotes et les oignons autour du rôti. Ajouter le cognac, le vin, le bouillon de bœuf, le thym et les clous de girofle.
3. Mettre au four à 120 °C (250 °F) de 5 à 6 heures. Quand la viande est cuite, déposer le rôti sur une assiette chaude. Ajouter le mélange de fécule de maïs et d'eau au jus de cuisson et amener à ébullition. Trancher le rôti. Napper le rôti de sauce et servir avec les légumes.

Un copieux et succulent rôti

Les mijoteuses sont excellentes pour la cuisson d'un rôti. L'intérieur ou l'extérieur de ronde convient très bien. Le bloc d'épaule a tendance à être filandreux. Taillez bien le rôti, mais laissez un peu de gras. Vous pouvez également mariner le rôti pendant la nuit dans du vin rouge et des herbes, afin d'obtenir une viande tendre et savoureuse.

Ragoût d'agneau du Lancashire, consistant et copieux

Doublez la recette et en congeler la moitié pour un autre jour. Cuire les fèves de manière traditionnelle ou utilisez plutôt des haricots cannellini en conserve.

Donne 6 portions

65 ml (¼ tasse) d'huile d'olive
910 g (2 livres) d'agneau à ragoût
125 ml (½ tasse) de fécule de pomme de terre
Sel et poivre, au goût
2 tranches de bacon, haché
4 gousses d'ail
2 gros oignons
2 carottes, pelées et hachées
2 feuilles de laurier
500 ml (2 tasses) de bouillon de poulet
250 ml (1 tasse) de vin blanc sec
½ bouquet de persil
30 ml (2 c. à soupe) de romarin séché
Jus et zeste de 1 citron
10 ml (2 c. à thé) de sauce Worcestershire
1 sac de 454 g (1 livre) de haricots Great Northern, ayant trempé toute la nuit puis ayant mijoté 5 heures, ou une boîte de 370 g (13 oz) de haricots blancs, égouttés

1. Faire chauffer l'huile dans un grand faitout à fond épais. Saupoudrer la viande de farine, de sel et de poivre. Faire dorer la viande, y compris le bacon. Ajouter l'ail, les oignons, les carottes et les feuilles de laurier.
2. Quand les légumes sont tendres, ajouter le bouillon, le vin et les herbes. Remuer en incorporant le jus et le zeste de citron ainsi que la sauce Worcestershire.
3. Couvrir et cuire 3 heures. Retirer le bouillon et le placer au congélateur, afin que le gras remonte à la surface. Quand la viande est suffisamment refroidie pour être manipulée, enlever les os.
4. Remettre la viande et le bouillon dans le faitout. Si le bouillon est trop liquide, ajouter 30 ml (2 c. à soupe) de fécule de maïs avec 45 ml (3 c. à soupe) d'eau. Amener à ébullition.
5. Incorporer les haricots. Couvrir et laisser mijoter 20 minutes.

Carré d'agneau en croûte d'herbes

Donne de 4 à 6 portions

- 2 carrés d'agneau de 680 à 910 g (1½ à 2 livres) chacun, presque tout le gras enlevé
- 10 ml (2 c. à thé) de sel
- Poivre noir du moulin, au goût
- 250 ml (1 tasse) de farine de maïs
- 30 ml (2 c. à soupe) de romarin séché ou 60 ml (4 c. à soupe) de romarin frais, haché finement
- 45 ml (3 c. à soupe) de persil frais, haché
- 30 ml (2 c. à soupe) de ciboulette, hachée
- 30 ml (2 c. à soupe) d'ail, haché
- 125 ml (½ tasse) d'huile d'olive
- 6 brins de menthe fraîche et tranches de citron pour la garniture

Cette recette préparée avec des herbes et de la semoule de maïs, plutôt que de la chapelure de pain blanc, est tout simplement délicieuse.

1. Préchauffer le gril du four à 230 °C (450 °F). Frotter l'agneau avec le sel et le poivre. Placer sur une lèchefrite, les os sur le dessus. Griller 5 minutes.
2. Retourner et continuer à griller 5 minutes de plus. Pendant que l'agneau grille, mélanger le reste des ingrédients ensemble. Presser le mélange d'herbe sur l'agneau et changer la position de cuisson. Cuire l'agneau à 230 °C (450 °F) encore de 10 à 12 minutes.
3. Couper entre les côtes et servir.

La ciboulette hachée

Il est évidemment possible d'utiliser un couteau pour hacher la ciboulette ; cependant, une paire de ciseaux de cuisine bien affutés fonctionne mieux et plus rapidement. Les ciseaux fonctionnent également bien pour plusieurs autres ingrédients tels que les poireaux, le bacon, etc. Tout comme pour n'importe quel instrument servant à couper, ils fonctionnent mieux lorsqu'ils sont très tranchants. La prudence est cependant de mise. Les instruments émoussés sont dangereux — ils peuvent glisser d'une tomate par exemple — et inefficaces.

Aubergines farcies d'agneau à la grecque

Presque toute la préparation peut être faite à l'avance et réfrigérée. Il suffit ensuite de la mettre au four 10 minutes. Servir sur un lit de laitue ou de riz.

Donne 4 portions pour le déjeuner, 8 portions en entrée

- 8 petites aubergines, d'environ 10 à 13 cm (4 à 5 po)
- 125 ml (½ tasse) d'huile d'olive
- 125 ml (½ tasse) d'oignon, haché
- 4 gousses d'ail, hachées
- 225 g (½ livre) d'agneau haché maigre
- Sel et poivre, au goût
- 125 ml (½ tasse) de tomates fraîches, hachées finement
- 45 ml (3 c. à soupe) de menthe fraîche, hachée finement
- 1 ml (¼ c. à thé) de coriandre moulue
- Jus de ½ citron

POUR LA GARNITURE :

- Yogourt
- Feuilles de menthe supplémentaires
- Tomates, hachées finement

1. Frire les aubergines entières dans l'huile d'olive. Lorsqu'elles sont suffisamment refroidies pour être manipulées, faire une incision sur toute la longueur sans percer l'autre côté.
2. À feu moyen, frire l'oignon, l'ail, l'agneau, le sel, le poivre, la tomate et les herbes ; humecter de jus de citron.
3. Continuer à remuer et diviser l'agneau. Laisser refroidir 15 minutes. Déposer les aubergines sur une plaque à pâtisserie recouverte d'une feuille de papier d'aluminium. Ouvrir les aubergines et les farcir avec le mélange d'agneau.
4. Préchauffer le four à 200 °C (400 °F).
5. Cuire 10 minutes. Déposer une cuillerée de yogourt sur chaque aubergine et garnir avec la menthe et les tomates hachées, avant de servir.

Le gras d'agneau

Le gras d'agneau qui se trouve sur une côtelette ou un rôti a un goût puissant et doit être enlevé. Vous pouvez toujours utiliser du bacon, de l'huile d'olive ou du beurre ; il faut simplement ne pas cuire le gras.

Côtelettes de porc farcies

Donne 4 portions

1 pomme acidulée, pelée, étrognée et hachée

125 ml (½ tasse) d'oignon

15 ml (1 c. à soupe) de romarin frais, émietté, ou 30 ml (2 c. à soupe) de romarin frais, haché

65 ml (¼ tasse) de persil plat, haché finement

125 ml (½ tasse) d'huile d'olive

125 ml (½ tasse) de chapelure de maïs sans gluten

Sel et poivre, au goût

4 côtelettes de porc épaisses, coupées

65 ml (¼ tasse) d'huile d'olive

4 gousses d'ail, hachées

2 oignons, hachés

125 ml (½ tasse) de bouillon de poulet

125 ml (½ tasse) de vin blanc sec

Zeste et jus de ½ citron

2 poires mûres, pelées, étrognées et coupées en quartiers

10 ml (2 c. à thé) de fécule de maïs, mélangée à 65 ml (¼ tasse) d'eau froide (pour épaissir la sauce)

Demandez à votre boucher des côtelettes épaisses dans lesquelles il aura taillé une poche. Les poires s'intègrent dans la sauce et l'épaississement n'est pas obligatoire.

1. Faire sauter la pomme, l'oignon et les herbes dans 125 ml (½ tasse) d'huile d'olive. Quand les ingrédients sont tendres, ajouter la chapelure, le sel et le poivre. Quand le mélange a suffisamment refroidi pour être manipulé, le placer dans les côtelettes et les refermer avec des cure-dents.
2. Ajouter 65 ml (¼ tasse) d'huile d'olive dans la poêle et faire dorer les côtelettes à feu moyen-vif. Ajouter le reste des ingrédients, sauf le mélange de fécule de maïs et d'eau, puis couvrir. Laisser mijoter 40 minutes à feu très doux.
3. Déposer les côtelettes sur une assiette chaude et ajouter le mélange de fécule de maïs et d'eau à la sauce dans la poêle, si vous la désirez plus épaisse. Ajouter du sel et du poivre, au goût.

Filet de porc aux épinards et aux châtaignes d'eau

Pour plus de facilité, utilisez des bébés épinards frais prélavés et vendus en sac. Servez ce plat avec du riz.

Donne 4 portions

2 filets de porc d'environ 340 g (¾ livre) chacun

65 ml (¼ tasse) de fécule de pomme de terre

1 ml (¼ c. à thé) de muscade

1 ml (¼ c. à thé) de clou de girofle moulu

Sel et poivre, au goût

65 ml (¼ tasse) d'huile d'olive

30 ml (2 c. à soupe) de jus de citron

5 ml (1 c. à thé) de sauce Worcestershire

1 sac de 227 g (8 oz) de bébés épinards frais ou 1 boîte de 284 g (10 oz) d'épinards surgelés, hachés et décongelés

125 ml (½ tasse) de châtaignes d'eau, coupées

1. Dégraisser le porc et le couper en portions. Sur une feuille de papier ciré, mélanger la farine et les assaisonnements. Déposer le porc dans le mélange et couvrir.
2. Faire sauter le porc dans l'huile d'olive environ 6 minutes de chaque côté ; il devrait être à point.
3. Ajouter le jus de citron, la sauce Worcestershire, les épinards et les châtaignes d'eau. Mélanger vigoureusement. Ajouter de l'huile d'olive, si la poêle est sèche.

L'achat du porc

Il est possible de trouver du porc « tradition » sur Internet. Ou vous pouvez trouver des filets de porc dans presque toutes les épiceries. Le filet est la coupe la plus savoureuse et la plus juteuse.

Filet de porc en croûte de maïs avec fruits

Donne de 4 à 6 portions

6 abricots séchés, hachés
125 ml (½ tasse) de canneberges séchées
65 ml (¼ tasse) de raisins sultanas
250 ml (1 tasse) d'eau chaude
Jus de ½ citron
2 filets de porc d'environ 340 g (¾ livre) chacun
Sauce Worcestershire
250 ml (1 tasse) de semoule de maïs
5 ml (1 c. à thé) de sel
Poivre noir du moulin, au goût
125 ml (½ tasse) d'huile d'olive

La garniture colorée permet de faire une bien jolie présentation. Ce plat est également très savoureux.

1. Mettre les fruits séchés dans un bol avec l'eau chaude et le jus de citron. Laisser reposer jusqu'à ce que presque toute l'eau soit absorbée.
2. Préchauffer le four à 180 °C (350 °F).
3. Faire un tunnel dans chaque filet à l'aide d'une grosse aiguille à tricoter ou du manche d'un couteau émoussé. Farcir les tunnels avec les fruits.
4. Napper les deux filets de sauce Worcestershire. Faire une pâte avec la semoule de maïs, le sel, le poivre et l'huile d'olive pour ensuite l'étendre sur le porc. Griller 30 minutes. La croûte devrait être dorée et le porc, rosé.

Côtelettes de veau farcies aux herbes

Donne 4 portions

125 ml (½ tasse) d'échalotes, hachées
30 ml (2 c. à soupe) de romarin frais, haché
10 ml (2 c. à thé) de basilic séché ou 15 ml (1 c. à soupe) de basilic frais, haché
3 ml (½ c. à thé) de coriandre moulue
30 ml (2 c. à soupe) de beurre non salé
5 ml (1 c. à thé) de sel
Poivre, au goût
4 côtelettes de veau, d'une épaisseur de 4 à 5 cm (1½ à 2 po), une pochette coupée sur la partie extérieure vers l'os sur chacune
65 ml (¼ tasse) d'huile d'olive
Sel et poivre pour les côtelettes

Cette recette nécessite des côtelettes épaisses. Vous pouvez utiliser des côtelettes doubles munies d'une pochette pour les herbes et les légumes. Les côtelettes peuvent être grillées ou sautées.

1. Faire sauter les échalotes et les herbes dans le beurre. Saler et poivrer.
2. Farcir les côtelettes avec les herbes. Frotter les côtelettes avec l'huile d'olive, le sel et le poivre.
3. Déposer les côtelettes sur le barbecue à l'extérieur ou sous le gril à feu très vif pour les saisir. Puis, diminuer la chaleur à moyen de 4 à 5 minutes par côté pour des côtelettes à point ou saignantes, selon l'épaisseur.

Roulades de veau farcies à la saucisse

Cette recette peut être doublée en un tournemain afin de donner 8 portions.

1. Couper le veau martelé en forme de rectangles. Dans un bol, mélanger la saucisse, le fromage, l'œuf et le poivre ou, si la consistance n'est pas uniforme, utiliser le robot jusqu'à ce que le mélange ressemble à de la chapelure.
2. Étendre le mélange de saucisse sur le veau et le rouler serré en partant du côté large pour se rendre au petit côté. Attacher à l'aide d'une ficelle.
3. Faire fondre le beurre dans une poêle suffisamment grande pour contenir toutes les roulades. Tourner les roulades lorsqu'elles sont légèrement dorées. Ajouter le fond et couvrir. Laisser mijoter 30 minutes.
4. Déposer les roulades sur une assiette. Déglacer la poêle avec la crème et la verser sur le veau. On peut ensuite ajouter davantage de fromage, du persil ou du cresson en garniture.

Donne 4 portions

8 escalopes de veau, martelées avec un maillet afin d'obtenir de très minces tranches

150 g (⅓ livre) de saucisse italienne douce, émiettée

125 ml (½ tasse) de parmesan, râpé

1 œuf, battu

3 ml (½ c. à thé) de poivre

30 ml (2 c. à soupe) de beurre non salé

65 ml (¼ tasse) de fond de volaille

250 ml (1 tasse) de crème à faible teneur en matière grasse

Cuisse de veau enrobée de moutarde

Donne de 10 à 12 portions

250 ml (1 tasse) de beurre non salé, à la température ambiante

125 ml (½ tasse) de moutarde de Dijon

250 ml (1 tasse) de riz ou de fécule de pomme de terre

5 ml (1 c. à thé) de poudre d'ail

10 ml (2 c. à thé) d'origan séché

1 cuisse de veau de 3 kg (7 livres), bien dégraissée

Sel et poivre

250 ml (1 tasse) de vermouth blanc sec

Tranches de citron

Voici une entrée pour les occasions spéciales. Vous devrez probablement commander le veau à votre boucher. Essayez d'en trouver une dont le poids n'excède pas 3 kg (7 livres).

1. Préchauffer le four à 200 °C (400 °F).
2. Faire une pâte avec le beurre, la moutarde, la fécule, la poudre d'ail et l'origan. Frotter la cuisse de veau avec du sel et du poivre ; l'enrober de la pâte.
3. Déposer la cuisse de veau dans le four, puis ajouter le vermouth. Faire rôtir 15 minutes ou jusqu'à ce que la croûte ait durci, à 180 °C (350 °F).
4. Placer les tranches de citron sur le veau. Arroser toutes les 15 minutes. Calculer 15 minutes de cuisson par 454 g (1 livre). Découper et servir avec les jus de cuisson (de la crème riche en matière grasse peut être ajoutée aux jus de cuisson pour obtenir davantage de sauce).

La polyvalence du veau

En préparant des côtelettes, des escalopes, un ragoût ou un rôti de veau, il est possible de varier les légumes, les herbes et les épices. Le veau devrait être très jeune. S'il est vieux, il s'agit d'un bœuf. Plus la couleur est pâle, plus la viande sera douce et tendre. Les escalopes proviennent des pattes.

Roulades de veau françaises farcies au fromage

Soyez créatif — il existe une grande combinaison de farces possibles. La farce faite avec du fromage Boursin et de l'origan est très relevée, un agréable contraste à la sauce crémeuse.

Donne 4 portions

- 8 escalopes de veau, martelées avec un maillet afin qu'elles soient le plus mince possible
- 190 ml (¾ tasse) de fromage Boursin au poivre
- 5 ml (1 c. à thé) d'origan séché ou 10 ml (2 c. à thé) d'origan frais
- 1 œuf, battu
- 30 ml (2 c. à soupe) de beurre
- 125 ml (½ tasse) de vin blanc sec
- 250 ml (1 tasse) de crème à faible teneur en matière grasse
- 65 ml (¼ tasse) de parmesan, râpé fin
- 1 ml (¼ c. à thé) de muscade ou de paprika moulu

1. Couper le veau martelé en forme de rectangles. Mélanger le fromage Boursin, l'origan et l'œuf pour faire la farce. L'étendre sur le veau. Rouler et attacher avec une ficelle.
2. Faire fondre le beurre et faire légèrement dorer le veau ; ajouter le vin et couvrir. Cuire 30 minutes.
3. Placer le veau sur une assiette et ajouter la crème, le parmesan et la muscade à la sauce dans la poêle. Préparer l'assiette et servir.

Marteler le veau

Un haltère de 2,25 kg (5 livres) fonctionne parfaitement pour marteler la viande. Qu'il s'agisse d'escalopes ou de côtelettes, placez la viande entre des morceaux de papier ciré et, en partant du centre pour se diriger vers les extrémités, martelez ! La viande sera très tendre après ce processus.

Roulades de veau à la turque

Farcir le veau avec une bonne tapenade d'olives et de persil constitue un autre excellent choix.

Donne 4 portions

- 8 escalopes de veau, martelées avec un maillet, afin qu'elles soient le plus mince possible
- 10 olives vertes farcies de poivron
- 8 olives noires (espagnoles ou grecques), dénoyautées et hachées
- 6 oignons verts, hachés
- 125 ml (½ tasse) de persil, haché
- 30 ml (2 c. à soupe) d'huile d'olive
- Jus de ½ citron
- 1 œuf, battu
- 60 ml (4 c. à soupe) de beurre
- 125 ml (½ tasse) de vin blanc sec

1. Couper le veau martelé en forme de rectangles. Placer le veau à plat. Mélanger les olives, les oignons verts, le persil, l'huile d'olive et le jus de citron avec l'œuf battu.
2. Étendre sur les escalopes de veau. Rouler le veau et l'attacher. Faire dorer dans le beurre. Ajouter le vin, couvrir et braiser à feu très doux 30 minutes. Utiliser le vin dans la poêle comme sauce.

Boulettes de viande hachée épicées

Les boulettes, ainsi que leur enrobage, sont toujours composées de pain. Ici, nous utilisons des croustilles émiettées. Les œufs feront tenir les boulettes ensemble, et les croustilles écrasées ont un goût délicieux.

Donne de 10 à 12 boulettes

454 g (1 livre) de viande hachée mêlée (bœuf, porc et veau)

2 œufs

2 gousses d'ail, hachées

5 ml (1 c. à thé) d'origan séché

3 ml (½ c. à thé) de cannelle

3 ml (½ c. à thé) de grains de fenouil

125 ml (½ tasse) de parmesan, râpé fin

Sel et poivre, au goût

500 ml (2 tasses) de croustilles hyposodiques, écrasées

Huile légère, telle que de l'huile canola, pour la friture

1. Dans un grand bol, mélanger tous les ingrédients à l'exception de 250 ml (1 tasse) de croustilles écrasées et de l'huile pour la cuisson.
2. Placer une grande feuille de papier ciré sur le comptoir. Verser le reste des croustilles dessus.
3. Former les boulettes de viande, les rouler dans les miettes et les frire dans l'huile jusqu'à ce qu'elles soient dorées. Les égoutter sur des essuie-tout, avant de les réfrigérer, les congeler ou les servir avec la sauce marinara de votre choix.

Boulettes épicées

Vous pouvez ajouter du goût à vos boulettes en émiettant de la saucisse italienne douce ou épicée pour la mêler au bœuf. L'authentique et extraordinaire saucisse italienne contient de l'ail, ainsi que des herbes et des épices telles que de l'anis.

Le meilleur pain de viande

Donne de 6 à 8 portions

680 g (1½ livre) de bœuf haché, soit de l'épaule ou de la surlonge
125 ml (½ tasse) de sauce chili
125 ml (½ tasse) de lait
3 œufs
250 ml (1 tasse) de chapelure de maïs sans gluten
Sel et poivre, au goût
2 gousses d'ail, hachées
1 petit oignon, haché
5 ml (1 c. à thé) de romarin séché, émietté
10 ml (2 c. à thé) de sauce à steak Lea and Perrins
3 ml (½ c. à thé) de muscade

Voici un traditionnel plat réconfortant. Accompagnez-le de pommes de terre en purée et de sauce, et votre famille va l'adorer.

1. Préchauffer le four à 180 °C (350 °F).
2. Dans le grand bol du robot, mélanger tous les ingrédients ensemble.
3. Vaporiser un moule à pain de 23 x 13 cm (9 x 5 po) d'un enduit à cuisson antiadhésif. Y mettre le mélange de viande.
4. Placer une rôtissoire au milieu du four. Ajouter 2,5 cm (1 po) d'eau. Déposer le moule contenant le pain de viande dans l'eau. Cuire 1 heure et 20 minutes. Pour agrémenter le plat, ajouter 2 tranches de bacon sur le dessus du pain de viande.

Un bain d'eau chaude

Cuire votre pain de viande dans un bain d'eau chaude lui permet de demeurer juteux. L'utilisation d'un robot pour mélanger les ingrédients permet de préparer un pain de viande beaucoup plus tendre que le plat grossier qu'on doit mâcher longtemps. Le bain d'eau chaude s'appelle un bain-marie et il permet de cuire des plats doux, crémeux et moelleux.

Chapitre 7
Fruits de mer

Sole française

Donne 4 portions

4 filets de 150 g (5 oz) de plie grise ou de sole

1 œuf

Jus de ½ citron et 10 ml (2 c. à thé) de jus de citron pour la sauce

250 ml (1 tasse) de farine

5 ml (1 c. à thé) de sel

5 ml (1 c. à thé) de poivre blanc, ou au goût

125 ml (½ tasse) d'huile d'olive

30 ml (2 c. à soupe) de beurre non salé

65 ml (¼ tasse) de vin blanc sec

30 ml (2 c. à soupe) de câpres

125 ml (½ tasse) de persil, haché, pour la garniture

Quoique la recette traditionnelle de ce plat délicat nécessite de la farine tout usage, elle est beaucoup plus légère quand on utilise de la farine de riz. Vous pouvez substituer du flet à la sole.

1. Rincer la sole et la placer sur des essuie-tout pour l'éponger.
2. Battre les œufs et le jus de ½ citron ensemble.
3. Mélanger la farine, le sel et le poivre sur un morceau de papier ciré. Faire chauffer l'huile dans une poêle antiadhésive à feu moyen-vif. Plonger les morceaux de sole dans l'œuf battu, puis dans le mélange de farine.
4. Faire sauter la sole jusqu'à ce qu'elle soit dorée, soit environ 3 minutes par côté. Ne pas trop cuire, car le poisson va se défaire. Déposer sur une assiette chaude.
5. Mélanger le beurre, le vin et les câpres dans la poêle utilisée pour cuire le poisson. En remuant constamment, amener à ébullition, puis verser sur le poisson. Garnir de persil et servir.

L'achat du poisson frais

Peu importe la sauce utilisée, si un poisson n'est pas absolument frais, son goût sera horrible. Lors de l'achat d'un poisson, celui-ci devrait luire et les écailles devraient être argentées et brillantes. Le truc ultime consiste toutefois à le sentir. S'il sent quoi que ce soit d'autre que la fraîcheur, ne l'achetez pas. Il est également utile d'être ami avec le poissonnier. Posez-lui des questions du genre : « Quand est-il arrivé ? », « Qu'est-ce qui est arrivé ce matin ? » et « Puis-je sentir ça ? »

Sole florentine

La sole est un poisson polyvalent : douce et sucrée, elle s'agence à de nombreuses saveurs. Les épinards surgelés conviennent fort bien à cette recette.

1. Faire fondre le beurre à feu moyen et faire sauter l'échalote jusqu'à ce qu'elle soit tendre, environ 5 minutes. Incorporer la fécule de maïs et cuire jusqu'à consistance lisse.
2. Ajouter les épinards, la crème et la muscade. Cuire et mélanger jusqu'à épaississement. Verser dans un plat allant au four vaporisé d'enduit à cuisson antiadhésif et réserver.
3. Plonger les morceaux de sole dans l'œuf battu. Puis, sur un morceau de papier ciré, mélanger la farine, le sel et le poivron. Rouler la sole dans le mélange de farine.
4. Faire sauter la sole dans l'huile d'olive jusqu'à ce qu'elle soit légèrement dorée. Déposer sur les épinards. Saupoudrer de parmesan. Placer sous le gril pour faire dorer et faire réchauffer, environ 3 minutes.

Donne 4 portions

45 ml (3 c. à soupe) de beurre non salé

1 échalote française, hachée

45 ml (3 c. à soupe) de fécule de maïs

2 paquets de 284 g (10 oz) d'épinards surgelés, coupés, dégelés et égouttés

170 ml (⅔ tasse) de crème riche en matière grasse

1 ml (¼ c. à thé) de muscade

4 filets de sole, rincés et séchés sur des essuie-tout

1 œuf, bien battu

125 ml (½ tasse) de riz ou de fécule de pomme de terre

Sel et poivre, au goût

170 ml (⅔ tasse) d'huile d'olive

65 ml (¼ tasse) de parmesan

Croquettes de crabe du Maryland avec jambon de campagne

Donne 8 croquettes de crabe

125 ml (½ tasse) de mayonnaise
2 œufs
5 ml (1 c. à thé) de moutarde de Dijon
5 ml (1 c. à thé) de sauce Worcestershire
Sel et 5 ml (1 c. à thé) de piment de Cayenne, ou au goût
15 ml (1 c. à soupe) de jus de citron frais
250 ml (1 tasse) de chapelure de maïs sans gluten, divisés
570 g (1¼ livre) de morceaux de chair de crabe bleu
Huile pour la friture
Quartiers de citron pour la garniture

L'ajout de jambon de campagne vient équilibre le côté sucré du crabe tout en rehaussant la recette.

1. Dans un grand bol, mélanger la mayonnaise, les œufs, la moutarde, la sauce Worcestershire, le sel, le piment de Cayenne et le jus de citron. Remuer jusqu'à consistance lisse.
2. Ajouter la moitié de la chapelure et ajouter délicatement la chair de crabe. Former 8 croquettes et enrober du reste de la chapelure.
3. À feu moyen, amener l'huile à 150 °C (300 °F). Frire les croquettes, les tourner après 5 minutes, jusqu'à ce qu'elles soient dorées. Servir avec des quartiers de citron.

Garnir les croquettes de crabe

Certains cuisiniers ajoutent des oignons finement hachés dans leur mélange à croquettes de crabe. D'autres utilisent de la ciboulette. On peut également ajouter du persil haché. Certains aiment leurs croquettes de crabe avec de la sauce tartare, et d'autres préfèrent la sauce cocktail.

Morue fouettée de Marseille accompagnée de pommes de terre

Voici un plat qu'une maman française fatiguée préparera à la fin de la semaine. Vous pouvez utiliser de la morue salée ou de la morue fraîche.

Donne 4 portions

- 500 ml (2 tasses) de morue salée, ou 315 ml (1¼ tasse) de morue fraîche
- 3 grosses pommes de terre, ou 4 moyennes
- 30 ml (2 c. à soupe) d'huile d'olive
- 125 ml (½ tasse) de lait riche en matière grasse ou de crème à faible teneur en matière grasse, ajuster la quantité selon la consistance des pommes de terre
- Sel et poivre, au goût
- 125 ml (½ tasse) chacun de ciboulette et de persil, haché

1. Couvrir la morue d'eau et la laisser tremper toute la nuit. Changer l'eau une ou deux fois.
2. Faire bouillir les pommes de terre non pelées jusqu'à ce qu'un couteau glisse facilement dans leur chair. Le temps de cuisson varie selon la taille des pommes de terre.
3. À l'aide d'une fourchette à long manche, piquer les pommes de terre et les peler. Placer les pommes de terre dans un presse-purée, puis dans un bol. Fouetter en incorporant l'huile d'olive ainsi que le lait ou la crème, puis saler et poivrer et garder au chaud.
4. Cuire la morue, salée ou fraîche, à la vapeur environ 15 minutes, jusqu'à ce qu'elle soit très tendre. S'assurer qu'il n'y a pas d'arêtes.
5. Mélanger la morue au robot jusqu'à consistance lisse.
6. Incorporer la morue aux pommes de terre en riz et au mélange de persil et de ciboulette. Mélanger à la fourchette jusqu'à ce que le mélange soit léger. Servir chaud.

Donne 4 portions

3 grosses, ou 4 moyennes, pommes de terre Idaho ou Yukon Gold, pelées et tranchées minces

65 ml (¼ tasse) d'huile d'olive

30 ml (2 c. à soupe) de beurre, fondu

Sel et poivre, au goût

4 filets ou steaks de morue, environ 150 g (5 oz) chacun

Sel, poivre et beurre pour le poisson

Persil, haché, et quartiers de citron pour la garniture

Morue grillée sur un lit de fines pommes de terre

La morue est l'un des poissons les plus populaires et les plus polyvalents au monde. Elle peut être cuite, grillée, cuite à la vapeur, pochée, salée ou préparée en ragoût dans du lait.

1. Préchauffer le four à 200 °C (400 °F).
2. Dans un plat allant au four vaporisé d'enduit à cuisson antiadhésif, mettre les fines tranches de pommes de terre dans l'huile et le beurre fondu, saler et poivrer.
3. Cuire les pommes de terre environ 40 minutes ou jusqu'à ce que le dessus soit doré et croustillant et l'intérieur tendre.
4. Quand les pommes de terre sont prêtes, étendre le poisson sur le dessus, saler et poivrer, ajouter une noisette de beurre et remettre dans le four, sous le gril.
5. Griller jusqu'à ce que le poisson soit cuit, entre 8 et 10 minutes, selon son épaisseur. Si les pommes de terre commencent à brûler, déplacer le plat sur une grille inférieure dans le four.
6. Saupoudrer de persil haché et servir avec des morceaux de citron.

La chair de crabe

La chair de crabe et la fausse chair de crabe sont très abondantes. Le meilleur est le crabe bleu du Maryland, offert en morceaux ou en flocons ; il s'agit également du plus cher, qui se vend jusqu'à 15 $ pour 454 g (1 livre). Le faux crabe, ou surimi, est fabriqué avec du poisson cuit dans l'eau et les jus de la chair de crabe ; il n'est pas cher. Les crabes bleus sont rebondis et trapus, contrairement aux énormes crabes royaux de l'Alaska dont les pattes ressemblent à celles des araignées ou aux amas en forme de doigts de crabes des neiges. Rien n'égale un bon crabe frais de l'Alaska ou du Maryland.

Baccala (morue salée) dans une épaisse sauce crémeuse aux œufs

Voici une très ancienne recette préparée traditionnellement le matin de Pâques. Servi sur du riz ou du pain de maïs avec des œufs cuits dur dans la sauce, c'est un mets très consistant.

1. Égoutter la baccala et la couper en bouchées. Faire sauter rapidement dans une poêle avec l'huile d'olive ; réserver.
2. Faire sauter les oignons dans le beurre à feu moyen de 6 à 8 minutes. Incorporer la fécule de maïs et la moutarde sèche. Cuire encore quelques minutes et lentement, en fouettant constamment, incorporer le lait. Ajouter le persil, la muscade, le poivre et les œufs hachés.
3. Faire chauffer, en remuant, jusqu'à consistance très épaisse. Incorporer la morue et continuer à mélanger jusqu'à ce que ce soit très chaud. Garnir de cornichons, et servir sur le pain de maïs ou le riz.

La morue salée

Créé par la force des choses — le poisson salé pouvait se conserver pendant l'hiver alors que la pêche du poisson frais était impossible —, il a été méprisé pendant longtemps. Il est maintenant vu de manière nostalgique. Ce plat est aussi traditionnel que n'importe quelle recette familiale. La plupart des cuisines du terroir des pays européens comptent des recettes de morue salée.

Donne de 4 à 6 portions

- 454 g (1 livre) de morue salée, sans peau, trempée dans l'eau froide 24 heures, l'eau changée 3 fois
- 30 ml (2 c. à soupe) d'huile d'olive
- 65 ml (¼ tasse) d'oignon doux, haché
- 30 ml (2 c. à soupe) de beurre
- 30 ml (2 c. à soupe) de fécule de maïs
- 3 ml (½ c. à thé) de moutarde sèche
- 375 ml (1½ tasse) de lait
- 65 ml (¼ tasse) de persil, finement haché
- 1 ml (¼ c. à thé) de muscade
- Poivre, au goût
- 2 œufs cuits dur, hachés
- 2 cornichons aigres, tranchés finement
- 8 à 10 minces tranches de pain de maïs, ou 1 l (4 tasses) de riz cuit

Crevettes frites dans une panure croustillante à la bière

Donne 4 portions

125 ml (½ tasse) de farine de maïs
1 ml (¼ c. à thé) de sel
15 ml (1 c. à soupe) de beurre, fondu
1 œuf, entier
125 ml (½ tasse) de bière de sarrasin, éventée
1 blanc d'œuf, battu ferme
570 g (1¼ livre) de crevettes, décortiquées et déveinées
65 ml (¼ tasse) de rhum ambré
30 ml (2 c. à soupe) de sauce soya
Huile légère telle que de l'huile canola, pour la friture

Tout peut être fait à l'avance, sauf la friture des crevettes. La panure à la bière est délicieuse et peut être utilisée avec d'autres fruits de mer ainsi qu'avec du poulet.

1. Préparer la pâte en mélangeant les cinq premiers ingrédients ; laisser reposer 1 heure.
2. Mariner les crevettes parées dans le rhum et la sauce soya 20 minutes en les couvrant et les plaçant au réfrigérateur.
3. Amener l'huile à ébullition à 190 °C (375 °F). Ajouter le dernier blanc d'œuf à la pâte. Plonger les crevettes dans la pâte à quelques reprises afin de les couvrir. Déposer délicatement quelques crevettes à la fois dans l'huile. Frire environ 4 minutes ou jusqu'à ce qu'elles soient dorées. Égoutter sur des essuie-tout et servir.

Pétoncles géants sautés

Donne 4 portions

Cette recette nécessite que les pétoncles soient caramélisés, ce qui est absolument génial. Et le goût est extraordinaire. Vous trouverez beaucoup de raisons de les servir.

- 125 ml (½ tasse) de farine de maïs
- 30 ml (2 c. à soupe) de sucre blanc
- 5 ml (1 c. à thé) de sel
- 3 ml (½ c. à thé) de poivre blanc
- 680 g (1½ livre) de pétoncles géants, d'environ 5 cm (2 po) de diamètre
- 30 ml (2 c. à soupe) de beurre non salé
- 30 ml (2 c. à soupe) d'huile d'olive

1. Sur une feuille de papier ciré, mélanger la farine, le sel et le poivre. Rouler les pétoncles dans le mélange de farine.
2. Faire chauffer le beurre et l'huile à feu moyen à élevé. Ajouter les pétoncles et les surveiller. Ils vont dorer rapidement. Cuire de 2 à 3 minutes par côté. Servir avec n'importe quelle de vos sauces préférées.

Savoureux requin avec bacon

Donne 4 portions

Le requin est un poisson qui fond dans la bouche — et il mérite vraiment d'être servi plus souvent. Il est doux et tendre.

- 30 ml (2 c. à soupe) de sauce chili
- 15 ml (1 c. à soupe) de jus d'orange concentré
- 15 ml (1 c. à soupe) de sauce Worcestershire
- Jus de ½ citron
- 5 ml (1 c. à thé) de sauce Tabasco, ou au goût
- 570 g (1¼ livre) de darnes de requin sans os, coupées en bouchées
- Sel et poivre, au goût
- 4 tranches de bacon

1. Préchauffer le gril du four à 230 °C (450 °F). Mélanger la sauce chili, le jus d'orange, la sauce Worcestershire, le jus de citron et la sauce Tabasco dans un petit bol.
2. Rincer et sécher les darnes de requin. Saler et poivrer. Les arroser du mélange de sauce.
3. Les déposer sur une lèchefrite vaporisée d'enduit à cuisson antiadhésif. Placer les tranches de bacon sur le dessus du requin et griller 3 minutes. Tourner le bacon et griller encore 2 minutes. Fermer le gril et garder la porte fermée pour laisser le requin cuire complètement, environ 6 minutes.

Donne de 8 à 10 portions en entrée

454 g (1 livre) de crevettes crues, décortiquées et déveinées
1 œuf
15 ml (1 c. à soupe) de xérès sec
10 ml (2 c. à thé) de sauce soya
5 ml (1 c. à thé) de sucre
15 ml (1 c. à soupe) de fécule de maïs
250 ml (1 tasse) de porc haché maigre
2 oignons verts, hachés
750 ml (3 tasses) d'huile pour la friture

Boulettes de crevettes chinoises

Servir ces boulettes avec de la moutarde forte ou toute autre sauce asiatique. Pour varier, servir avec de la sauce tartare.

1. En procédant lentement, mettre tous les ingrédients, sauf l'huile pour la friture, dans le robot culinaire. Mélanger tout en raclant souvent les parois.
2. Faire chauffer l'huile à 180 °C (350 °F). Laisser tomber délicatement des cuillérées dans l'huile. Quand les boules sont dorées, après 3 à 4 minutes, déposez-les sur une assiette de service sur laquelle se trouvent des essuie-tout ou des serviettes de table pour égoutter. Servir et déguster.

L'utilisation de crevettes fraîches

N'utilisez jamais des crevettes précuites pour cuisiner. Celles-ci seront caoutchouteuses et coriaces. Les crevettes cuites sont roses : les crues sont grisâtres ou blanches. Les décortiquer et les nettoyer demande un peu d'effort, mais la succulente saveur de bonnes crevettes fraîches en vaut amplement la peine.

Huîtres frites du Sud

Ces huîtres sont si croustillantes à l'extérieur et succulentes à l'intérieur, il faudra sans doute en préparer une recette supplémentaire. Elles peuvent être servies avec n'importe quelle sauce de ce chapitre ou un peu de citron pressé.

Donne 4 portions

1 l (1 pinte) d'huîtres écalées
125 ml (½ tasse) de farine de maïs
250 ml (1 tasse) de semoule de maïs
5 ml (1 c. à thé) de levure chimique
1 ml (¼ c. à thé) de muscade
3 ml (½ c. à thé) de sel, ou au goût
Poivre noir du moulin, au goût
2 œufs, battus
Huile pour la friture

1. Déposer les huîtres dans une passoire pour les égoutter. Bien mélanger la farine, la semoule, la levure chimique, la muscade, le sel et le poivre.
2. Plonger les huîtres dans l'œuf, puis dans le mélange de farine et semoule. Amener l'huile à 190 °C (375 °F) et frire de 3 à 4 minutes ou jusqu'à ce qu'elles soient dorées.
3. Retirer à l'aide d'une cuillère à égoutter. Égoutter sur des essuie-tout.

Les fruits de mer adorent la sauce.
Même les mollusques et les crustacés aux goûts les plus prononcés apprécient être plongés ou immergés dans les sauces. De plus, il existe une multitude d'options et de substitutions. N'importe quel agrume peut être substitué à peu près à n'importe lequel. Par exemple, des limes peuvent être remplacées par des citrons, des pamplemousses par des oranges, et il est possible de les combiner afin d'obtenir des résultats intrigants, grâce à votre propre flair pour les saveurs. Ajoutez du gingembre, de la poudre de cari ou de la moutarde, pour décupler la saveur.

Trempette épicée pour crevettes et huîtres

Donne 375 ml (1½ tasse)

- 250 ml (1 tasse) de sauce chili
- 5 ml (1 c. à thé) d'amer à l'orange
- 10 ml (2 c. à thé) de jus de citron
- 5 ml (1 c. à thé) de raifort, râpé, ou au goût
- 5 ml (1 c. à thé) de racine de gingembre frais, hachée
- 5 ml (1 c. à thé) de vinaigre de cidre
- 3 ml (½ c. à thé) de poudre d'ail
- Sel et poivre, au goût

Une bonne trempette a des dizaines d'utilisations. La préparer et la conserver au réfrigérateur.

Mettre tous les ingrédients au mélangeur et fouetter jusqu'à ce que la trempette soit lisse ; servir.

Trempette citronnée pour crevettes et huîtres

Donne 375 ml (1½ tasse)

- 125 ml (½ tasse) de marmelade
- 65 ml (¼ tasse) de sauce soya
- 190 ml (¾ tasse) de jus d'orange frais
- 5 ml (1 c. à thé) de moutarde de Dijon
- Jus de ½ lime
- Jus de ½ citron
- 2,5 cm (1 po) de racine de gingembre, pelée et hachée
- Sel et poivre, au goût

L'une des meilleures caractéristiques de cette trempette est sa polyvalence. Vous pouvez l'utiliser avec des escalopes frites, des fruits de mer froids ou du poulet.

Mettre tous les ingrédients dans une casserole et faire bouillir jusqu'à ce que la trempette soit bien mélangée. Laisser refroidir et conserver au réfrigérateur

Fruits de mer à la King

Il est possible de préparer la sauce la veille et d'ajouter les fruits de mer à la dernière minute. Servir avec du riz ou comme farce dans des crêpes.

Donne 4 portions

125 ml (½ tasse) d'échalotes, hachées
65 ml (¼ tasse) de beurre non salé
20 petits champignons blancs, coupés en deux
20 petits oignons, frais ou surgelés, coupés en deux
30 ml (2 c. à soupe) de fécule de maïs
65 ml (¼ tasse) d'eau froide
15 ml (1 c. à soupe) de pâte de tomate
30 ml (2 c. à soupe) d'eau-de-vie
375 ml (1½ tasse) de crème
Sel et poivre, au goût
225 g (½ livre) de crevettes, nettoyées et déveinées
225 g (½ livre) de pétoncles de baie
30 ml (2 c. à soupe) de caviar de saumon rouge, pour la garniture

1. Faire sauter les échalotes dans le beurre à feu moyen 5 minutes. Ajouter les champignons et les petits oignons. Mélanger, cuire quelques minutes de plus.
2. Mélanger la fécule de maïs à l'eau froide et l'ajouter dans la poêle en remuant pour mélanger. Incorporer la pâte de tomate et l'eau-de-vie. Faire réchauffer légèrement la crème, puis l'incorporer à la sauce dans la poêle. (Il est possible de préparer la recette jusqu'à cette étape. Garder au réfrigérateur jusqu'au moment de servir.)
3. Faire réchauffer la sauce, mais sans la faire bouillir. Ajuster l'assaisonnement et ajouter les fruits de mer. Quand les crevettes deviennent roses, le plat est prêt. Garnir de caviar et servir.

Vive le roi !

Ce plat a été créé à l'hôtel Brighton Beach à Long Island (dans l'État de New York) par le chef George Greenwald pour son patron, E. Clark King, II. Il est devenu très populaire lorsque Campbell a lancé la crème de champignons en conserve, utilisée comme base.

Salade de crevettes et de homard

Donne 4 portions

250 ml (1 tasse) de mayonnaise
5 ml (1 c. à thé) de moutarde de Dijon
Jus de ½ lime et 5 ml (1 c. à thé) de zeste
5 ml (1 c. à thé) de sauce soya
15 ml (1 c. à soupe) de sauce chili
5 ml (1 c. à thé) d'ail, haché
Sel et poivre, au goût
Viande de 1 petit (680 g [1½ livre]) homard, cuit
225 g (½ livre) de crevettes, lavées et cuites
65 ml (¼ tasse) d'aneth frais, taillé, et de persil frais, haché, mêlés
15 ml (1 c. à soupe) de câpres
4 lits de laitue, déchiquetée

Essayer d'utiliser différents agrumes et d'incorporer différents légumes. Utiliser des amandes au lieu des arachides. Pour ceux qui aiment la coriandre, l'utiliser au lieu du persil.

1. Mélanger ensemble la mayonnaise, la moutarde, le jus et le zeste de lime, la sauce soya, la sauce chili, l'ail haché ainsi que le sel et le poivre.
2. Juste avant de servir, mélanger la sauce aux fruits de mer. Garnir de l'aneth et du persil ; garnir de câpres et servir sur un lit de laitue.

Les câpres

Ces minuscules baies sont conservées dans la saumure ou emballées dans le sel. Les buissons qui les produisent sont fort abondants dans les îles de la Méditerranée, et elles sont utilisées à profusion dans plusieurs recettes de poisson, de viande et de salade. Les Français les adorent, tout comme les Italiens, les Grecs, les Sardes et les Maltais. Essayez d'en mettre quelques-unes dans une sauce au beurre sur un morceau d'achigan frais, et vous comprendrez leur popularité.

Baudroie pochée dans une sauce au beurre et câpres

La baudroie est un poisson doux et sucré qui peut être apprêté de diverses manières. Il est délicieux poché, grillé ou cuit.

Donne 4 portions

680 g (1½ livre) de baudroie, coupée en 4 portions

125 ml (½ tasse) de fécule de pomme de terre

30 ml (2 c. à soupe) d'huile d'olive

65 ml (¼ tasse) de vin blanc sec

65 ml (¼ tasse) de bouillon de poulet

15 ml (1 c. à soupe) de beurre

30 ml (2 c. à soupe) de câpres

Sel et poivre, au goût

Paprika et quartiers de citron, pour la garniture

1. Enfariner le poisson, puis le faire sauter à feu moyen dans l'huile d'olive. Tourner après 4 minutes.
2. Ajouter le vin, le bouillon, le beurre et les câpres. Laisser mijoter (pocher) environ 8 minutes ou jusqu'à ce que le poisson soit complètement cuit. Déposer le poisson sur une assiette chaude, laisser réduire la sauce à la moitié et verser sur le poisson.
3. Saler, poivrer et saupoudrer de paprika. Servir avec des morceaux de citron.

La baudroie, le homard du pauvre

Aussi bizarre que cela puisse paraître, la baudroie a déjà été considérée comme un poisson à rejeter ! Elle a une collerette avec une petite capuche autour de sa tête, un peu comme un capuchon de moine. Elle est délicieuse pochée, grillée ou cuite. Elle s'harmonise à de nombreuses sauces. La seule chose à se rappeler est de ne pas trop la cuire. La baudroie, lorsque pochée dans le jus de palourde, l'eau ou le vin blanc, gonfle, devient plus légère et moelleuse. Puis, tout ce qu'il reste à faire est d'ajouter du citron et du beurre et elle ressemble alors beaucoup au homard.

Moules marinières

Donne 4 portions

- 125 ml (½ tasse) d'oignon, haché finement
- 30 ml (2 c. à soupe) de beurre
- 30 ml (2 c. à soupe) de fécule de maïs
- 250 ml (1 tasse) de vin blanc sec
- 125 ml (½ tasse) de branches de céleri, coupées
- 1,4 à 1,8 kg (3 à 4 livres) de moules brossées et tapotées
- 250 ml (1 tasse) de crème riche en matière grasse
- Sel et poivre, au goût
- Jus de ½ citron
- 125 ml (½ tasse) de persil plat italien, rincé et haché

Voici un épais et crémeux ragoût. C'est tout simplement délicieux et très rapide, en plus d'être simple à préparer.

1. Faire sauter l'oignon dans le beurre jusqu'à ce qu'il soit tendre. Incorporer la fécule de maïs. Fouetter en ajoutant le vin blanc et les branches de céleri. Mélanger et amener à ébullition.
2. Ajouter les moules préparées. Couvrir et maintenir l'ébullition. Après 2 minutes, brasser pour amener les moules du dessous vers le dessus.
3. Placer un grand bol de service à côté de la casserole. Enlever les moules quand elles s'ouvrent.
4. Quand toutes les moules sont ouvertes, réduire le feu et ajouter la crème. Faire chauffer sans amener à ébullition. Saler et poivrer au goût.
5. Verser sur les moules ; arroser de jus de citron et garnir de persil. Servir dans des bols chauds, et sortir un grand bol pour y déposer les coquilles.

Vérifiez vos moules

Vous devez vous assurer que vos moules sont vivantes. Cela signifie qu'elles sont bien fermées et que lorsque vous en frappez deux l'une contre l'autre, vous entendez un clic net, et non pas un bruit sourd et creux. Souvent, elles seront légèrement ouvertes, mais se refermeront quand on les cogne — c'est parfait. N'utilisez simplement pas celles qui sont craquées, ouvertes ou dont le son est creux. Les mêmes caractéristiques s'appliquent aux palourdes. Il faut toujours frotter les palourdes et les moules avec une brosse rigide sous l'eau courante et froide.

Chapitre 8

Plats végétariens

Artichauts farcis au citron et aux olives

Donne 4 portions en entrée
ou
8 portions en amuse-gueule

4 gros artichauts, parés et coupés dans le sens de la longueur
4 l (4 pintes) d'eau
½ citron
250 ml (1 tasse) de riz cuit
10 olives vertes, hachées
10 olives Kalamata, hachées
30 ml (2 c. à soupe) de persil, haché
45 ml (3 c. à soupe) de beurre ou de margarine, fondu
5 ml (1 c. à thé) de sel d'ail
Poivre, au goût
1 œuf (facultatif)

Les artichauts réussissent à donner un goût délicieux à tout ce qui les entoure. Ils peuvent être dégustés simplement avec un peu de beurre, de mayonnaise ou de jus de citron.

1. Faire bouillir les artichauts dans 4 l (4 pintes) d'eau avec le citron et son écorce, pressés, 20 minutes. Égoutter et mettre sur une plaque à pâtisserie, la partie coupée vers le haut.
2. Préchauffer le four à 180 °C (350 °F). Mélanger le reste des ingrédients (y compris l'œuf) ensemble dans un grand bol.
3. Farcir les artichauts à la cuillère en pressant entre les feuilles. Cuire 15 minutes jusqu'à ce que cela soit chaud.

Champignons portobellos grillés

Donne 4 portions

4 gros champignons portobellos (10 à 13 cm [4 à 5 po] de diamètre), pieds enlevés et brossés
250 ml (1 tasse) de vinaigrette balsamique
Sel et poivre, au goût

Ces gros champignons charnus sont délicieux tranchés en salade, farcis ou hachés dans une sauce.

1. Mariner les champignons dans la vinaigrette de 1 à 2 heures, couverts, au réfrigérateur.
2. Préchauffer le grill à feu bas.
3. Griller les champignons, puis trancher et servir.

Les champignons et les protéines

Les champignons ne sont pas très riches en protéines, mais ils sont nourrissants. Les gros champignons portobellos sont parfaits pour griller ou pour être farcis de toutes sortes de préparations. Ils donnent une excellente base pour le riz, le quinoa, les œufs et les légumes.

Poivrons farcis à la préparation pour burger végétarien et aux épices

Les burgers végétariens sont un atout de la cuisine végétarienne. Ils sont généralement bien relevés et tout à fait délicieux.

Donne 4 portions

4 grosses gousses d'ail, hachées
1 gros oignon, haché
65 ml (¼ tasse) d'huile d'olive
15 ml (1 c. à soupe) d'huile de sésame asiatique
454 g (1 livre) de préparation pour burger végétarien
Sel et poivre, au goût
4 gros poivrons verts ou rouges

1. Faire sauter l'ail et l'oignon dans l'huile d'olive et de sésame jusqu'à ce qu'ils soient tendres. Ajouter les burgers végétariens ; défaire à la cuillère de bois. Ajouter le sel et le poivre.
2. Préchauffer le four à 180 °C (350 °F).
3. Couper les poivrons en deux dans le sens de la longueur et parer. Garnir de la préparation à base de burgers végétariens. Poser sur une plaque à biscuits vaporisée d'un enduit antiadhésif.
4. Cuire 25 minutes. Servir chaud.

Des burgers végétariens desséchés ?

Il y a plusieurs choses à faire pour préserver l'aspect moelleux des burgers végétariens. Une possibilité consiste à incorporer à la préparation un peu de tomates fraîches hachées. Une autre possibilité est d'ajouter un peu d'huile, de lait ou de crème, avant de les griller. Un peu de purée de pommes de terre cuite donne aussi de la consistance et du moelleux. Ajouter environ 15 ml (1 c. à soupe) de tomate, d'huile, de lait ou de purée de pommes de terre par burger.

Donne 4 portions

- 2 aubergines moyennes, pelées, coupées en 16 tranches (8 chacune) rondes et salées
- 250 ml (1 tasse) de farine de riz ou de maïs
- Poivre noir du moulin, au goût
- 65 ml (¼ tasse) d'huile d'olive, ou au besoin
- 500 ml (2 tasses) de sauce tomate
- 500 ml (2 tasses) de ricotta
- 250 ml (1 tasse) de parmesan, râpé, divisé
- 2 œufs
- 15 ml (1 c. à soupe) d'origan séché
- 250 ml (1 tasse) de mozzarella, râpée

Aubergines farcies à la ricotta et aux épices

Ce plat est aussi connu sous le nom d'aubergine sicilienne. Il peut être congelé et il est fort délicieux.

1. Empiler les tranches d'aubergine salées dans une assiette et poser une autre assiette sur le dessus avec un poids, pour extraire le liquide brunâtre par pression.
2. Mélanger la farine et le poivre et s'en servir pour enrober les tranches d'aubergine. Frire les tranches dans l'huile d'olive et les poser sur des essuie-tout, lorsqu'elles sont dorées.
3. Préchauffer le four à 165 °C (325 °F). Préparer une cocotte de 2 l (2 pintes) ou un moule de 25 x 25 cm (10 x 10 po) en verre vaporisé d'un enduit à cuisson antiadhésif et couvert d'une mince couche de sauce tomate.
4. Dans un grand bol, mélanger la ricotta avec 125 ml (½ tasse) de parmesan, les œufs et l'origan. Mettre une cuillère du mélange sur chaque tranche d'aubergine et rouler. Poser les rouleaux, ouverture vers le bas, dans un plat allant au four.
5. Verser la sauce sur les rouleaux. Saupoudrer du reste de parmesan et de la mozzarella ; cuire 35 minutes.

Plus petit et plus doux

Les plus petites aubergines qu'on trouve maintenant sur le marché sont plus douces que les grosses aubergines qui sont amères. De plus, elles ont moins de graines. Elles sont offertes en crème, lavande et mauve, en forme d'œuf ou allongée. Elles sont toutes délicieuses !

Champignons portobellos farcis aux tomates grillées et au quinoa

Il est possible de remplacer le quinoa par du riz. Cependant, le quinoa donne un bon petit goût de noisette.

Donne 4 portions

4 gros champignons portobellos (10 à 13 cm [4 à 5 po] de diamètre), pieds enlevés et brossés

16 tomates cerise, coupées en deux

65 ml (¼ tasse) d'huile d'olive

15 ml (1 c. à soupe) d'ail, haché

500 ml (2 tasses) de quinoa cuit

65 ml (¼ tasse) de noix de Grenoble, hachées finement (on peut aussi utiliser des amandes ou des pacanes)

60 ml (4 c. à soupe) de beurre ou de margarine, fondu

5 ml (1 c. à thé) de curcuma

Sel et flocons de piment de Cayenne, au goût

65 ml (¼ tasse) de câpres (facultatif)

65 ml (¼ tasse) de raisins secs dorés (facultatif)

5 ml (1 c. à thé) de zeste de citron (facultatif)

1. Préchauffer le four à 180 °C (350 °F). Placer les champignons dans un plat bien graissé allant au four.
2. Arroser les tomates d'huile et d'ail. Les griller au four 20 minutes ou jusqu'à ce qu'elles soient tendres.
3. Mélanger les tomates grillées avec le quinoa cuit, les noix, le beurre ou la margarine et les assaisonnements. Ajouter les ingrédients facultatifs, si désiré. Farcir les champignons à la cuillère.
4. Cuire les champignons 30 minutes ou jusqu'à ce qu'ils soient très chauds et tendres.

Vous connaissez le quinoa ?

Riche en éléments nutritifs, le quinoa est considéré comme une « super céréale », bien qu'il ne soit pas vraiment une céréale, mais plutôt la graine amylacée d'une plante de la famille des épinards. La protéine du quinoa est plus complète que celle des autres céréales et comprend l'acide aminé lysine, comme le sarrasin et l'amarante. La qualité de la protéine du quinoa est comparable à celle du lait.

Donne 4 portions

4 gros champignons portobellos entiers, marinés dans la vinaigrette balsamique
120 ml (8 c. à soupe) de roquefort, émietté
4 poivrons rouges grillés, en languettes (ceux en conserve conviennent)
Sel et poivre, au goût

Champignons portobellos farcis au roquefort et aux poivrons rouges

Il n'y a rien de mieux. À servir avec une salade ou une omelette.

1. Préchauffer le four à 180 °C (350 °F). Mettre les champignons marinés sur une plaque à pâtisserie.
2. Farcir chaque champignon de 30 ml (2 c. à soupe) de fromage. Poser les languettes de poivrons par-dessus. Saler et poivrer. Cuire 20 minutes, jusqu'à ce que le fromage soit fondu.

Donne de 4 à 6 portions

15 ml (1 c. à soupe) d'huile d'olive
1 paquet de 284 g (10 oz) d'épinards surgelés, décongelés et pressés pour extraire le surplus de liquide
½ boîte de 142 g (5 oz) de petits pois surgelés, décongelés
½ botte d'oignons verts, hachés
5 ml (1 c. à thé) de poudre de cari
Sel et sauce forte, au goût
65 ml (¼ tasse) de semoule de maïs
5 très gros œufs, bien battus
125 ml (½ tasse) de parmesan

Gâteaux indiens aux légumes

Voilà une excellente façon de faire manger des légumes aux enfants ! Une poêle antiadhésive permet d'éviter que la préparation colle au fond. La crème sure est une garniture délicieuse pour ces gâteaux.

1. Faire chauffer l'huile d'olive dans une poêle antiadhésive à feu moyen. Mélanger ensemble tous les ingrédients sauf le parmesan.
2. Poser des gâteaux, 3 ou 4 à la fois, dans la poêle et frire jusqu'à ce qu'ils soient dorés. Retourner et saupoudrer de parmesan.

Gratin de patates douces aux poireaux et aux oignons

L'association des saveurs sucrées et salées rend cette recette fascinante, unique et délicieuse.

Donne de 4 à 6 portions

2 poireaux, la partie blanche seulement, rincés et coupés

2 gros oignons sucrés tels que l'oignon Vidalia

2 branches de céleri, avec les feuilles, hachées finement

60 ml (4 c. à soupe) d'huile d'olive ou de beurre

5 ml (1 c. à thé) de thym séché

4 patates douces, pelées et finement tranchées

Sel et poivre, au goût

Lait pour couvrir

375 ml (1½ tasse) de chapelure de maïs sans gluten

Beurre ou margarine, pour la garniture

1. Faire sauter les poireaux, les oignons et le céleri dans l'huile d'olive ou le beurre. Préchauffer le four à 165 °C (325 °F). Préparer un plat à gratin ovale en métal ou en porcelaine en le vaporisant d'enduit à cuisson antiadhésif.
2. Déposer des rangées de patates douces dans le plat à gratin avec les légumes. Saupoudrer de thym, de sel et de poivre au fur et à mesure.
3. Terminer par une rangée de patates. Ajouter du lait jusqu'à ce qu'il parvienne à la couche supérieure. Ajouter ensuite la chapelure. Déposer des noisettes de beurre et de margarine sur le dessus.
4. Cuire jusqu'à ce que les patates soient tendres, environ 1 heure. Ajouter du miel, si le plat commence à s'assécher.

Donne 8 portions

- 1 boîte de 284 g (10 oz) de cœurs d'artichauts surgelés
- 1 boîte de 284 g (10 oz) d'épinards surgelés, décongelés et pressés pour extraire le surplus de liquide
- 250 ml (1 tasse) de ricotta
- 125 ml (½ tasse) de fromage à la crème
- 65 ml (¼ tasse) de ciboulette, hachée
- 1 ml (¼ c. à thé) de muscade, fraîchement râpée
- Sel et poivre, au goût
- 1 œuf
- 8 grandes (de 20 à 23 cm [8 à 9 po] de diamètre) *Crêpes de maïs* (voir à la page 30)
- Œuf battu pour sceller les pochettes

Pochettes de maïs et d'épinard farcies au fromage et aux artichauts

Voici un plat végétarien et sans gluten créatif et plaisant à préparer avec des Crêpes de maïs *(voir à la page 30).*

1. Cuire les cœurs d'artichauts jusqu'à ce qu'ils soient tendres. Réduire au robot culinaire avec les épinards en ajoutant lentement les fromages, la ciboulette, les assaisonnements et l'œuf.
2. Préchauffer le four à 180 °C (350 °F). Étendre les crêpes sur une plaque à pâtisserie antiadhésive ou une plaque recouverte d'une feuille de papier d'aluminium.
3. Répartir la garniture entre les crêpes, en la mettant à la cuillère d'un côté en laissant l'autre côté tel quel.
4. Humecter la bordure des crêpes de l'œuf battu. Refermer et presser légèrement pour sceller. Cuire 20 minutes ou jusqu'à ce qu'elles soient bien dorées et que la garniture bouillonne.

Choisir et préparer les artichauts

Recherchez des artichauts bien serrés. Avec des ciseaux, taillez les pointes piquantes. Il est possible de couper l'extrémité avec un couteau. Ils sont nourrissants lorsque farcis de toutes sortes de garnitures délicieuses. Si vous aimez le poisson, le saumon mélangé avec du riz fait une excellente garniture.

Épinards au fromage et aux œufs

Voilà un excellent plat pour le brunch, le déjeuner ou le dîner. Tout le monde l'adore. Même après une longue journée, il se prépare en un tournemain.

Donne 4 portions

375 ml (1½ tasse) de chapelure sans gluten

3 paquets de 284 g (10 oz) d'épinards surgelés, décongelés et pressés pour extraire le surplus de liquide

30 ml (2 c. à soupe) de beurre ou de margarine, fondu

125 ml (½ tasse) de fromage suisse, râpé

3 ml (½ c. à thé) de muscade

Sel et poivre, au goût

250 ml (1 tasse) de crème riche en matière grasse

8 œufs

1. Préchauffer le four à 165 °C (325 °F). Vaporiser un plat en verre de 25 x 25 cm (10 x 10 po) ou un plat à gratin d'enduit à cuisson antiadhésif. Saupoudrer le fond de chapelure.
2. Mélanger les épinards, le beurre, le fromage, la muscade, le sel et le poivre ensemble. Incorporer la crème riche en matière grasse. Étendre la préparation à base de fromage et d'épinard au fond du plat.
3. À l'aide du dos d'une cuillère à soupe, creuser 8 dépressions dans la préparation. Casser un œuf cru par « nid ». Cuire 20 minutes ou jusqu'à ce que les œufs soient fermes sans être durs.

Donne environ 10 galettes

- 4 pommes de terre Idaho, pelées et râpées grossièrement
- 2 oignons doux, hachés finement
- 2 œufs, bien battus
- 125 ml (½ tasse) de farine de pommes de terre
- Sel et poivre, au goût
- 500 ml (2 tasses) d'huile à cuisson (de canola, par exemple)
- Crème sure, compote de pommes, confitures, salsa ou chutney, pour la garniture

Galettes de pommes de terre croustillantes

Voici en fait une bonne vieille recette cachère. C'est délicieux accompagné de compote de pommes, de crème sure ou des deux. Pour le brunch, elles sont excellentes avec des œufs en accompagnement.

1. Mélanger les pommes de terre râpées, les oignons et les œufs dans un bol. Saupoudrer de farine de pommes de terre ; saler et poivrer.
2. Faire chauffer l'huile à 180 °C (350 °F) et mettre à la cuillère les boulettes de pommes de terre, en les pressant pour en faire des galettes.
3. Frire jusqu'à ce qu'elles soient dorées, environ 5 minutes de chaque côté. Égoutter, garder au chaud et servir avec le choix de garniture.

L'origine des galettes de pommes de terre

Au cours des longs hivers dans le nord et l'est de l'Europe, alors que les fruits et légumes frais n'étaient pas disponibles, il était essentiel de faire des réserves de carottes, de pommes de terre, de betteraves, de choux de Bruxelles, de pommes et de fruits séchés afin de prévenir le scorbut, soit une carence en acide ascorbique. Mère Nature le savait, et ces légumes sont riches en vitamines C et en minéraux. Les galettes de pommes de terre avec de la crème sure, de la compote de pommes ou du sirop de fruits sont devenues un aliment de base dans les climats rigoureux.

Frittata de pommes de terre au fromage et aux herbes

Donne 4 portions

- 1 grosse pomme de terre Yukon Gold, pelée
- 20 ml (4 c. à thé) de beurre
- Sel et poivre, au goût
- 6 œufs
- 125 ml (½ tasse) de parmesan, râpé
- 6 feuilles de sauge, hachées
- Herbes fraîches, fromage supplémentaire et crème sure, pour la garniture

Pour cette recette, utilisez à la fois un enduit à cuisson antiadhésif et du beurre, sinon l'amidon de la pomme de terre risque de coller au fond de la poêle. Il est possible de varier les herbes et les fromages.

1. À l'aide d'une mandoline, trancher la pomme de terre le plus mince possible. Vaporiser une poêle épaisse d'un enduit antiadhésif, puis mettre le beurre.
2. Ajouter la pomme de terre en tranches minces ; saler et poivrer. Cuire à feu moyen 10 minutes pour préparer la croûte.
3. Bien battre les œufs, ajouter le fromage et la sauge hachée. Verser sur la pomme de terre et réduire le feu le plus possible. Cuire 10 minutes.
4. Lorsque les œufs sont fermes, passer la frittata sous le gril jusqu'à ce que le dessus soit doré. Couper en quartiers et servir sans tarder avec la garniture.

La pomme de terre Yukon Gold

La pomme de terre Yukon Gold a été développée dans les années 1970 à l'Université de Guelph en Ontario au Canada. Elle s'est installée lentement sur le marché, mais elle est maintenant fort populaire et se prête bien à la cuisson, aux salades et aux soupes.

Donne 4 portions

1 boîte de 284 g (10 oz) d'asperges surgelées, coupées

30 ml (2 c. à soupe) de beurre

6 œufs

250 ml (1 tasse) de cheddar, râpé

65 ml (¼ tasse) de monterey ou de fromage épicé, râpé

5 ml (1 c. à thé) de zeste de citron, haché

Sel et poivre, au goût

Frittata aux asperges et aux deux fromages

Certains mariages sont divins. C'est le cas des asperges, des œufs et du fromage !

1. Cuire et égoutter les asperges. Pour des asperges fraîches, couper la partie fibreuse et faire bouillir 10 minutes ; égoutter et couper en morceaux.
2. Vaporiser une poêle épaisse de 30 cm (12 po) d'un enduit antiadhésif, puis faire fondre le beurre à feu moyen-vif. Battre les œufs ; incorporer les fromages, l'écorce de citron, le sel et le poivre.
3. Verser le mélange à base d'œuf dans la poêle, répartir les asperges et réduire le feu pour cuire lentement de 10 à 15 minutes.
4. Passer sous le gril 10 secondes ou jusqu'à ce que ce soit bien doré.

Parfait pour les restes

La frittata est un aliment de base en Italie. Utiliser beaucoup d'œufs et les restes de légumes frais est une bonne façon d'éviter de gaspiller de la nourriture. Une frittata peut être agrémentée d'herbes, de fromages et de flocons de piment de Cayenne. Elle peut aussi être douce pour satisfaire les enfants. La seule chose à ne pas oublier pour faire une bonne frittata, c'est que tout est possible !

Boulettes de pommes de terre frites

Ces boulettes peuvent renfermer des trésors comme des olives, des tomates cerise coupées en deux ou des dés de fromage.

Donne de 8 à 12 boulettes

3 œufs, séparés, le blanc bien battu

440 ml (1¾ tasse) de parmesan, râpé, divisé

65 ml (¼ tasse) de farine de pomme de terre, plus si le mélange n'est pas ferme ou est humide

Sel et poivre

375 ml (1½ tasse) de pommes de terre en riz, cuites

500 ml (2 tasses) d'huile à friture

1. Battre les jaunes d'œufs, 250 ml (1 tasse) de parmesan, la farine, le sel et le poivre dans les pommes de terre. Incorporer les blancs d'œufs.
2. Former des boulettes de la taille de billes. Rouler dans le parmesan. Si elles sont trop molles, mettre au congélateur sur une plaque à biscuits quelques minutes.
3. Faire chauffer l'huile à 190 °C (375 °F). Ajouter avec précaution les boulettes et frire jusqu'à ce qu'elles soient dorées.
4. Attention à ce que l'huile ne soit pas trop chaude. Égoutter sur des essuie-tout. Servir chaud.

Tofu et légumes aux noix de macadamia avec sauce citronnée asiatique

Donne 4 portions

15 ml (1 c. à soupe) d'huile de sésame
45 ml (3 c. à soupe) d'huile d'arachide ou autre huile végétale
1 botte d'oignons verts, hachés
2,5 cm (1 po) de racine de gingembre, pelée et hachée
375 ml (1½ tasse) de pois mange-tout, sans les bouts
500 ml (2 tasses) de pousses de haricots mungos
500 ml (2 tasses) de chou chinois, râpé
½ orange, jus et zeste, réduite au robot culinaire
5 ml (1 c. à thé) de mélange cinq épices chinoises
5 ml (1 c. à thé) de moutarde chinoise ou de wasabi japonais, au goût
65 ml (¼ tasse) de saké ou de vin blanc sec
65 ml (¼ tasse) de sauce soya
454 g (1 livre) de tofu soyeux, en dés

Ce déjeuner élégant et savoureux offre des textures contrastantes. Servir sur un lit de riz.

1. Dans un wok, faire chauffer les huiles. Ajouter les oignons verts et le gingembre. Mélanger légèrement les autres légumes et ajouter dans l'huile de 3 à 4 minutes. Mettre les légumes dans un grand bol de service chaud.
2. Mélanger le jus d'orange et l'écorce, le mélange cinq épices, la moutarde, le saké et la sauce soya.
3. Incorporer dans le wok ; bien mélanger. Ajouter les dés de tofu et les légumes, mélanger pour bien enrober. Servir chaud.

Une source de protéines pour les végétariens

Le tofu, depuis longtemps utilisé dans la cuisine asiatique parce que la viande et le lait étaient rares et chers, est devenu un aliment de base de la cuisine végétarienne. Il peut être assaisonné au goût à l'instar de la viande. Il peut également être sucré et préparé avec des fruits en guise de dessert. Il est délicieux dans les soupes et avec des légumes.

Pommes de terre farcies aux épinards et au fromage

Un grand classique américain ! Si vous aimez les anchois, ils ajoutent une touche intéressante à cette recette.

Donne 4 portions en repas
ou
8 portions pour la collation

- 4 pommes de terre Yukon Gold ou Idaho
- 1 paquet de 284 g (10 oz) d'épinards hachés surgelés, décongelés et pressés pour extraire le surplus de liquide
- 250 ml (1 tasse) de crème sure
- 1 ml (¼ c. à thé) de muscade
- 250 ml (1 tasse) de fromage blanc, râpé
- Sel et poivre, au goût
- 125 ml (½ tasse) de cheddar vieilli, râpé

1. Préchauffer le four à 180 °C (350 °F).
2. Cuire les pommes de terre 40 minutes. Laisser refroidir les pommes de terre et les couper en deux dans le sens de la longueur.
3. Évider les pommes de terre à la cuillère et mettre la chair dans un bol ; ajouter les épinards. Incorporer la crème sure et la muscade. Ajouter le fromage blanc ; saler et poivrer.
4. Farcir les pommes de terre. Garnir le dessus de cheddar. Cuire au four 20 minutes de plus ; servir chaud.

Donne 2 portions

10 ml (2 c. à thé) de beurre non salé
4 œufs, bien battus
65 ml (¼ tasse) de gorgonzola, émietté
Tranches de 10 x 5 cm (4 x 2 po) de poivrons rouges grillés
Sel et flocons de piment de Cayenne, au goût

Omelette aux poivrons doux et au gorgonzola

Cette omelette a le goût délicieux du gorgonzola fondu dans les œufs. Une poêle antiadhésive facilite la cuisson des omelettes.

1. Préchauffer une poêle antiadhésive de 25 cm (10 po) à feu moyen. Faire fondre le beurre et étendre dans la poêle. Ajouter les œufs et bien répartir dans la poêle.
2. Poser le fromage et les poivrons d'un côté de l'omelette. Assaisonner avec le sel et les flocons de piment de Cayenne.
3. Cuire jusqu'à ce que l'omelette soit ferme, lorsqu'elle a la consistance du flan (doux et crémeux, sans être liquide ou coulant). Replier le côté sans garniture sur l'autre côté. Couper en deux et servir dans des assiettes chaudes.

Les œufs

Les œufs sont polyvalents et riches en protéines. Les omelettes peuvent combler toutes sortes de carences alimentaires, en plus de fournir un aliment de digestion facile qui plaît aux appétits les plus particuliers. Divers légumes, fromages et herbes servent à garnir les omelettes. Plus le mariage est créatif, plus l'omelette est intéressante.

Chapitre 9

Riz et riz sauvage

Riz perse avec safran et cerises acidulées

Donne de 6 à 8 portions

15 ml (1 c. à soupe) de beurre ou d'huile d'olive

375 ml (1½ tasse) de riz basmati ou autre riz à grains courts

650 ml (2½ tasses) de bouillon de poulet

5 ml (1 c. à thé) de filaments de safran

1 boîte de 227 g (8 oz) de cerises acidulées iraniennes, blanchies, avec leur jus

15 ml (1 c. à soupe) de beurre

5 ml (1 c. à thé) de sel

Poivre du moulin, au goût

125 ml (½ tasse) d'amandes, tranchées, rôties, pour la garniture

Cette recette est excellente avec du canardeau, de la dinde ou du poulet. Elle est un peu piquante et agréablement acidulée. C'est une recette simple mais fort délicieuse, offerte par un ami iranien.

1. Faire chauffer le beurre ou l'huile et ajouter le riz ; cuire, en remuant, 6 minutes.
2. Ajouter le bouillon de poulet et amener à ébullition. Réduire à feu doux et ajouter le reste des ingrédients, sauf les noix.
3. Couvrir et laisser mijoter 25 minutes ou jusqu'à ce que le riz soit tendre. Vérifier le riz toutes les 10 minutes afin de s'assurer qu'il ne s'assèche pas. Si le riz demeure obstinément dur, ajouter plus de bouillon ou de l'eau.
4. Mettre dans un bol de service chaud et parsemer d'amandes.

Le riz et les fruits

Vous pouvez également utiliser une boîte de 426 g (15 oz) de cerises acides non sucrées ou 454 g (1 livre) de cerises rouges acides à tartes, mais n'utilisez pas de cerises à tarte sucrées dans cette recette. Il est intéressant de remarquer que vous pouvez utiliser des fruits d'été, tropicaux, séchés, et à peu près n'importe quelle noix avec du riz blanc ou du riz sauvage.

Riz de style hawaïen avec ananas, mangue et noix de macadamia

Donne de 4 à 6 portions

- 250 ml (1 tasse) d'eau
- 375 ml (1½ tasse) de jus d'orange
- 375 ml (1½ tasse) de riz à grains courts
- Zeste, haché, de 1 orange
- 5 ml (1 c. à thé) de sel
- Sauce Tabasco, au goût
- 125 ml (½ tasse) d'ananas coupé
- 1 mangue mûre, coupée en dés
- 30 ml (2 c. à soupe) de beurre
- 125 ml (½ tasse) de noix de macadamia, pour la garniture

Ce riz est parfait avec du jambon grillé ou rôti, des côtelettes ou des filets de porc. Les fruits se mélangent bien au riz, et cette recette fait un excellent plat d'accompagnement. L'ajout de morceaux de bacon croustillant constitue une excellente garniture.

1. Amener l'eau et le jus à ébullition. Incorporer le riz et amener de nouveau à ébullition. Couvrir et laisser mijoter environ 30 minutes ou jusqu'à ce que le riz soit tendre.
2. Ajouter le reste des ingrédients sauf le beurre et les noix, faire réchauffer et servir chaud parsemé de beurre et de noix.

Riz sauvage accompagné de canneberges séchées et d'échalotes

Donne 6 portions

- 1 l (4 tasses) d'eau ou de bouillon de bœuf
- 190 ml (¾ tasse) de riz sauvage
- 5 ml (1 c. à thé) de sel, ou au goût
- Poivre du moulin, au goût
- 30 ml (2 c. à soupe) de beurre
- 4 échalotes, hachées
- 30 ml (2 c. à soupe) de romarin frais, sans la tige, ou 15 ml (1 c. à soupe) de romarin séché
- 125 ml (½ tasse) de canneberges séchées, trempées 30 minutes dans 170 ml (⅔ tasse) de porto, ou un autre vin rouge, ou jusqu'à ce qu'elles soient tendres
- Branches de céleri, haché, persil ou autres herbes pour la garniture

Ce riz est exquis avec du gibier, du bison ou du lapin. L'eau peut être remplacée par du bouillon de bœuf.

1. Amener l'eau à ébullition et ajouter le riz ; amener de nouveau à ébullition et réduire le feu pour laisser mijoter. Saler et poivrer. Couvrir hermétiquement et laisser mijoter jusqu'à ce que le riz éclose. Vérifier l'humidité du riz et ajouter du liquide, si nécessaire.
2. Dans une autre poêle, faire fondre le beurre et ajouter les échalotes ; cuire à feu moyen jusqu'à ce qu'elles soient tendres, mais non dorées. Ajouter le romarin et retirer du feu.
3. Quand le riz est tendre et éclos, ajouter le beurre, les échalotes et le romarin. Incorporer les canneberges et le mélange de porto. Goûter et rectifier l'assaisonnement, si nécessaire. Ajouter la garniture et servir chaud ou brûlant.

Galettes de riz de Rangoon

Donne 6 portions

1,5 l (6 tasses) de riz cuit
125 ml (½ tasse) d'oignon rouge, haché
1 gousse d'ail, hachée
2,5 cm (1 po) de racine de gingembre frais, pelée et hachée
15 ml (1 c. à soupe) de poudre de cari de Madras
3 ml (½ c. à thé) de cannelle
2 œufs
125 ml (½ tasse) de crème riche en matière grasse
5 ml (1 c. à thé) de sel et poivre noir, au goût
65 à 125 ml (¼ à ½ tasse) d'huile à cuisson, au besoin
500 ml (2 tasses) de chapelure de pain sec sans gluten
½ concombre, haché
125 ml (½ tasse) de yogourt
Jus de ½ citron
12 feuilles de menthe, pour la garniture

Ces galettes sont épicées et s'accompagnent d'une belle salade de concombres froide ou d'un chutney. Les servir avec du poulet, des crevettes ou du poisson.

1. Mélanger ensemble le riz, l'ail, l'oignon, le gingembre et les épices.
2. Ajouter les œufs et la crème en continuant à mélanger. Saler et poivrer au goût en mélangeant bien.
3. Former 12 petites galettes. (La recette peut être préparée jusqu'à cette étape et être réfrigérée jusqu'à 1 journée.)
4. Faire chauffer un peu d'huile dans la poêle à feu vif. Couvrir les galettes de chapelure et frire jusqu'à ce qu'elles soient dorées. Déposer sur des essuie-tout pour égoutter, puis sur une assiette chaude.
5. Mélanger le concombre haché, le yogourt et le citron. Placer dans un bol à côté de l'assiette contenant les galettes de riz. Servir avec une feuille de menthe sur le dessus de chaque galette.

Le riz et le riz sauvage

Les Amérindiens du Nord-Ouest ramassaient le riz dans les lacs. De nos jours, le riz basmati est cultivé au Texas. Toujours cuire le riz sauvage plus longtemps — il doit être complètement cuit et doit grossir pour atteindre six fois sa taille d'origine.

Salade de riz sauvage

Cette salade convient autant dans un pique-nique d'été que comme plat d'accompagnement d'un repas d'hiver. Elle est consistante et délicieuse.

Donne 6 portions

1 l (4 tasses) d'eau
190 ml (¾ tasse) de riz sauvage
5 ml (1 c. à thé) de sel et poivre noir, au goût
1 petit oignon rouge, haché
3 branches de céleri, rincées et hachées finement
250 ml (1 tasse) de châtaignes d'eau, égouttées et hachées
250 ml (1 tasse) de jicama, pelé et haché
1 petite pomme, étrognée et coupée
170 ml (⅔ tasse) d'huile d'olive
85 ml (⅓ tasse) de vinaigre de framboise
125 ml (½ tasse) de persil plat frais, rincé, séché et haché
190 ml (¾ tasse) de framboises fraîches, rincées et déposées sur des essuie-tout pour assécher

1. Amener l'eau à ébullition et ajouter le riz ; ramener à ébullition et réduire ensuite le feu pour laisser mijoter et couvrir hermétiquement. Après 30 minutes, saler et poivrer.
2. Une fois le riz éclos, mais tandis qu'il est encore chaud, ajouter les légumes et la pomme. Goûter, puis saler et poivrer.
3. Mélanger l'huile d'olive et le vinaigre avec le persil et incorporer au riz et aux légumes. Placer dans un grand bol de service et servir chaud ou froid. Ajouter les framboises à la dernière minute.

La cuisson du riz sauvage

Ne tenez pas compte des instructions de préparation de l'emballage de riz sauvage. On vous dit de le cuire de 30 à 40 minutes, alors qu'il met plutôt environ 90 minutes à s'épanouir et à s'attendrir. En le cuisant, ajoutez constamment de l'eau, si le riz s'assèche, et laissez-le mijoter jusqu'à ce que les grains « fleurissent » ou éclosent.

Donne 1,5 l (6 tasses)

- 45 ml (3 c. à soupe) de beurre
- 2 gousses d'ail, hachées
- 250 ml (1 tasse) d'oignons doux (tels que des Vidalia), hachés
- 10 champignons de chaque variété : shiitaké, morille, porcini, et pleurote, brossés et coupés
- 30 ml (2 c. à soupe) de farine ou de fécule de maïs
- 1,25 l (5 tasses) de bouillon de bœuf hyposodique, chaud
- 500 ml (2 tasses) de riz sauvage cuit
- 250 ml (1 tasse) de crème riche en matière grasse
- Sel et poivre, au goût
- 125 ml (½ tasse) de xérès sec
- 6 feuilles de sauge fraîche

Soupe de champignons et de riz très sauvage

Essayez cette recette à l'automne — elle vous apportera beaucoup de bien-être. Elle peut être un premier service lors d'un repas avec invités ou être servie avec du pain sans gluten et une salade, pour un déjeuner léger.

1. Faire fondre le beurre et ajouter l'ail et l'oignon. Faire sauter 5 minutes et ajouter les champignons. Ajouter la farine et remuer constamment jusqu'à épaississement, environ 5 minutes de plus.
2. Verser lentement le bouillon, en remuant constamment. Incorporer le riz sauvage. Ajouter la crème, puis saler et poivrer.
3. Ajouter le xérès et servir dans des bols chauds, avec une feuille de sauge sur chacun d'eux.

Donne suffisamment de farce pour une dinde de 5,4 kg (12 livres)

- 125 ml (½ tasse) de beurre
- 1 gros oignon, haché
- 3 branches de céleri avec les feuilles, rincées et hachées
- 5 ml (1 c. à thé) de chacun : thym séché, romarin séché, sauge séchée, sel et poivre
- 250 ml (1 tasse) de moitiés de noix de Grenoble, rôties et hachées
- 3 pommes acidulées, pelées, étrognées et coupées
- 125 ml (½ tasse) de vin blanc sec
- 125 ml (½ tasse) de persil frais, rincé et haché
- 1,5 l (6 tasses) de riz sauvage cuit

Farce de riz sauvage pour volaille

Cette farce peut être cuite dans la volaille ou dans une casserole à part. Prévoyez 190 ml (¾ tasse) de farce par 454 g (1 livre) de volaille.

1. Faire fondre le beurre et ajouter l'oignon, les herbes, puis saler et poivrer. Faire sauter jusqu'à ce que les ingrédients soient tendres. Ajouter les noix et les pommes.
2. Remuer tous les ingrédients dans un grand bol, tournant le riz jusqu'à ce qu'il soit bien mélangé.
3. Mettre la farce dans la volaille ou dans un plat de cuisson et cuire à 180 °C (350 °F) 30 minutes, couvrir d'une feuille d'aluminium.

Riz à saveur de bœuf avec épices asiatiques

Ce riz est excellent avec n'importe quel sauté asiatique ou n'importe quelle viande ou poisson grillé. Le mélange cinq épices est en vente dans certaines épiceries et dans les marchés asiatiques.

Donne 4 portions

- 125 ml (½ tasse) de sauce soya
- 65 ml (¼ tasse) de vin blanc sec ou de saké
- 15 ml (1 c. à soupe) de racine de gingembre, fraîchement râpée
- 15 ml (1 c. à soupe) d'huile de sésame asiatique
- 5 ml (1 c. à thé) de mélange cinq épices
- 2 gousses d'ail, hachées
- 4 oignons verts, hachés
- 170 ml (⅔ tasse) de bouillon de bœuf
- 750 ml (3 tasses) de riz blanc cuit et chaud

Mélanger tous les ingrédients, sauf le riz, afin de faire une sauce. Amener à ébullition pour réduire 3 minutes. Puis, incorporer le riz et servir chaud.

Une herbe, pas du riz

Plusieurs seront surpris de savoir que le riz sauvage est une herbe et non du riz. Le riz sauvage (*Zizania aquatica*) est une graine aquatique qu'on trouve surtout dans les lacs d'eau douce de l'Amérique du Nord. Il était utilisé par des tribus telles que les Algonquins et les Ojibwés comme source de nourriture. C'était un aliment de base de leurs festins rituels de cueillette. Les réserves de riz sauvage les nourrissaient pendant les longs hivers.

Riz blanc marocain épicé et savoureux

La harissa est une pâte de piments marocaine classique vendue en tube. Il est possible d'utiliser du quinoa, un grain aztèque ancien également sans gluten, au lieu du riz.

Donne 4 portions

- 750 ml (3 tasses) d'eau
- 10 ml (2 c. à thé) de sel
- 250 ml (1 tasse) de riz blanc
- 2 gousses d'ail, hachées finement
- 1 oignon, haché finement
- 125 ml (½ tasse) d'huile d'olive
- 6 abricots séchés, coupés en quartiers et trempés dans 170 ml (⅔ tasse) d'eau chaude
- 2,5 cm (1 po) de harissa (en tube), ou davantage, si vous aimez les mets épicés
- 5 ml (1 c. à thé) de thym séché
- Sel, au goût
- 125 ml (½ tasse) de persil ou de coriandre, rincé et haché

1. Amener l'eau à ébullition, puis ajouter le sel et le riz. Réduire le feu, couvrir et cuire jusqu'à ce que le riz soit tendre, environ 25 minutes.
2. Faire sauter l'ail et l'oignon dans l'huile d'olive, à feu doux.
3. Ajouter le reste des ingrédients (incluant le persil) et laisser mijoter10 minutes en remuant occasionnellement.
4. Quand le riz est prêt, mélanger à la sauce et servir.

Riz à l'espagnole

Donne 4 portions

750 ml (3 tasses) d'eau
10 ml (2 c. à thé) de sel
250 ml (1 tasse) de riz blanc
125 ml (½ tasse) d'huile d'olive
1 gros oignon, haché
1 gousse d'ail
2 piments jalapeños ou poblanos, étrognés, vidés et hachés
1 poivron rouge, rôti, en conserve ou frais, haché
4 tomates italiennes mûres, étrognées et hachées
5 ml (1 c. à thé) de zeste de citron
10 olives noires, tranchées
Poivre noir du moulin, au goût

Ce riz est un excellent plat d'accompagnement pour un bon steak. Il peut être préparé et réchauffé juste avant de servir.

1. Amener l'eau à ébullition, puis ajouter le sel et le riz. Réduire le feu pour laisser mijoter, couvrir et cuire jusqu'à ce que le riz soit tendre, environ 25 minutes.
2. Pendant que le riz cuit, faire chauffer l'huile dans une grande poêle à frire.
3. Ajouter l'oignon, l'ail et les piments forts. Faire sauter à feu doux de 8 à 10 minutes.
4. Incorporer le reste des ingrédients et laisser mijoter 10 minutes.
5. Ajouter le riz chaud et servir.

Poivre moulu

Les grains de poivre peuvent être roses, blancs ou noirs. Certains cuisiniers aiment les mélanger. Certains affirment que chacun a un goût particulier. D'autres cuisiniers utilisent le poivre blanc dans les mets blancs, afin qu'on ne voie pas de grains noirs. Essayez un poivre grossièrement moulu dans une recette comme celle qui apparaît ci-dessus. Pour moudre grossièrement, placez de 6 à 8 grains de poivre entre deux morceaux de papier ciré. Utilisez une lourde poêle à frire afin de presser les grains jusqu'à ce qu'ils craquent et forment des morceaux grossiers. Ne vous contentez pas de les déposer sur une planche pour les frapper avec la poêle, puisqu'ils risquent de voler dans toutes les directions.

Risotto italien classique

Le risotto devrait être très crémeux à l'extérieur avec seulement une touche de résistance pour la dent, dans chaque grain.

Donne 4 portions

1,25 l (5 tasses) de bouillon de poulet ou de légumes en conserve ou maison

30 ml (2 c. à soupe) de beurre

30 ml (2 c. à soupe) d'huile d'olive

125 ml (½ tasse) d'oignon doux, finement haché

2 branches de céleri, finement hachées

65 ml (¼ tasse) de feuilles de céleri, hachées

375 ml (1½ tasse) de riz Arborio

5 ml (1 c. à thé) de sel, ou au goût

170 ml (⅔ tasse) de parmesan frais, râpé

65 ml (¼ tasse) de persil, haché

Poivre du moulin, au goût

1. Amener le bouillon à une ébullition lente à feu doux et le garder chaud.
2. Placer le beurre et l'huile dans une casserole à fond épais et ajouter l'oignon, le céleri et les feuilles de céleri. Cuire de 8 à 10 minutes.
3. Ajouter le riz et mélanger pour l'enrober de beurre et d'huile. Incorporer le sel.
4. À coup de 65 ml (¼ tasse), commencer à ajouter le bouillon. Mélanger jusqu'à ce que le riz ait absorbé le bouillon. Ajouter un autre 65 ml (¼ tasse), en mélangeant jusqu'à ce que le bouillon ait été absorbé. Répéter le processus jusqu'à ce que tout le bouillon ait disparu. Le riz doit être mélangé constamment, et le processus prend environ 35 minutes. (Un bras supplémentaire pour mélanger est une bonne idée.)
5. Quand tout le bouillon a disparu, goûter au riz. S'il a besoin de plus de bouillon ou d'eau, l'ajouter et continuer à remuer. Ajouter le fromage, le persil et le poivre. Servir immédiatement.

Risotto et radicchio avec gorgonzola

Donne 4 portions

1,25 l (5 tasses) de bouillon de poulet, de poisson ou de légumes en conserve ou maison

30 ml (2 c. à soupe) de beurre

30 ml (2 c. à soupe) d'huile d'olive

125 ml (½ tasse) d'oignon doux, haché finement

1 radicchio, rincé et haché finement

375 ml (1½ tasse) de riz Arborio

Sel et poivre du moulin

65 ml (¼ tasse) de gorgonzola

Tranches de poivron rôti et persil haché, pour la garniture

Ce risotto est délicieusement relevé et est excellent pour accompagner le gibier ou les fruits de mer.

1. Amener le bouillon à une ébullition lente dans un poêlon et le garder chaud.
2. Faire chauffer le beurre et l'huile dans une grande poêle épaisse ; ajouter l'oignon et le radicchio et faire sauter jusqu'à ce qu'ils soient tendres, environ 8 minutes. Ajouter le riz et mélanger. Saler et poivrer.
3. Ajouter le bouillon, 65 ml (¼ tasse) à la fois, jusqu'à ce qu'il ait disparu, en remuant constamment. Cela prendra environ 35 minutes. Si le risotto n'est pas prêt, ajouter de l'eau, 65 ml (¼ tasse) à la fois.
4. Quand le riz est prêt, incorporer le gorgonzola et garnir de tranches de poivron rôti et de persil. Servir chaud.

Ajouter de la saveur grâce au bacon

Le bacon est une excellente garniture. Il peut également ajouter de la saveur aux soupes et aux ragoûts, et du gras aux légumes, champignons et autres aliments dans un sauté. Une petite quantité est suffisante. Si vous surveillez votre alimentation, égouttez-le bien sur des essuie-tout, avant de l'émietter. Puis, parsemez-le sur des soupes, des légumes, des pâtes et du riz.

Risotto de citrouille et de bacon

De la citrouille fraîche, pelée, les graines enlevées, et coupée en dés apporte une aide précieuse au cuisinier. Cela permet d'économiser temps et énergie. Ce plat est un excellent accompagnement aux repas d'automne et d'hiver. Il accompagne fort bien la dinde.

Donne 4 portions

- 500 ml (2 tasses) de citrouille fraîche, pelée, les graines enlevées, et coupée en dés
- Eau pour couvrir la citrouille
- 15 ml (1 c. à soupe) de sel
- 4 tranches de bacon
- 1,25 l (5 tasses) de bouillon de poulet en conserve ou maison
- 60 ml (4 c. à soupe) de beurre
- 125 ml (½ tasse) d'oignon doux, haché finement
- 10 ml (2 c. à thé) de sauge séchée ou 15 ml (1 c. à soupe) de sauge fraîche, hachée
- 3 ml (½ c. à thé) d'origan séché ou 10 ml (2 c. à thé) d'origan frais, haché
- 375 ml (1½ tasse) de riz Arborio
- Sel et poivre du moulin
- 125 ml (½ tasse) de parmesan
- 65 ml (¼ tasse) de graines de citrouille, pour la garniture

1. Mettre les dés de citrouille dans un poêlon avec de l'eau pour les couvrir et un peu de sel. Laisser mijoter jusqu'à ce que la citrouille soit tendre, égoutter et réserver, en conservant le jus de la citrouille.
2. Pendant que la citrouille cuit, frire le bacon et l'égoutter sur un essuie-tout. Émietter le bacon quand il est refroidi. Faire chauffer le bouillon de poulet dans une grande poêle et laisser mijoter à feu doux.
3. Faire fondre le beurre dans une grande casserole à fond épais et ajouter l'oignon ; faire sauter pour les attendrir. Ajouter la sauge, l'origan, le riz, le sel et le poivre.
4. Ajouter lentement le bouillon, 65 ml (¼ tasse) à la fois. Quand le bouillon est absorbé, en ajouter davantage, 65 ml (¼ tasse) à la fois. Répéter jusqu'à ce que le bouillon ait complètement disparu et à ce moment, si le riz est encore sec, ajouter un peu de jus de citrouille.
5. Incorporer la citrouille, le parmesan et le bacon. Ajouter plus de poivre ou de beurre, au goût. Garnir d'une pincée de graines de citrouille et servir immédiatement.

La haute teneur en vitamine A des citrouilles

Si vous pouvez trouver de la citrouille fraîche, pelée, sans graines et coupée à l'épicerie, n'hésitez pas ! Autrement, il est facile de couper une citrouille en deux, d'enlever les graines et de la placer à l'envers dans un plat allant au four. Ajoutez 3 cm (½ po) d'eau, couvrir d'un papier d'aluminium et cuire une heure ou plus à 120 °C (250 °F). Il est ensuite facile de la transformer en purée. Il s'agit d'une excellente façon de préparer de la citrouille pour les tartes et les soupes.

Donne de 6 à 8 portions

1 petit oignon, haché
45 ml (3 c. à soupe) d'huile d'olive
15 ml (1 c. à soupe) de beurre
Sel et poivre, au goût
15 ml (1 c. à soupe) de romarin frais, déchiqueté, ou 10 ml (2 c. à thé) de romarin séché, émietté
5 ml (1 c. à thé) de filaments de safran
250 ml (1 tasse) de riz à grains longs
750 ml (2½ tasses) de bouillon de poulet
30 ml (2 c. à soupe) de Marsala ou de xérès
454 g (1 livre) de crevettes crues, décortiquées, déveinées et rincées, ou 454 g (1 livre) de pétoncles de baie, rincés, ou 454 g (1 livre) de chair de crabe

Risotto aux fruits de mer

Voici une vieille recette. Si vous organisez un repas et que vous ne voulez pas passer une heure à préparer un risotto, ceci conviendra parfaitement.

1. Préchauffer le four à 180 °C (350 °F). Faire sauter l'oignon dans l'huile et le beurre jusqu'à ce qu'il soit tendre.
2. Ajouter le sel, le poivre, le romarin, le safran et le riz et mélanger pour enrober le riz d'huile. Ajouter le bouillon, couvrir hermétiquement et placer au four.
3. Après que le riz aura cuit 10 minutes, ajouter le Marsala ou le xérès. Remettre au four et cuire 10 minutes de plus.
4. Ajouter les crevettes ou les autres fruits de mer et continuer à cuire 7 minutes de plus. Enlever le couvercle et servir.

Au lieu des champignons, essayez...

Vous pouvez utiliser des crevettes, des pétoncles, de la chair de crabe, du homard ou de la langouste au lieu de champignons. Le truc consiste à mettre n'importe quel mollusque ou crustacé cru à la fin de la cuisson, afin de ne pas trop le cuire. De même, vous pouvez remplacer les fruits de mer par 500 ml (2 tasses) de champignons tranchés, qui ont été sautés séparément dans le beurre.

Risotto au fontina et aux champignons

Vous pouvez ajouter une multitude d'autres ingrédients — des morceaux de poulet ou de dinde cuite, des poires ou des pommes coupées, ainsi que vos herbes favorites.

Donne de 6 à 8 portions

15 ml (1 c. à soupe) de beurre
45 ml (3 c. à soupe) d'huile d'olive
1 petit oignon, haché
2 gousses d'ail, hachées
Sel et poivre, au goût
6 grosses feuilles de sauge fraîche, déchirées ou coupées, ou 10 ml (2 c. à thé) de sauge séchée, hachée
250 ml (1 tasse) de riz à grains longs
750 ml (2½ tasses) de bouillon de poulet
125 ml (½ tasse) de vermouth blanc
250 ml (1 tasse) de champignons (shiitaké, bolet, morille, chanterelle)
30 ml (2 c. à soupe) de beurre
85 ml (⅓ tasse) de fontina, râpé

1. Préchauffer le four à 180 °C (350 °F).
2. Faire chauffer le beurre et l'huile d'olive dans une casserole allant au four. Faire sauter l'oignon et l'ail à feu doux, jusqu'à ce qu'ils soient tendres.
3. Ajouter le sel, le poivre, la sauge et le riz ; remuer pour enrober. Ajouter le bouillon et le vermouth. Couvrir le riz et mettre au four.
4. Après que le riz aura cuit 20 minutes, faire sauter les champignons dans le beurre supplémentaire et incorporer au riz. Refermer la casserole et continuer à cuire 15 minutes.
5. Juste avant de servir, incorporer le fontina.

Un aliment de base italien incompris

La plupart des cuisiniers pensent que le risotto est simplement un riz qui a été bouilli dans du bouillon et des herbes. Il s'agit toutefois de beaucoup plus que ça — la technique est simple, mais exigeante. Le secret repose dans le riz et dans la façon de le cuire lentement, en utilisant un peu de liquide jusqu'à ce qu'il soit absorbé, puis en ajoutant un peu de liquide. On affirme que le riz vous dira quand ajouter du liquide — il grésille et crépite, demandant du bouillon !

Chapitre 10

Soupes

Soupe mexicaine épicée aux haricots noirs

Donne environ 3 l (3 pintes)

454 g (1 livre) de jarret de porc
454 g (1 livre) de haricots noirs, trempés toute la nuit dans de l'eau froide
2 oignons, hachés
4 gousses d'ail, hachées
500 ml (2 tasses) de bouillon de bœuf
Jus de 1 lime
1 grosse (227 g [½ livre]) pomme de terre Idaho ou Yukon Gold, pelée et coupée en morceaux
2 carottes, pelées et coupées en morceaux
2 piments jalapeños, sans le cœur, épépinés et coupés en morceaux
15 ml (1 c. à soupe) de cumin en poudre
15 ml (1 c. à soupe) de coriandre en poudre
Sel et poivre du moulin, au goût
125 ml (½ tasse) de persil plat italien ou de coriandre
250 ml (1 tasse) de rhum ambré
Crème sûre et citron ou lime tranchés minces, pour la garniture

Cette soupe traditionnelle est simple, mais prend du temps à préparer. Elle peut aisément être surgelée, alors en préparer beaucoup.

1. Couvrir les jarrets de porc d'eau froide, amener à ébullition, couvrir et laisser mijoter à feu doux. Laisser mijoter 4 heures ou toute une nuit. Couvrir les haricots d'eau froide et laisser tremper toute la nuit.
2. Retirer la viande de la casserole et réserver le liquide de cuisson. Désosser la viande, jeter la peau et les os et hacher la viande. Ajouter les haricots au liquide de cuisson des jarrets.
3. Incorporer le bouillon de bœuf, le jus de lime, les légumes, les épices, le sel et le poivre. Ajouter suffisamment d'eau pour obtenir 3½ l (3½ pintes). Couvrir et laisser mijoter 5 heures.
4. Ajouter le persil ou la coriandre, goûter pour ajuster l'assaisonnement et ajouter du sel et du poivre au besoin. Réduire la soupe en purée par portion, puis remettre dans la casserole pour faire réchauffer. Ajouter la viande.
5. Ajouter le rhum d'un seul coup dans la casserole ou l'ajouter dans les portions individuelles, au moment de servir. Décorer chaque bol de crème sure et de tranches de citron ou de lime.

Le trempage des haricots, en long et en large

Notre culture d'alimentation rapide fait en sorte que les producteurs incitent les consommateurs à faire d'abord bouillir, puis faire tremper peu de temps les haricots. Cela semble être une bonne idée. Toutefois, cette méthode sépare le haricot de sa membrane et ne donne pas une bonne consistance, que vous les utilisiez entiers ou en purée. Si vos manquez de temps, optez pour les haricots en conserve.

Soupe à l'oignon avec œuf poché

Après une journée de luge ou de ski, rien de mieux que cette soupe.
Tout, sauf les œufs, peut être préparé.

Donne 4 portions

- 4 tranches de bacon
- 2 oignons Vidalia, tranchés finement
- 2 oignons rouges, tranchés finement
- 2 oignons jaunes, tranchés finement
- 60 ml (4 c. à soupe) d'huile d'olive ou de beurre non salé
- 15 ml (1 c. à soupe) de farine de pois chiches
- 1 l (4 tasses) de bouillon de bœuf hyposodique
- 65 ml (¼ tasse) de vin rouge sec
- 15 ml (1 c. à soupe) de thym
- 15 ml (1 c. à soupe) de sauce Worcestershire
- Sel et poivre, au goût
- 4 œufs
- 65 ml (¼ tasse) de persil frais, haché

1. Frire le bacon jusqu'à ce qu'il soit croustillant, et égoutter sur un essuie-tout. Lorsqu'il est froid, l'émietter.
2. Faire sauter les oignons dans l'huile d'olive, incorporer la farine et cuire quelques minutes en mélangeant pour défaire les grumeaux. Ajouter le bouillon, le vin, le thym et la sauce Worcestershire. Couvrir et laisser mijoter 1 heure à feu doux.
3. Juste avant de servir, augmenter le feu, goûter pour rectifier l'assaisonnement en sel et en poivre. Brasser la soupe et ajouter les œufs, un à la fois. Retirer les œufs après 1 minute. Servir la soupe à la louche avec un œuf dans chacun des 4 bols chauds et garnir de persil haché.

Soupe au chou-fleur, aux carottes et au carvi

Cette soupe toute simple est riche en saveurs intrigantes.
Elle est délicieuse en plat principal ou avec une salade au déjeuner.

Donne de 4 à 6 portions

- 500 ml (2 tasses) de bouquets de chou-fleur, rincés
- 500 ml (2 tasses) de carottes, pelées et coupées en dés de 2,5 cm (1 po)
- 1 l (4 tasses) de bouillon de poulet
- 5 ml (1 c. à thé) de graines de carvi
- Jus de ½ citron
- 15 ml (1 c. à soupe) de zeste d'orange, râpé finement
- Sel et poivre, au goût
- 250 ml (1 tasse) de crème riche en matière grasse
- 125 ml (½ tasse) de persil frais, haché, pour la garniture
- 125 ml (½ tasse) de ciboulette fraîche, pour la garniture

1. Faire bouillir le chou-fleur et les carottes dans le bouillon avec les graines de carvi, le jus de citron, le zeste d'orange, le sel et le poivre.
2. Lorsque les légumes sont tendres, après 15 à 20 minutes, laisser refroidir et réduire en purée au robot culinaire ou au mélangeur électrique, jusqu'à consistance lisse. Goûter pour rectifier le sel et le poivre ; ajouter la crème.
3. Faire réchauffer sans bouillir. Servir garnie d'herbes.

Crème de brocoli riche et crémeuse

Donne de 4 à 6 portions

500 ml (2 tasses) de brocoli
15 ml (1 c. à soupe) d'huile d'olive ou de beurre
1 gros oignon doux, haché
2 gousses d'ail, hachées
30 ml (2 c. à soupe) de fécule de maïs, dissoute dans 85 ml (⅓ tasse) d'eau froide
750 ml (3 tasses) de bouillon de poulet hyposodique
125 ml (½ tasse) de vin blanc sec
1 ml (¼ c. à thé) de muscade, fraîchement râpée
Jus et zeste de 1 citron
Sel et poivre du moulin, au goût
250 ml (1 tasse) de crème riche en matière grasse
190 ml (¾ tasse) de prosciutto ou de jambon fumé, haché

Cette soupe peut être servie dans de petites tasses en entrée ou dans des bols pour un déjeuner ou un dîner copieux. Il est possible de la garnir de quelques crevettes, pour changer.

1. Laver, parer et couper le brocoli grossièrement ; laisser égoutter dans une passoire.
2. Dans une grande casserole, faire chauffer l'huile ou le beurre et ajouter l'oignon et l'ail. Faire sauter jusqu'à ce qu'ils soient tendres. Incorporer la fécule de maïs et les ingrédients liquides. Ajouter le brocoli, la muscade, le jus et l'écorce de citron, le sel et le poivre.
3. Couvrir et laisser mijoter la soupe jusqu'à ce que le brocoli soit tendre, environ 15 minutes. Retirer l'écorce de citron. Réduire en purée par portion. Incorporer la crème et le jambon. Faire réchauffer sans bouillir. Servir chaud.

Pour une saveur accentuée
Ajouter de la saucisse, du jambon ou du bacon dans une soupe augmente sa saveur. Le sel et la fumée du processus de salaison du porc, tout comme les herbes qui entrent dans la préparation des saucisses, ajoutent également beaucoup de saveur à une soupe ou à un ragoût. Les jarrets de jambon fumé donnent un goût traditionnel à la cuisine du Sud. Ils sont bon marché et viandeux, mais la peau et les os doivent être retirés avant le service.

Ragoût du Sud à l'ancienne

Ce plat traditionnel du Sud était à l'origine préparé avec du gibier. Ne retirez pas les clous de girofle — certaines familles croient qu'il porte chance d'en trouver un dans son bol !

Donne 6 portions

- 1 poulet (de 1,8 à 2,3 kg [de 4 à 5 livres]), coupé en morceaux pour le service
- 85 ml (⅓ tasse) de farine de riz
- 30 ml (2 c. à soupe) de beurre
- 250 ml (1 tasse) d'eau
- 500 ml (2 tasses) de tomates en morceaux, fraîches ou en conserve
- 1 oignon, haché
- 250 ml (1 tasse) de haricots de Lima
- 250 ml (1 tasse) de maïs en grains
- 4 clous de girofle entiers
- 15 ml (1 c. à soupe) de sauce Worcestershire
- Sel et poivre, au goût

1. Enrober le poulet de farine de riz. Dans une grande casserole, dorer le poulet dans le beurre. Ajouter l'eau, couvrir et laisser mijoter 20 minutes à feu doux. Retirer le poulet de la casserole. Lorsqu'il est assez refroidi, désosser et jeter les os.
2. Tandis que le poulet refroidit, incorporer les tomates, les légumes, les clous de girofle et la sauce Worcestershire dans la casserole, et cuire jusqu'à ce que les légumes soient tendres, environ 15 minutes de plus.
3. Remettre le poulet dans la casserole et laisser mijoter 5 minutes de plus. Saler et poivrer. Servir avec du riz, ou une purée de pommes de terre en accompagnement.

La soupe vide-frigo

Selon la légende, si l'on demande au cuisinier de quelle sorte de soupe il s'agit, il répondra que c'est une soupe vide-frigo. Il en va de même aujourd'hui. Un cuisinier désirant éviter le gaspillage utilisera les restes de légumes, de ragoûts et de tout ce qu'il a à portée de main comme base pour sa soupe. L'ajout de haricots en conserve et de bouillon aux restes de ragoût peut créer une soupe copieuse et nourrissante.

Chaudrée de maïs jardinière avec bacon

Donne 6 portions

225 g (½ livre) de bacon

2 gros oignons doux, hachés finement

2 grosses pommes de terre Idaho, pelées et hachées

1 poivron rouge, étrogné, épépiné et haché

45 ml (3 c. à soupe) de fécule de maïs, dissoute dans 65 ml (¼ tasse) d'eau froide

1 l (1 pinte) de bouillon de poulet maison ou hyposodique

750 ml (3 tasses) de grains de maïs frais, retirés de l'épi

15 ml (1 c. à soupe) de salsa

250 ml (1 tasse) de lait entier

250 ml (1 tasse) de crème riche en matière grasse

Sel et poivre, au goût

1 ml (¼ c. à thé) de muscade en poudre

1 botte de persil, lavé, sans la tige et haché

Utilisez des grains de maïs frais, ils sont si petits et délicieusement sucrés et tendres. Le maïs surgelé ou en conserve ne donnera tout simplement pas la même saveur à cette soupe.

1. Frire le bacon et l'égoutter sur un essuie-tout. Lorsqu'il est refroidi, émietter et réserver. Faire sauter 10 minutes les oignons, les pommes de terre et le poivron dans le gras de bacon en mélangeant souvent.
2. Ajouter la fécule de maïs en mélangeant constamment ; ajouter le bouillon de poulet à la louche. Amener à ébullition. Couvrir, réduire le feu et laisser mijoter 30 minutes.
3. Incorporer le reste des ingrédients. Goûter ; saler et poivrer. Ne pas faire bouillir après avoir ajouté la crème. Servir chaud ; parsemer le bacon sur le dessus.

Soupe estivale au concombre

Cette soupe est rafraîchissante par une chaude journée d'été. Avec quelques ingrédients, il est possible de préparer une soupe estivale élégante et délicieuse.

Donne 4 portions

2 concombres anglais, pelés et hachés
500 ml (2 tasses) de babeurre
250 ml (1 tasse) de crème sure
10 ml (2 c. à thé) de sel
Jus de 1 citron
Zeste de ½ citron
12 ml (⅔ c. à soupe) d'aneth frais
125 ml (½ tasse) de ciboulette fraîche, hachée en longueurs de 0,6 cm (¼ po)
Poivre du moulin, au goût

Mélanger ensemble tous les ingrédients dans un bol en céramique ou en porcelaine. Réfrigérer toute la nuit. Servir dans des bols refroidis.

Ragoût d'huîtres du Grand Central Oyster Bar

Voici l'occasion de reproduire la cuisine du réputé Oyster Bar de New York, ce restaurant légendaire de la célèbre gare Grand Central Terminal.

Donne 4 portions

30 ml (2 c. à soupe) de beurre non salé
30 ml (2 c. à soupe) de sauce Worcestershire
250 ml (1 tasse) de bouillon de palourdes, frais ou embouteillé
30 ml (2 c. à soupe) de fécule de maïs, dissoute dans 45 ml (3 c. à soupe) d'eau froide
½ ml (⅛ c. à thé) de piment de Cayenne
1 l (1 pinte) d'huîtres, écaillées et égouttées
500 ml (2 tasses) de lait
250 ml (1 tasse) de crème riche en matière grasse
Une pincée de sel de céleri et de paprika
4 noisettes de beurre
Craquelins

1. Mélanger 30 ml (2 c. à soupe) de beurre, la sauce Worcestershire et le bouillon de palourdes dans une grande casserole à feu moyen. Y fouetter le mélange de fécule de maïs et d'eau. Ajouter le piment de Cayenne, les huîtres, le lait et la crème riche en matière grasse.
2. Faire réchauffer doucement à feu doux jusqu'à épaississement en mélangeant fréquemment environ 10 minutes. Juste avant de servir, saupoudrer de sel de céleri et de paprika, puis mettre une noisette de beurre sur chaque bol. Servir avec des craquelins en accompagnement.

Soupe printanière aux petits pois

Donne 4 portions

- 250 ml (1 tasse) de ciboule ou d'oignons verts
- 2 gousses d'ail, écrasées
- 1 botte d'oseille (ou 1 botte de cresson)
- 10 jeunes pousses de pissenlit (que les petites feuilles)
- 65 ml (¼ tasse) d'huile d'olive
- 65 ml (¼ tasse) de fécule de maïs
- 750 ml (3 tasses) de bouillon de légumes
- ½ ml (⅛ c. à thé) de piment de la Jamaïque moulu
- Zeste de ½ citron, haché
- 375 ml (1½ tasse) de petits pois frais ou 1 paquet de 284 g (10 oz) de pois surgelés
- 250 ml (1 tasse) de crème riche en matière grasse
- Sel et poivre, au goût

Mélangez les petits pois surgelés avec des pois mange-tout. Garnissez de quelques crevettes cuites ou de quelques cuillères de jambon fumé haché.

1. Faire sauter la ciboule ou les oignons, l'ail et les légumes verts dans l'huile d'olive 5 minutes, pour les faner.
2. Incorporer la fécule de maïs et le bouillon de légumes en fouettant. Incorporer le piment de la Jamaïque et le zeste de citron. Lorsque le mélange est lisse, réduire en purée au mélangeur. Remettre la soupe dans la casserole et ajouter les petits pois. Cuire de 5 à 8 minutes ou jusqu'à ce que les petits pois soient tendres.
3. Ajouter la crème ; saler et poivrer. Ne pas faire bouillir, mais servir chaud.

Le printemps, n'importe quand !

Vous pouvez déguster les saveurs printanières à longueur d'année, grâce aux herbes de la Californie et aux petits pois surgelés. Si vous trouvez de la ciboule, tant mieux, sinon optez pour les oignons verts.

Soupe toscane fraîche aux tomates et au basilic

Ce goût est si frais et délicieux, vous voudrez servir cette soupe toute l'année durant.

Donne 4 portions

60 ml (4 c. à soupe) de beurre

65 ml (¼ tasse) de fécule de maïs

500 ml (2 tasses) de tomates cerises ou raisins

500 ml (2 tasses) de feuilles de basilic frais, sans les tiges

30 ml (2 c. à soupe) de feuilles d'origan frais

375 ml (1½ tasse) de lait

250 ml (1 tasse) de crème

Sel et poivre, au goût

1. Préparer un roux avec le beurre et la fécule de maïs ; cuire à feu doux 5 minutes. Au mélangeur électrique, réduire les tomates, le basilic et l'origan jusqu'à consistance lisse. Incorporer les tomates dans le mélange à base de beurre.
2. Amener à ébullition et ajouter le lait et la crème. Faire chauffer à feu doux ; saler et poivre au goût.

Ne pas faire bouillir

Lorsqu'une recette comprend de la crème, il est important de ne pas faire bouillir. Si vous la faites bouillir, la soupe pourrait tourner. Si cela se produit, ajoutez quelques cuillères d'eau bouillante et mélanger jusqu'à ce que la préparation reprenne son apparence normale.

Soupe à la courge jaune et aux pommes

Une soupe estivale rafraîchissante et savoureuse. Préparez-en beaucoup, pour en resservir le lendemain afin de combattre la chaleur.

Donne 4 portions

2 échalotes, hachées

1 pomme Granny Smith, pelée, étrognée et coupée en morceaux

2 courges jaunes moyennes, lavées et coupées en morceaux

60 ml (4 c. à soupe) de beurre

750 ml (3 tasses) de jus d'orange frais

250 ml (1 tasse) de jus de pomme

Jus de 1 lime

1 ml (¼ c. à thé) de poudre de cumin

½ ml (⅛ c. à thé) de muscade moulue

Sel et poivre blanc du moulin, au goût

60 ml (4 c. à soupe) de crème sure, pour la garniture

Dans une grande casserole, faire sauter les échalotes, les pommes et la courge dans le beurre. Ajouter ensuite le reste des ingrédients, sauf la crème sure. Réduire la soupe en purée, amener à ébullition et servir chaud ou froid. Garnir de crème sure.

Chaudrée de palourdes du Rhode Island

Donne 4 portions

- 2 douzaines de palourdes Cherrystone (de 5 cm [2 po] de diamètre)
- 85 g (3 oz) de lard salé, haché finement
- 1 gros oignon, haché
- 1 carotte, pelée et hachée
- 2 branches de céleri avec les feuilles, hachées finement
- 2 grosses pommes de terre Idaho, pelées et hachées
- 15 ml (1 c. à soupe) de fécule de maïs (ou plus pour une chaudrée plus épaisse)
- 2 feuilles de laurier
- 5 ml (1 c. à thé) de thym séché
- 5 ml (1 c. à thé) de sel de céleri
- 15 ml (1 c. à soupe) de sauce Worcestershire
- 750 ml (3 tasses) de bouillon de palourdes
- Poivre noir du moulin, au goût
- 125 ml (½ tasse) de persil frais, haché, pour la garniture

Cette recette est traditionnelle. Plusieurs cuisiniers remplacent maintenant le lard salé par du bacon, mais il vaut mieux la préparer de façon traditionnelle.

1. Frotter les palourdes et les mettre dans une grande casserole. Ajouter 500 ml (2 tasses) d'eau, couvrir et faire bouillir jusqu'à ce que les palourdes s'ouvrent. Les transvider dans un grand bol pour laisser refroidir ; garder le jus de cuisson. Lorsqu'elles sont refroidies, retirer les palourdes, jeter les coquilles et hacher les palourdes au robot culinaire.
2. Dans une casserole à soupe, frire le lard jusqu'à ce qu'il soit croustillant. Égoutter sur des essuie-tout. Ajouter les légumes dans la casserole et faire sauter jusqu'à ce qu'ils soient tendres, environ 10 minutes à feu moyen. Incorporer la fécule de maïs et cuire 2 minutes de plus, en mélangeant.
3. Ajouter le jus de cuisson, les feuilles de laurier, le thym et le sel de céleri. Incorporer la sauce Worcestershire, le bouillon de palourdes, les palourdes hachées et le lard salé. Couvrir et laisser mijoter ½ heure. Avant de servir, retirer les feuilles de laurier. Ajouter le poivre au goût et garnir de persil frais ; servir chaud.

La palourde est-elle vivante ou morte ?

Ne jamais consommer de palourde morte. Toujours les rincer à l'eau froide et bien les frotter. Pour vérifier si elles sont vivantes, cogner deux palourdes ensemble. Vous devriez entendre un clic aigu, pas un bruit sourd. Si la palourde sonne creux, cognez-la de nouveau, puis si elle sonne toujours creux, jetez-la.

Chaudrée de palourdes rouges de Manhattan

Donne 6 portions

- 1 recette de *Chaudrée de palourdes du Rhode Island* (voir à la page 142)
- 1 boîte de 796 ml (28 oz) de tomates hachées, avec le jus
- Persil, haché, pour la garniture

Il est possible de transformer la chaudrée du Rhode Island en chaudrée de Manhattan en ajoutant quelques tomates. Cette recette est simple et délicieuse.

Après avoir terminé la recette de la Chaudrée de palourdes du Rhode Island, ajouter les tomates. Couvrir et laisser mijoter 30 minutes. Servir chaud. Garnir de persil haché.

Des tomates ou de la crème dans votre chaudrée de palourdes ?
La chaudrée de Manhattan, avec des tomates, est la petite nouvelle des chaudrées. Au cours des XVIIIe et XIXe siècles, la chaudrée à base de tomates était bannie de la Nouvelle-Angleterre. En fait, les tomates ont été considérées suspectes pendant de nombreuses années. Ce n'est qu'après l'invention et la distribution du ketchup au début du XXe siècle que la tomate s'est répandue en Amérique du Nord.

Chaudrée de palourdes de la Nouvelle-Angleterre

Donne de 4 à 6 portions

- 1 recette de *Chaudrée de palourdes du Rhode Island* (voir page 142), avec 15 ml (1 c. à soupe) de plus de fécule de maïs pour une consistance plus épaisse
- 250 ml (1 tasse) de lait entier
- 250 ml (1 tasse) de crème
- Persil, haché, pour la garniture

À la base de Chaudrée de palourdes du Rhode Island, il suffit d'ajouter de la crème ou du lait pour transformer une chaudrée claire en une chaudrée riche et crémeuse.

Amener doucement la base de chaudrée à ébullition, avant d'ajouter le lait et la crème. Réduire le feu et couvrir pour que les ingrédients se marient bien. Après avoir ajouter le lait et la crème, ne pas amener à ébullition. Le cas échéant, la soupe risque de tourner. Goûter et ajuster les assaisonnements, au besoin. Garnir de persil frais haché.

Soupe indienne Mulligatawny

Recette de base de la cuisine indienne, cette soupe est meilleure si elle est faite à l'avance. Si elle devient trop épaisse, il est possible de la diluer avec de l'eau ou du bouillon.

Donne de 4 à 6 portions

1 gros oignon doux, comme un Vidalia, haché

4 gousses d'ail, hachées

30 ml (2 c. à soupe) de racine de gingembre, hachée

1 piment fort, Serrano ou poblano, étrogné, épépiné et haché

125 ml (½ tasse) de beurre non salé

25 ml (1½ c. à soupe) de poudre de cari Madras, ou plus au goût

65 ml (¼ tasse) de farine de riz

2,5 l (10 tasses) de bouillon de poulet

500 ml (2 tasses) de lentilles rouges

1 boîte de 385 ml (13 oz) de lait de noix de coco non sucré

5 ml (1 c. à thé) de sel, ou au goût

Poivre noir du moulin, au goût

6 feuilles de coriandre fraîche, pour la garniture

Tranches de citron, pour la garniture

1. Faire sauter les oignons, l'ail, le gingembre et le piment dans le beurre à feu moyen jusqu'à ce que les légumes soient tendres.
2. Incorporer la poudre de cari et la farine. Cuire 4 minutes et ajouter le bouillon de poulet et les lentilles en mélangeant bien. Laisser mijoter, couvert, 1 heure ou jusqu'à ce que les lentilles soient très tendres.
3. Laisser refroidir, puis réduire en purée au mélangeur électrique. Ajouter le lait de noix de coco, le sel et le poivre ; faire réchauffer. Garnir de brins de coriandre et de tranches de citron.

Soupe santé

Les qualités curatives de la soupe au poulet en plus des propriétés santé des herbes et des épices indiennes rendent cette soupe fort nourrissante. Le nom signifie « eau poivrée ».

Délicieux dumplings pour la soupe

Les dumplings sont amusants et délicieux.
Ils donnent du corps aux soupes et aux ragoûts.

Donne 4 portions

- 75 ml (5 c. à soupe) de farine de pomme de terre
- 5 ml (1 c. à thé) de levure chimique
- 15 ml (1 c. à soupe) de lait
- 1 œuf, battu
- 5 ml (1 c. à thé) de ciboulette séchée ou d'origan ou ½ ml (⅛ c. à thé) de muscade
- 3 ml (½ c. à thé) de poivre noir

Mélanger ensemble tous les ingrédients et pétrir en pâte consistante. Déposer à la cuillère dans n'importe quelle soupe qui mijote. Cuire de 2 à 3 minutes, avant de servir.

Dumplings de pommes de terre gonflés

Ces dumplings apportent une touche réconfortante aux soupes et ragoûts épais. Les pommes de terre en riz sont préférables à la purée.

Donne 4 portions

- 95 ml (3 oz) de lait ou de crème
- 5 ml (1 c. à thé) de levure chimique
- 3 ml (½ c. à thé) de poivre noir ou blanc
- 3 ml (½ c. à thé) de sel
- 1 œuf entier, battu
- 250 ml (1 tasse) de pommes de terre en riz ou en purée
- 2 blancs d'œufs, battus en neige

1. Mélanger le lait, la levure chimique, le poivre, le sel et l'œuf entier dans les pommes de terre.
2. Incorporer délicatement les blancs d'œufs. Déposer à la cuillère sur le dessus d'un ragoût. Laisser mijoter de 3 à 4 minutes. Passer sous le gril jusqu'à ce qu'elles soient délicatement dorées.

Bisque de crevettes aux pétoncles

Donne de 4 à 6 portions

2 échalotes, hachées

30 ml (2 c. à soupe) de beurre

30 ml (2 c. à soupe) de fécule de maïs

15 ml (1 c. à soupe) de pâte de tomates

1 l (4 tasses) de bouillon de carapaces de crevettes (voir à la page 149) ou de bouillon de palourdes du commerce

225 g (½ livre) de crevettes, nettoyées et déveinées

225 g (½ livre) de petits pétoncles

250 ml (1 tasse) de crème riche en matière grasse

Sel et poivre, au goût

15 ml (1 c. à soupe) de xérès sec par bol de soupe

Persil, haché, pour la garniture

Voilà une entrée élégante ou un lunch délicieux. Cette bisque est facile à préparer. Il suffit d'ajouter la crème à la dernière minute, au moment de faire réchauffer.

1. Faire sauter les échalotes dans le beurre. Ajouter la fécule de maïs et la pâte de tomates en brassant. Ajouter le bouillon et amener à ébullition. Laisser mijoter 10 minutes.
2. Déposer les crevettes et les pétoncles dans la soupe. Laisser refroidir. Réduire en purée par portion. Remettre dans la casserole et ajouter la crème. Goûter ; saler et poivrer, au besoin.
3. Incorporer le xérès. Garnir de persil.

Soupe à la saucisse italienne, aux haricots et aux légumes

Donne de 4 à 6 portions

454 g (1 livre) de saucisses italiennes, douces ou piquantes, coupées en bouchées

1 gros oignon rouge, haché

4 gousses d'ail, hachées

65 ml (¼ tasse) d'huile d'olive

1 boîte de 796 ml (28 oz) de tomates broyées, avec le jus

1 botte de scaroles, lavées, sans la tige et hachées

2 boîtes de 385 ml (13 oz) de bouillon de bœuf

2 boîtes de 370 g (13 oz) de haricots blancs

15 ml (1 c. à soupe) d'origan séché

250 ml (1 tasse) de parmesan

Il n'y a rien de tel qu'un bon bol de soupe, particulièrement sur le pouce. Celle-ci est rapide à préparer et vous réconfortera.

1. Faire sauter la saucisse, l'oignon et l'ail dans l'huile d'olive.
2. Lorsque l'oignon et l'ail sont tendres, ajouter le reste des ingrédients, sauf le parmesan. Couvrir et laisser mijoter à feu très doux 30 minutes. Garnir de parmesan et servir.

11

Chapitre 11

Plats asiatiques

Soupe asiatique avec nouilles de riz

Donne 4 portions

- 1 l (1 pinte) de bouillon de poulet
- 2 gousses d'ail, hachées
- 2,5 cm (1 po) de racine de gingembre frais, pelée et hachée
- 1 botte d'oignons verts, finement tranchés
- 12 châtaignes d'eau en conserve
- 250 ml (1 tasse) de germes de haricot, bien rincés
- 125 ml (½ tasse) de xérès sec
- 125 ml (½ tasse) de sauce soya
- 225 g (½ livre) de tofu soyeux
- 500 ml (2 tasses) de nouilles de riz, cuites
- 12 pois mange-tout, coupés en diagonale, pour la garniture

Cette soupe peut être servie dans de petits bols comme entrée ou dans de grands bols comme plat principal. Le contraste entre le tendre et le croquant, l'épicé et le sucré, rend cette soupe très intéressante.

1. Amener le bouillon à ébullition et ajouter tous les ingrédients sauf le tofu, les nouilles et les pois mange-tout. Couvrir et laisser mijoter 10 minutes. Ajouter le tofu.
2. Mélanger délicatement et ajouter les nouilles cuites. Garnir de pois mange-tout et servir.

Le soya à volonté

Le tofu est fabriqué à partir du soya et est lié à tous les produits de soya comme la sauce soya, les noix de soya et la pâte de soya. Tous sont d'excellents suppléments alimentaires. Le tofu est offert sous différentes formes : soyeux (très tendre et de style flan), moyen et ferme. Le tofu ferme est excellent frit. Plus vous mangerez du tofu, mieux vos artères se porteront — il ne contient aucun cholestérol.

Soupe aux crevettes et à la noix de coco

Cette soupe peut aussi bien être servie froide que chaude. Il est possible d'y ajouter 250 ml (1 tasse) de riz cuit, mais ce n'est pas obligatoire.

Donne 4 portions

2 échalotes, hachées

10 ml (2 c. à thé) d'huile d'arachide ou d'une autre sorte d'huile végétale

30 ml (2 c. à soupe) de fécule de maïs

375 ml (1½ tasse) de bouillon de carapaces de crevettes (sur cette page)

125 ml (½ tasse) de vin blanc sec

250 ml (1 tasse) de lait de coco non sucré

250 ml (1 tasse) de riz cuit (facultatif)

454 g (1 livre) de crevettes, décortiquées, déveinées et coupées en morceaux

Sel et poivre blanc du moulin, au goût

1. Faire sauter les échalotes dans l'huile jusqu'à ce qu'elles soient tendres, environ 10 minutes à feu moyen. Incorporer la fécule de maïs et cuire jusqu'à épaississement.
2. Ajouter les ingrédients liquides et cuire 30 minutes, à couvert, sur feu très doux.
3. Incorporer le riz et les crevettes ; faire chauffer jusqu'à ce que les crevettes soient roses. Ajouter du sel et du poivre blanc au goût et servir, chaud ou froid.

Bouillon de carapaces de crevettes

Le bouillon de carapaces de crevettes constitue un ajout savoureux à la soupe de fruits de mer. La prochaine fois où vous préparerez des crevettes, réservez les carapaces. Ajouter 250 ml (1 tasse) d'eau, 250 ml (1 tasse) de vin et une feuille de laurier aux carapaces provenant de 454 g (1 livre) de crevettes. Amener à ébullition, réduire le feu et laisser mijoter, couvert, 20 minutes. Égoutter et utiliser comme bouillon dans une soupe.

Soupe aux épinards avec dumplings gonflés

Donne 4 portions

1½ l (1½ pinte) de bouillon de poulet (celui en conserve convient)
1 paquet de 227 g (8 oz) de bébés épinards frais, déchiquetés, ou un paquet de 284 g (10 oz) d'épinards surgelés, décongelés et essorés pour éliminer l'excédent de liquide
65 ml (¼ tasse) de jus de citron frais
65 ml (¼ tasse) de vin blanc sec
65 ml (¼ tasse) de sauce soya
5 ml (1 c. à thé) de sucre
5 ml (1 c. à thé) de sauce chili vert thaïe, ou au goût
1 ml (¼ c. à thé) de coriandre moulue
Zeste de ½ citron, haché, pour la garniture
1 recette de *Dumplings gonflés*

Vous pouvez ajouter d'autres légumes déchiquetés à cette soupe, comme du cresson, du chou chinois (nommé aussi chou napa) ou des pois mange-tout.

Amener le bouillon de poulet à ébullition et ajouter les épinards déchiquetés. Laisser mijoter 10 minutes et ajouter le reste des ingrédients, sauf les dumplings. Ajouter les dumplings sur le dessus de la soupe. Couvrir et cuire 2 minutes, en tournant les dumplings après 2 minutes.

La garniture transforme les soupes ordinaires
Si votre soupe semble un peu ordinaire, essayez d'y ajouter du sel assaisonné ou des herbes comme de la ciboulette, de l'origan ou du persil qui flotteront sur le dessus de la soupe. De succulents craquelins peuvent également être ajoutés à la soupe, de même que différentes sortes de fromages.

Dumplings gonflés

Donne 4 portions

65 ml (¼ tasse) de farine de riz
5 ml (1 c. à thé) de levure chimique
3 ml (½ c. à thé) de poivre noir, ou au goût
5 ml (1 c. à thé) de ciboulette séchée, hachée
20 à 25 ml (4 à 5 c. à thé) de lait
1 œuf, battu

Celles-ci peuvent être ajoutées à vos soupes préférées — non seulement dans les recettes asiatiques, mais également dans les soupes aux légumes méditerranéennes et même dans les goulaches hongrois.

Mélanger les ingrédients secs dans un bol ; incorporer le lait et les œufs jusqu'à la formation d'une pâte ferme. Déposer par cuillerées dans la soupe chaude. Mélanger délicatement afin que les dumplings cuisent de façon homogène.

Crêpes de farine de riz

Utiliser 375 ml (1½ tasse) de lait au lieu de l'eau pour obtenir des crêpes riches.

Donne 4 portions

2 œufs
375 ml (1½ tasse) d'eau ou de lait
3 ml (½ c. à thé) de sel
1 ml (¼ c. à thé) de poivre blanc du moulin
250 ml (1 tasse) de farine de riz
Huile d'arachide ou de canola

1. Mettre les œufs, l'eau et le sel au mélangeur. Ajouter le poivre et la farine, en arrêtant une fois pour racler les parois.
2. Dans une poêle antiadhésive, à feu moyen, verser lentement ou à l'aide d'une louche la pâte en l'étendant.
3. Quand les bords commencent à dorer, tourner la crêpe. Cuire seulement 1 minute de l'autre côté, sinon elle deviendra croustillante et sera impossible à plier.
4. Laisser refroidir et placer entre des feuilles de papier ciré.

Crêpes, pancakes, tortillas et cannellonis — conçus pour être farcis !
Bien que les farines sans gluten puissent être un désastre dans certaines circonstances, elles conviennent fort bien lorsqu'il est question de crêpes, de pancakes et de tortillas de maïs, qui ressemblent aux crêpes. Vous pouvez les farcir comme des raviolis chinois, faire des tubes à farcir ou les plier pour les tremper dans une sauce épicée. Faites des essais !

Crevettes et légumes frits enveloppés de crêpes de riz

Donne 4 portions

- 15 ml (1 c. à soupe) d'huile de sésame
- 65 ml (¼ tasse) d'huile d'arachide
- 4 oignons verts
- 4 gousses d'ail
- 1 courgette, coupée finement
- 1 oignon, tranché finement
- 300 g (⅔ livre) de crevettes crues, décortiquées et déveinées
- 125 ml (½ tasse) d'amandes, hachées
- 15 ml (1 c. à soupe) de sauce de poisson
- 65 ml (¼ tasse) de xérès sec
- 5 ml (1 c. à thé) de poudre de wasabi mélangée à 10 ml (2 c. à thé) d'eau pour former une pâte
- 1 recette de *Crêpes de farine de riz* (voir à la page 151)
- 1 œuf, battu

Ces crêpes sont excellentes farcies ou empilées, avec de la garniture entre les étages. On peut également les tremper dans la sauce teriyaki.

1. Faire chauffer les huiles de sésame et d'arachide dans un wok ou dans une poêle à frire et ajouter les légumes et les crevettes. Mélanger et cuire jusqu'à ce que les crevettes soient roses. Ajouter le reste des ingrédients, à l'exception des crêpes et de l'œuf. Mélanger pour bien enrober.
2. Mettre les crevettes et les légumes dans un bol et laisser refroidir. Déposer une cuillerée de garniture sur une moitié de crêpe. Badigeonner le contour du cercle de l'œuf battu. Replier et presser pour sceller.
3. Griller à feu très élevé ou utiliser la vapeur pour cuire les crêpes farcies 10 minutes ou jusqu'à ce qu'elles soient très chaudes. Servir chaud.

Champignons farcis au bœuf épicé

Donne 4 portions

- 225 g (½ livre) de surlonge, haché
- 125 ml (½ tasse) d'oignon, haché
- 2 gousses d'ail, hachées
- 2,5 cm (1 po) de racine de gingembre, pelée et hachée
- 30 ml (2 c. à soupe) d'huile à cuisson
- 15 ml (1 c. à soupe) de sauce Worcestershire
- 1 œuf, légèrement battu
- Sel et poivre noir du moulin, au goût
- De 12 à 16 gros chapeaux de champignons, pied enlevé, brossés

Les champignons devraient mesurer 6 cm (2,5 po) de diamètre. Ces champignons farcis peuvent être servis en accompagnement ou comme hors-d'œuvre. Servis sur des salades, les champignons farcis constituent un excellent déjeuner.

1. Faire sauter la viande, l'oignon, l'ail et le gingembre dans l'huile en remuant constamment pour éliminer les grumeaux. Quand la viande est rose (mais pas grise ou dorée), retirer du feu et ajouter la sauce Worcestershire, goûter et ajouter le sel et le poivre. Quand le mélange est presque froid, incorporer l'œuf.
2. Préchauffer le four à 180 °C (350 °F). Diviser la garniture entre les champignons et poser sur une plaque de cuisson. Verser suffisamment d'eau pour couvrir 0,6 cm (¼ po) de la plaque.
3. Cuire les champignons 25 minutes. On peut les parsemer d'herbes finement hachées au choix, quand ils sont prêts.

Trempette aux arachides pour satays

Cette trempette est excellente avec le poulet, le bœuf, le porc ou l'agneau. Elle peut être préparée et réchauffée à la dernière minute.

Donne environ 500 ml (2 tasses) (quantité suffisante pour 12 brochettes de viande)

- 125 ml (½ tasse) de lait de coco non sucré
- 250 ml (1 tasse) d'arachides rôties à sec
- 15 ml (1 c. à soupe) de jus de citron ou de lime
- 15 ml (1 c. à soupe) de cassonade brune, ou plus, au goût
- 15 ml (1 c. à soupe) de sauce soya foncée
- 3 ml (½ c. à thé) d'huile de chile, ou au goût
- 30 ml (2 c. à soupe) d'huile d'arachide
- 30 ml (2 c. à soupe) d'oignon sucré, finement haché
- 2 gousses d'ail, hachées

1. Au robot, mélanger le lait de coco, les arachides, le jus de citron ou de lime, la cassonade, la sauce soya et l'huile de chile. Mélanger jusqu'à homogénéité.
2. Faire chauffer l'huile d'arachide dans un grand poêlon. Ajouter l'oignon et l'ail et cuire à feu moyen jusqu'à ce qu'ils soient tendres, environ 3 minutes.
3. Verser le mélange d'arachides dans le poêlon et bien mélanger. Faire chauffer à feu doux, sans bouillir.

Les brochettes en bois doivent être trempées

Les brochettes en bois doivent être trempées ou elles brûleront quand elles seront sur la grille du barbecue ou sous le gril. Déposez-les dans un plat d'eau pendant une heure. Vous pouvez également utiliser des brochettes de fantaisie munies de poignées décoratives ou de métal aux extrémités. De simples brochettes en métal sont également offertes. Quand vous utilisez des brochettes en métal, n'oubliez pas de les vaporiser d'un enduit à cuisson antiadhésif, afin d'éviter qu'elles ne collent.

Poulet thaï avec trempette aux arachides

Donne 4 portions

680 g (1½ livre) de poitrines de poulet désossées, sans la peau
125 ml (½ tasse) de sauce soya
10 ml (2 c. à thé) de pâte de piments rouges thaï, ou au goût
30 ml (2 c. à soupe) de racine de gingembre frais, hachée
15 ml (1 c. à soupe) d'huile de sésame
30 ml (2 c. à soupe) de xérès sec

Le poulet ou toute autre viande à satay devrait être grillé sur du charbon très chaud. Il est possible d'utiliser du bœuf tendre plutôt que du poulet. La marinade convient à toutes les viandes.

1. Placer 12 brochettes de 25 cm (10 po) à tremper au moins 40 minutes et rincer le poulet. Assécher et couper en bouchées.
2. Mélanger le reste des ingrédients et ajouter le poulet. Mariner 2 heures.
3. Placer les morceaux de poulet sur les brochettes et griller sur des charbons rougeoyants de 4 à 5 minutes par côté. Servir avec n'importe quelle trempette (ou sauce) présentée dans ce chapitre.

Sauce épicée au sésame pour agneau, poulet ou falafel

Donne 375 ml (1½ tasse)

1 ou 2 gousses d'ail, hachées
5 ml (1 c. à thé) de sel, ou au goût
125 ml (½ tasse) de tahini
65 ml (¼ tasse) de jus de citron
65 ml (¼ tasse) d'eau
65 ml (¼ tasse) d'huile d'arachide ou d'olive
30 ml (2 c. à soupe) de persil frais ou de coriandre fraîche, haché
1 ml (¼ c. à thé) de cumin moulu

Le tahini, ou beurre de sésame, est à la base de cette délicieuse sauce. L'utiliser comme trempette pour toutes les viandes, les poissons ainsi que les mollusques et les crustacés.

Écraser l'ail et le sel afin de former une pâte. Ajouter le reste des ingrédients et bien mélanger. Conserver, couvert, au réfrigérateur.

Trempette de gingembre aux épices

Donne 375 ml (1½ tasse)

- 250 ml (1 tasse) de sauce soya
- 15 ml (1 c. à soupe) de racine de gingembre frais, hachée
- 15 ml (1 c. à soupe) de jus de lime frais
- 15 ml (1 c. à soupe) de jus d'ananas concentré
- 30 ml (2 c. à soupe) de moutarde anglaise sans gluten

Voici une trempette ou une marinade tout usage.

Mélanger tous les ingrédients ensemble. Servir avec à peu près tout.

Morceaux et bouchées de la cuisine asiatique

L'un des aspects les plus agréables d'une bonne partie de la cuisine asiatique est le fait que vous n'êtes pas coincé avec une assiette remplie d'un seul aliment. Un peu comme la cuisine latine qui utilise les roulés, beaucoup de cuisines asiatiques utilisent la laitue et d'autres feuilles pour emballer la nourriture. Il s'agit d'une manière géniale d'améliorer une alimentation sans gluten.

Crabe chinois avec sauce rouge au chili

Donne 4 portions

- 65 ml (¼ tasse) d'huile d'arachide
- 4 gousses d'ail, hachées
- 1 botte d'oignons verts, hachés
- 5 cm (2 po) de racine de gingembre frais, pelée et hachée
- 4 à 6 piments Scotch Bonnet, ou au goût, étrognés, épépinés et hachés
- 65 ml (¼ tasse) de sauce soya foncée
- 2 tomates fraîches, rincées, étrognées et hachées
- 250 ml (1 tasse) de chair de crabe en conserve
- 125 ml (½ tasse) de vin blanc sec ou de vin de riz
- 1 paquet de 227 g (8 oz) de nouilles de riz d'épaisseur moyenne

Depuis que Marco Polo a rapporté les pâtes en Italie, les Italiens et le reste du monde les adorent. Le vieux Marco Polo aurait sans doute adoré cette recette.

1. Faire chauffer l'huile dans une grande poêle à frire ou un wok.
2. Ajouter les légumes et faire sauter à feu vif en remuant 3 minutes. Puis incorporer la sauce soya, les tomates, la chair de crabe et le vin.
3. Faire bouillir les nouilles selon les indications de l'emballage, puis les ajouter à la sauce et laisser absorber le liquide. Servir chaud.

Poitrines de poulet en croûte de sésame

Donne 4 portions

65 ml (¼ tasse) de jus d'ananas

65 ml (¼ tasse) de jus d'orange

15 ml (1 c. à soupe) de jus de lime

125 ml (½ tasse) de sauce soya

2,5 cm (1 po) de racine de gingembre, pelée et hachée

2 gousses d'ail, ou au goût, hachées

5 ml (1 c. à thé) d'huile de chile, ou au goût

2 grosses poitrines de poulet, désossées, la peau enlevée, coupées en deux

1 œuf, battu

125 ml (½ tasse) de graines de sésame

Servir ce poulet avec du riz et beaucoup de légumes. Les restes peuvent être coupés, mélangés à une sauce épicée et utilisés pour farcir les Crêpes de farine de riz (voir à la page 151) pour constituer un excellent casse-croûte.

1. Dans un bol non réactif ou un plat en verre assez grand pour contenir le poulet, fouetter ensemble les jus, la sauce soya, le gingembre, l'ail et l'huile de chile. Rincer les poitrines de poulet et assécher avec des essuie-tout. Ajouter le poulet dans la sauce et tourner pour enrober. Couvrir et réfrigérer 4 heures.
2. Égoutter le poulet ; tremper dans l'œuf battu, puis dans les graines de sésame. Griller ou faire sauter dans l'huile 6 minutes par côté ou selon l'épaisseur de la poitrine. Servir chaud.

Le chile et les autres sauces épicées

Les Chinois, les Indiens et d'autres groupes de l'Asie, de l'Asie du Sud-est et de l'Asie Mineure fabriquent leurs propres versions du chile pour la cuisine. L'huile de chile est extrêmement épicée. La pâte de chile existe en vert et en rouge et est populaire en Thaïlande. Les Chinois fabriquent une pâte de chili et d'ail qu'on appelle sauce sichuannaise. La sauce Tabasco, les chiles (rouge et vert), le piment de Cayenne et les flocons de piment rouge sont des substituts.

Poulet de Cornouailles laqué à l'orange et au gingembre

Cette recette se prépare en un tournemain et est délicieuse.
Il s'agit d'un excellent mais collant mets pour un pique-nique.

Donne 4 portions

2 poulets de Cornouailles, séparés
30 ml (2 c. à soupe) d'huile d'olive
Généreuses pincées de sel et de poivre
15 ml (1 c. à soupe) de marmelade à l'orange
30 ml (2 c. à soupe) d'huile d'arachide
15 ml (1 c. à soupe) de sauce soya
30 ml (2 c. à soupe) de jus d'orange
15 ml (1 c. à soupe) racine de gingembre frais, hachée

1. Préchauffer le four à 190 °C (375 °F).
2. Rincer les poulets, les assécher avec des essuie-tout, les badigeonner d'huile d'olive, les saler et les poivrer.
3. Mélanger le reste des ingrédients ensemble dans un petit poêlon à feu doux, afin de préparer la sauce à laquer ; réserver.
4. Griller 15 minutes les poulets dans un plat allant au four, à l'envers. Tourner les poulets et les badigeonner de sauce. Continuer à rôtir 20 minutes de plus, en brossant les poulets avec la sauce toutes les 5 minutes.

Le gingembre frais

Vous pouvez utiliser la racine de gingembre frais dans toutes sortes de mets, du déjeuner au dessert. Le gingembre séché moulu, les croquants au gingembre et les bonbons au gingembre sont souvent utilisés dans la cuisine. Le gingembre frais non pelé se congèle fort bien et peut être ajouté aux sauces, aux vinaigrettes et à des desserts comme des poudings. Quand vous désirez l'utiliser, coupez un petit morceau, pelez-le, puis râpez-le, émincez-le ou coupez-le finement.

Donne 4 portions

190 ml (¾ tasse) de mayonnaise

10 ml (2 c. à thé) de poudre de cari

Jus de 1 lime

5 ml (1 c. à thé) d'huile de chile ou de sauce épicée comme la sauce Tabasco

225 g (½ livre) de crevettes moyennes crues, décortiquées et déveinées

4 avocats mûrs, coupés en deux, pelés et dénoyautés

Paprika hongrois doux ou épicé, au goût

Arachides rôties à sec, pour la garniture

Crevettes au cari avec avocat

L'adaptation de saveurs asiatiques au style de vie américain permet de créer des plats délicieux, comme celui-ci. Rapide et simple à préparer, il s'agit d'un déjeuner parfait ou d'un dîner léger, qui peut être servi avec du riz.

1. Préchauffer le four à 180 °C (350 °F).
2. Mélanger la mayonnaise avec le cari, le jus de lime et l'huile de chile. Couper les crevettes et les mélanger avec la sauce à la mayonnaise.
3. Déposer les avocats coupés en deux dans un plat allant au four vaporisé d'enduit à cuisson antiadhésif. Mettre les crevettes et la sauce par cuillerées dans les avocats. Saupoudrer de paprika et d'arachides.
4. Cuire les avocats farcis de crevettes 20 minutes. Il est possible de varier la recette en ajoutant des pommes acidulées, des ananas ou des raisins rouges coupés.

Qu'est-ce qui est trop épicé ?

Toute épicerie offre des dizaines de bouteilles de différentes sortes de sauces épicées, des sauces jamaïcaines aux sauces chinoises, japonaises, africaines et, évidemment, asiatiques. Le degré de piquant et les autres saveurs telles que l'ail, le gingembre et autres varient. Cependant, dans le cas de la saveur des aliments à venir, n'utilisez que la quantité nécessaire pour ajouter une touche de piquant — ne vous brûlez pas la langue ou vous tuerez de précieuses papilles gustatives.

Brochettes d'agneau grillé au cari

Essayer ces brochettes grillées et servies avec la
Sauce épicée au sésame *(voir la page 154)*.

Donne 4 portions

125 ml (½ tasse) d'huile d'arachide
5 ml (1 c. à thé) de poudre de cari
30 ml (2 c. à soupe) de jus de citron
4 gousses d'ail, hachées
3 ml (½ c. à thé) de coriandre moulue
10 ml (2 c. à thé) de sauce épicée, ou au goût
454 g (1 livre) de morceaux d'agneau, des jarrets ou de l'épaule

1. Mélanger les 6 premiers ingrédients ensemble dans un bol. Ajouter l'agneau et brasser pour enrober de marinade. Couvrir et réfrigérer 2 heures.
2. Faire tremper de 8 à 10 brochettes en bois au moins 40 minutes. Enfiler les morceaux d'agneau sur les brochettes et griller sur des charbons rougeoyants, 4 minutes de chaque côté. Servir chaud.

Homard avec sauce au xérès

Cette adaptation constitue une façon unique de servir le homard. Garnir de morceaux de citron frais.

Donne de 4 à 6 portions

4 petits homards, de 454 à 570 g (de 1 à 1¼ livre)
5 ml (1 c. à thé) de mélange cinq épices asiatique
1 gousse d'ail, hachée
65 ml (¼ tasse) d'huile de sésame
65 ml (¼ tasse) de xérès
Jus de ½ citron
30 ml (2 c. à soupe) de racine de gingembre, hachée

1. Faire bouillir les homards 20 minutes, les fendre et casser les pinces.
2. Préchauffer le gril à 260 °C (500 °F).
3. Mélanger le reste des ingrédients dans un poêlon, pour faire la sauce. Amener à ébullition et mettre par cuillerée sur les homards.
4. Griller 3 minutes. Servir.

Donne 4 portions

500 ml (2 tasses) de pois mange-tout, les extrémités coupées

125 ml (½ tasse) d'huile d'arachide

1 boîte de châtaignes d'eau de 227 g (8 oz), égouttées, rincées et coupées

125 ml (½ tasse) d'arachides non salées

30 ml (2 c. à soupe) de sauce soya

5 ml (1 c. à thé) de jus de citron

15 ml (1 c. à soupe) de racine de gingembre frais, hachée

Sauce Tabasco ou autre sauce forte

Pois mange-tout avec châtaignes d'eau et gingembre

Ce mets d'accompagnement est très rapide à préparer et est excellent. Il constitue une aide précieuse aux personnes qui désirent des légumes frais, mais qui n'ont pas beaucoup de temps.

1. Mettre les pois mange-tout dans un wok chaud ou une poêle à frire avec l'huile. Mélanger pour enrober, puis ajouter les châtaignes d'eau et les arachides, en remuant.
2. Continuer à cuire, et après 5 minutes, ajouter le reste des ingrédients. Bien mélanger et servir chaud ou à la température ambiante.

Le fromage et le lait dans la cuisine asiatique

Le fromage et le lait sont pratiquement inexistants dans la cuisine asiatique, parce que les pays asiatiques n'ont pratiquement pas de vaches laitières. Dans certains endroits, le buffle d'Asie travaille beaucoup et produit également du lait. En Italie, le buffle d'Asie fournit le lait qui permet de produire une magnifique mozzarella. Les Asiatiques substituent le tofu à la viande, et la viande qu'ils mangent est allongée avec des légumes et du riz. Le poisson est populaire dans les communautés en bordure de lacs et de la mer. Les Américains ont adapté les saveurs asiatiques en une nourriture fusion populaire.

Riche et épais poulet au cari avec poivrons

Cette recette est une adaptation britannique d'un cari indien. À servir sur du riz (blanc ou brun) avec du chutney Major Grey qui est offert à peu près partout.

Donne 4 portions

- 2 gousses d'ail, hachées
- ½ oignon rouge, haché finement
- 1 poivron rouge doux, étrogné, épépiné et haché finement
- 1 poivron vert doux, étrogné, épépiné et haché finement
- 125 ml (½ tasse) d'huile d'arachide ou d'olive
- 454 g (1 livre) de poitrines de poulet, sans peau, désossées, coupées en 8 morceaux
- 125 ml (½ tasse) de farine de riz
- 15 ml (1 c. à soupe) de sel et poivre noir moulu, au goût
- 24 petits champignons de Paris, nettoyés, les pieds coupés
- 30 ml (2 c. à soupe) de poudre de cari de Madras
- 45 ml (3 c. à soupe) de fécule de maïs
- 250 ml (1 tasse) de bouillon de poulet, chaud
- 250 ml (1 tasse) de crème riche en matière grasse
- 125 ml (½ tasse) de persil ou de coriandre, haché
- 750 ml (3 tasses) de riz blanc ou brun, cuit
- Fruits frais coupés, arachides et chutney, en accompagnement

1. Faire sauter l'ail, l'oignon et les poivrons dans l'huile d'arachide. Rouler le poulet dans la farine de riz, saler et poivrer. Ajouter les légumes et cuire à feu moyen 2 minutes de chaque côté, jusqu'à ce qu'il soit doré.
2. Incorporer les champignons, puis la poudre de cari et la fécule de maïs. Ajouter le bouillon de poulet chaud et mélanger jusqu'à homogénéité et épaississement. Ajouter la crème.
3. Couvrir et cuire à feu très doux, en prenant soin de ne pas faire bouillir. Garnir de persil ou de coriandre et servir sur du riz avec de nombreux condiments, en accompagnement.

Donne 4 portions

1 paquet de 170 g (6 oz) de vermicelles de soya, cuits selon les instructions de l'emballage
30 ml (2 c. à soupe) de vinaigre de riz
125 ml (½ tasse) d'huile d'arachide
65 ml (¼ tasse) de sauce soya légère
2 gousses d'ail, hachées
Zeste de 1 citron, haché
250 ml (1 tasse) de jicama, en julienne
Jus de 1 citron
500 ml (2 tasses) de chou chinois (napa) déchiqueté
1 concombre anglais, pelé et en julienne
454 g (1 livre) de chair de crabe cuite (le crabe bleu du Maryland est le meilleur)

Salade froide de vermicelles de soya avec chair de crabe

Les nouilles cellophanes (plus connues sous le nom de vermicelles de soya) n'ont habituellement pas besoin d'être cuites dans beaucoup d'eau. Elles sont très minces et sont faites avec de la farine de haricot mungo.

Mélanger le vinaigre, l'huile et la sauce soya dans un grand bol à salade. Ajouter l'ail, le zeste de citron, la chair de crabe et les nouilles. Bien mélanger, incorporer le reste des ingrédients et servir.

Les nouilles asiatiques — la plupart sont sans gluten !
Apportez vos lunettes dans une épicerie asiatique et vérifiez les étiquettes sur les nouilles de riz. Presque toutes sont faites de riz, seulement de riz, et n'incluent pas de farine de blé. Utilisez ces nouilles dans les soupes au lieu des pâtes. De plus, nous vous conseillons d'essayer la courge spaghetti. Elle est comparable, facile à préparer et délicieuse !

Donne 4 portions

30 ml (2 c. à soupe) d'huile de sésame
30 ml (2 c. à soupe) d'huile de canola (ou une autre huile légère)
15 ml (1 c. à soupe) de graines de sésame
750 ml (3 tasses) de chou chinois (napa), lavé et finement tranché
Jus de ½ citron
2 gousses d'ail, hachées
Sel, poivre et sauce soya, au goût

Chou chinois avec sésame

Le chou chinois, également appelé chou napa, est extraordinaire cuit ou servi cru en salade. Il est vert pâle, doux, feuillu et très bon pour vous !

1. Mettre les huiles dans un wok chaud ou une poêle à frire. Ajouter les graines de sésame et griller 2 minutes.
2. Incorporer le chou, le jus de citron et l'ail. Mélanger jusqu'à ce que le chou soit juste fané, environ 4 minutes. Ajouter les assaisonnements et servir.

Chapitre 12

Plats à base de maïs

Donne de 4 à 5 portions

30 ml (2 c. à soupe) de beurre non salé

½ oignon doux, haché finement

125 ml (½ tasse) de céleri, haché

125 ml (½ tasse) de céleri-rave, haché

65 ml (¼ tasse) de poivron rouge, rôti et haché

30 ml (2 c. à soupe) de farine de maïs, de fécule de pomme de terre ou de fécule de maïs

125 ml (½ tasse) de bouillon de poulet riche

1 paquet de 284 g (10 oz) de fèves de Lima surgelées

1 paquet de 284 g (10 oz) de maïs surgelé

2 œufs, bien battus

375 ml (1½ tasse) de crème fouettée

5 ml (1 c. à thé) de sel

5 ml (1 c. à thé) de paprika doux

5 ml (1 c. à thé) de poivre noir, moulu

5 ml (1 c. à thé) de coriandre, moulue

3 ml (½ c. à thé) de piment de la Jamaïque, moulu

250 ml (1 tasse) de chapelure dans gluten

250 ml (1 tasse) de cheddar, râpé

Casserole de maïs épais et crémeux avec fèves de Lima

Cette recette constitue un repas nourrissant et peut être préparée avec des morceaux de jambon, afin d'ajouter de la saveur et des protéines.

1. Préchauffer le four à 180 °C (350 °F). Faire fondre le beurre dans une grande casserole allant au four. Ajouter l'oignon, le céleri, le céleri-rave et le poivron rouge ; faire sauter à feu très doux jusqu'à ce que tout soit tendre, environ 10 minutes.
2. Incorporer la farine ou la fécule et mélanger, cuisant lentement 3 minutes.
3. Ajouter le bouillon de poulet, les fèves de Lima et le maïs. Amener à ébullition et réduire ensuite le feu pour laisser mijoter et cuire jusqu'à ce que les fèves de Lima soient légèrement tendres, environ 20 minutes.
4. Retirer du feu. Mélanger ensemble les œufs et la crème ; incorporer rapidement aux légumes. Ajouter le sel et les épices. Mettre dans une casserole bien beurrée ou garder dans le même plat allant au four que vous avez utilisé pour la cuisson. Saupoudrer le dessus de chapelure et de fromage.
5. Cuire jusqu'à ce que le dessus soit doré et bouillonnant. Servir chaud.

Mieux que les conserves

Évitez le maïs en crème en conserve et choisissez-le frais ou surgelé, afin de préparer votre propre sauce crémeuse. C'est facile et sans gluten, en plus d'avoir bien meilleur goût que celles préparées avec des soupes ou des mélanges.

Tourte traditionnelle à la chair de crabe du Maryland et au maïs

Il est possible de couper les portions aussi petites que désiré, afin d'obtenir de magnifiques hors-d'œuvre ou encore de diviser la tourte en quatre, pour le déjeuner ou le dîner.

Donne 8 portions en entrée ou de 4 à 6 portions principales

30 ml (2 c. à soupe) de beurre
1 oignon, haché
1 carotte, hachée
30 ml (2 c. à soupe) de fécule de maïs
3 ml (½ c. à thé) de moutarde anglaise sans gluten
125 ml (½ tasse) de bouillon de poulet
125 ml (½ tasse) de vin blanc sec
250 ml (1 tasse) de crème riche en matière grasse
5 ml (1 c. à thé) de sauce Worcestershire
1 paquet de 284 g (10 oz) de maïs surgelé
454 g (1 livre) de morceaux de chair de crabe, frais ou surgelés
3 ml (½ c. à thé) d'aneth séché ou 5 ml (1 c. à thé) d'aneth frais, haché
½ ml (⅛ c. à thé) de muscade, fraîchement râpée
Sel et poivre, au goût
Croûte pour une tourte de 25 cm (10 po) ou 500 ml (2 tasses) de pommes de terre en purée

1. Préchauffer le four à 180 °C (350 °F). Dans un poêlon, faire chauffer le beurre et ajouter l'oignon et la carotte. Cuire, en remuant, jusqu'à ce que l'oignon et la carotte soient tendres. Ajouter la fécule de maïs et la moutarde. Laisser mijoter jusqu'à ce que la sauce épaississe et que les légumes soient tendres.
2. Dans une autre poêle, faire chauffer le bouillon de poulet et le vin. Les ajouter lentement dans le poêlon, les incorporant au mélange d'oignon et de carotte. Mélanger jusqu'à ce que le tout soit épais et homogène.
3. Ajouter le reste des ingrédients, sauf la croûte. Saler et poivrer au goût et bien mélanger. Mettre dans un moule à tarte et couvrir de la croûte ou les pommes de terre en purée.
4. Placer au four et cuire environ 30 minutes.

Donne de 6 à 8 portions

- 250 ml (1 tasse) de semoule de maïs (jaune ou blanche)
- 250 ml (1 tasse) de farine de maïs ou de riz
- 65 ml (¼ tasse) de cassonade dorée
- 15 ml (3 c. à thé) de levure chimique ou de bicarbonate de soude sans gluten
- 5 ml (1 c. à thé) de sel
- 5 ml (1 c. à thé) de flocons de piment de Cayenne séché, ou au goût
- 125 ml (½ tasse) de babeurre
- 125 ml (½ tasse) de crème sure
- 2 œufs, battus
- 30 ml (2 c. à soupe) de beurre non salé, fondu
- 125 ml (½ tasse) de piments chipotles, hachés
- 125 ml (½ tasse) de fromage au poivre monterey ou cheddar, râpé

Pain de maïs épicé farci de chili et de fromage

Ce pain est parfait avec de la soupe, du poulet frit, des ragoûts et des chaudrées. L'ajout de haricots frits à la farce est suffisant pour le transformer en excellent brunch, avec des œufs.

1. Préchauffer le four à 200 °C (400 °F). Dans un grand bol, mélanger ensemble la semoule de maïs, la farine, la cassonade, la levure chimique, le sel et les flocons de piment de Cayenne.
2. Incorporer le babeurre, la crème sure, les œufs et le beurre fondu.
3. Apprêter un moule carré de 20 cm (8 po) en le vaporisant d'un enduit à cuisson antiadhésif. Saupoudrer de piments et de fromage. Couvrir du reste de la pâte. Cuire de 20 à 25 minutes.

Un mot sur le chipotle

Le chipotle est un piment jalapeño qui a été fumé et est conservé dans la saumure ou le vinaigre. Il est utile dans la cuisine afin d'ajouter une saveur de fumée aux recettes.

Pain de maïs hivernal canneberges-orange

Ce pain accompagne merveilleusement bien la dinde et peut également être coupé et utilisé comme farce.

Donne de 8 à 10 portions

- 250 ml (1 tasse) de semoule de maïs (jaune ou blanche)
- 250 ml (1 tasse) de farine de maïs ou de riz
- 65 ml (¼ tasse) de cassonade dorée
- 15 ml (3 c. à thé) de levure chimique ou de bicarbonate de soude sans gluten
- 5 ml (1 c. à thé) de sel
- 250 ml (1 tasse) de lait
- 2 œufs, battus
- 45 ml (3 c. à soupe) de beurre non salé, fondu
- 125 ml (½ tasse) de canneberges séchées
- Zeste de 1 orange
- 125 ml (½ tasse) de noix, hachées (facultatif)

1. Préchauffer le four à 200 °C (400 °F). Apprêter un moule carré de 20 cm (8 po) en le vaporisant d'un enduit à cuisson antiadhésif.
2. Dans un grand bol, mélanger ensemble tous les ingrédients secs. Incorporer lentement le reste des ingrédients.
3. Verser dans le moule et cuire de 20 à 25 minutes. Laisser refroidir quelques minutes, avant de couper en morceaux et de servir.

Soufflé au maïs

Ce maïs est excellent avec la dinde ou le porc rôti. S'assurer simplement qu'il est très chaud. Il est possible d'ajouter des piments tranchés ou de varier les herbes pour modifier la saveur.

Donne de 4 à 6 portions

- 125 ml (½ tasse) de farine de maïs ou de riz
- 65 ml (¼ tasse) de lait ou de crème à faible teneur en matière grasse
- 3 œufs, séparés
- 15 ml (3 c. à thé) de levure chimique sans gluten
- 30 ml (2 c. à soupe) de parmesan, râpé fin
- Sel, poivre et 5 ml (1 c. à thé) de vos herbes préférées, au goût
- 250 ml (1 tasse) de maïs frais, en épi, ou surgelé

1. Préchauffer le four à 190 °C (375 °F). Mélanger la farine, le lait, les jaunes d'œufs, la levure chimique, le fromage, le sel, le poivre et les herbes au robot. Mettre dans un bol et ajouter le maïs.
2. Battre les blancs d'œufs jusqu'à consistance ferme et les incorporer au mélange.
3. Graisser ou utiliser un enduit à cuisson antiadhésif dans un moule à soufflé de 2 l (2 pintes). Verser le mélange dans le moule et mettre au milieu du four de 25 à 30 minutes ou jusqu'à ce qu'il soit doré et gonflé. Servir chaud.

Tortillas de maïs mexicaines avec crevettes et avocat

Donne 6 tortillas

- 6 tortillas de maïs ou 6 crêpes
- 24 très grosses crevettes, décortiquées et déveinées
- 125 ml (½ tasse) de vin blanc sec
- 6 avocats moyens, pelés et tranchés
- 1 oignon rouge, finement tranché
- Jus de 2 limes fraîches
- 5 ml (1 c. à thé) de graines de coriandre, fraîchement moulues
- 15 ml (1 c. à soupe) de flocons de piment de Cayenne séchés
- 250 ml (1 tasse) de salsa fraîche ou en pot
- 250 ml (1 tasse) de crème sure
- 125 ml (½ tasse) de coriandre ou de persil frais, haché

Ces tortillas conviennent parfaitement pour un déjeuner ou un brunch, par une chaude journée. Ils sont très bons accompagnés de margaritas ou de Bloody Mary.

1. Griller les tortillas ou les crêpes et les déposer sur des assiettes de service.
2. Faire pocher les crevettes parées dans le vin blanc et les égoutter.
3. Disposer 4 crevettes sur chaque tortilla, ajouter l'avocat et l'oignon, arroser de jus de lime et saupoudrer de coriandre et de flocons de piments.
4. Ajouter une cuillère de salsa et de crème sure sur chaque tortilla, et garnir de coriandre ou de persil.

La bonne farine

Vous pouvez faire des tortillas de maïs ordinaires — le défi est de les faire minces et croustillantes, plutôt qu'épaisses et difficiles à manger. Des cuisiniers latins sérieux achètent une presse pour estampiller leurs tortillas. Vous pouvez également acheter soigneusement des tortillas de « farine », mais assurez-vous que la farine est uniquement de la farine de maïs et qu'elle ne contient pas de gluten.

Chaudrée de palourdes et de maïs

Si vous préférez la chaudrée épaisse et crémeuse, cette recette vous conviendra parfaitement. Si vous la préférez plus liquide, il suffit d'ajouter davantage de jus de palourdes ou de crème.

Donne 3 l (12 tasses)

- 18 palourdes Cherry-stone ou 12 palourdes à chaudrée, brossées et vérifiées pour s'assurer qu'elles sont fermées
- 6 tranches de bacon
- 1 oignon, haché
- 1 poivron vert, étrogné, épépiné et haché
- 1 poivron rouge, étrogné, épépiné et haché
- 2 piments jalapeños, étrognés, épépinés et hachés (facultatif)
- 5 ml (1 c. à thé) de thym séché
- 15 ml (1 c. à soupe) de beurre ou d'huile (au besoin)
- 30 ml (2 c. à soupe) de fécule de maïs ou de farine de riz
- 2 paquets de 284 g (10 oz) de maïs surgelé, ou 6 épis de maïs frais
- 2 bouteilles de 250 ml (8 oz) de jus de palourde
- 1½ l (1½ pinte) de crème régulière ou à faible teneur en matière grasse
- Sel, au goût
- Poivre du moulin, au goût
- Persil frais, haché

1. Mettre les palourdes dans un grand chaudron avec 250 ml (1 tasse) d'eau afin de les cuire à la vapeur, avec un couvercle, à feu vif. Quand les palourdes sont ouvertes, enlever les coquilles et hacher au robot. Réserver le jus de palourdes.
2. Faire sauter le bacon dans une grande casserole à soupe. Déposer sur des essuie-tout pour les égoutter. Ajouter l'oignon, les poivrons et le thym dans la casserole et faire sauter jusqu'à ce qu'ils soient tendres, 10 minutes.
3. Si la casserole est sèche, ajouter 15 ml (1 c. à soupe) de beurre ou d'huile. Incorporer la fécule de maïs et cuire 3 minutes. Ajouter les palourdes hachées, le maïs et l'excédent de jus de palourdes.
4. Couvrir et laisser mijoter 20 minutes. Juste avant de servir, ajouter la crème, le sel, le poivre et le persil. Servir dans des bols chauds avec des biscuits, du pain de maïs chaud ou des craquelins sans gluten.

Homard et maïs sautés à la crème

Donne 6 portions

- 30 ml (2 c. à soupe) de beurre
- 2 échalotes, hachées
- 4 jaunes d'œufs
- 500 ml (2 tasses) de crème
- 250 ml (1 tasse) de maïs frais, en épi, ou de maïs surgelé, blanchi et égoutté
- 1 l (4 tasses) de chair de homard
- 30 ml (2 c. à soupe) de xérès sec
- 30 ml (2 c. à soupe) de persil, haché, pour la garniture

Demander au poissonnier de cuire et de retirer la chair de trois petits homards (570 g [1¼ livre] chacun) ou acheter cette chair surgelée. À servir avec du riz et de la salade.

1. Faire fondre le beurre et faire sauter les échalotes de 5 à 6 minutes jusqu'à ce qu'elles soient tendres. Dans un petit bol, battre les jaunes d'œufs.
2. Mettre la crème dans une grande poêle à feu moyen ; échauder la crème sans la faire bouillir. Retirer du feu. Mélanger 30 ml (2 c. à soupe) de crème chaude dans les œufs battus et fouetter vigoureusement.
3. Verser le mélange d'œufs dans la crème chaude et remettre sur le feu. Continuer à fouetter jusqu'à épaississement. Ajouter le maïs et le homard. Faire chauffer, en remuant, jusqu'à ce que ce soit très chaud, sans bouillir. Ajouter le xérès. Servir garni de persil.

Échauder la crème ou l'eau

Échauder signifie faire chauffer un liquide sans le faire bouillir. Quand vous apercevez de minuscules bulles sur le bord de la casserole, le liquide est techniquement échaudé. Le fait d'échauder est utile pour empêcher la coagulation ou la surchauffe. L'eau dans le fond d'un bain-marie devrait, dans la plupart des cas, être sur le point de bouillir et non en train de bouillir, ou bien elle va déborder et faire un dégât.

Blancs ou jaunes d'œufs supplémentaires

La recette de homards sautés à la crème requiert 4 jaunes d'œufs. Cela vous donne l'occasion de faire une magnifique meringue pour le dessert avec les blancs. Ou si vous avez une recette qui exige des blancs d'œufs, mais pas de jaunes, vous pouvez faire une mayonnaise ou un flan avec les jaunes. Tout peut être utilisé, sauf les coquilles.

Beignets de maïs dorés

Les beignets sont très amusants à préparer et à manger. Ils peuvent être aussi ordinaires ou originaux que désiré. L'idée est qu'ils soient très crémeux à l'intérieur et dorés à l'extérieur.

Donne de 12 à 14 beignets

- 1 œuf
- 85 ml (⅓ tasse) de lait ou de bière
- 170 ml (⅔ tasse) de fécule ou de farine de maïs
- 8 ml (1½ c. à thé) de levure chimique sans gluten
- 3 ml (½ c. à thé) de sel
- Flocons de piment de Cayenne ou poivre noir du moulin, au goût
- ½ ml (⅛ c. à thé) de muscade, fraîchement râpée
- 250 ml (1 tasse) de maïs frais, en épi, ou surgelé
- Huile pour la cuisson (d'arachide ou de canola, mais pas d'olive)

1. En commençant par l'œuf et le lait, mettre tous les ingrédients, sauf le maïs et l'huile, au robot et mélanger jusqu'à homogénéité. Verser dans un bol ; incorporer le maïs.
2. Faire chauffer environ 2,5 cm (1 po) d'huile à 180 °C (350 °F).
3. Déposer les beignets à la cuillère dans l'huile chaude. Égoutter sur des essuie-tout et servir chaud.

La friture, à toutes les sauces !

Vous pouvez varier vos beignets en utilisant des palourdes hachées plutôt que du maïs. Ils s'accompagnent bien d'œufs au petit déjeuner ou peuvent être servis en accompagnement avec du poulet ou du steak. Ils sont bons avec du sirop ou des plantes aromatiques et de la sauce. Vous pouvez également les servir en hors-d'œuvre à tremper dans la salsa.

Beignets de maïs farcis aux huîtres

Donne 12 beignets

1 œuf

85 ml (⅓ tasse) de lait ou de bière

170 ml (⅔ tasse) de fécule ou de farine de maïs

8 ml (1½ c. à thé) de levure chimique sans gluten

3 ml (½ c. à thé) de sel

Flocons de piment de Cayenne ou poivre noir du moulin, au goût

½ ml (⅛ c. à thé) de muscade, fraîchement râpée

250 ml (1 tasse) de maïs frais, en épi, ou surgelé

6 grosses huîtres, décortiquées et pochées

Huile pour la cuisson

Ces beignets sont délicieux — ils gonflent bien et deviennent très légers, et les morceaux d'huîtres ajoutent de la saveur. Les servir sur une salade d'épinards frais.

1. En commençant par l'œuf et le lait, mettre tous les ingrédients, sauf le maïs, les huîtres et l'huile, au robot et mélanger jusqu'à homogénéité. Verser dans un bol ; incorporer le maïs.
2. Faire pocher les huîtres dans 125 ml (½ tasse) d'eau bouillante. Quand les bords se retroussent, elles sont prêtes. Les laisser refroidir et les couper, puis les incorporer dans la pâte. Ajouter de la farine, si la pâte est trop lâche.
3. Faire chauffer l'huile à 180 °C (350 °F). Déposer les beignets à la cuillère dans l'huile chaude. Égoutter sur des essuie-tout et servir chaud.

Les réserves

Assurez-vous de rechercher tous les produits sans gluten que vous pouvez acheter dans les magasins d'aliments naturels et sur le Web. Si vous faites des crêpes, préparez une grande quantité — elles sont faciles à congeler, placées en pile entre des feuilles de papier ciré. Ensuite, il suffit de les sortir au fur et à mesure de vos besoins.

Gâteaux de maïs indiens

Ces gâteaux sont excellents pour accompagner du gibier comme du lapin ou des venaisons. Les baies de genévrier sont populaires dans la cuisine amérindienne nord-américaine et dans toutes les cuisines nordiques.

Donne environ 12 gâteaux

1,75 l (7 tasses) d'eau

15 ml (1 c. à soupe) de sel, ou au goût

500 ml (2 tasses) de semoule de maïs

3 ml (½ c. à thé) de poivre noir du moulin, ou au goût

5 ml (1 c. à thé) de mélasse

10 baies de genévrier, écrasées dans un mortier avec un pilon (facultatif)

60 ml (4 c. à soupe) de beurre ou de saindoux

1. Amener l'eau à ébullition et ajouter le sel. Incorporer la semoule de maïs et cuire environ 20 minutes, en remuant. Ajouter le poivre, la mélasse et les baies de genévrier.
2. Préparer un moule en verre à lasagne de 28 x 33 cm (11 x 13 po) en le vaporisant d'un enduit à cuisson antiadhésif. Verser le mélange de semoule dans le moule et couvrir. Réfrigérer de 1 à 2 heures ou jusqu'à ce que le mélange soit très ferme.
3. Faire chauffer le beurre ou le saindoux dans une grande poêle à frire. Couper les gâteaux de maïs en carrés et frire jusqu'à ce qu'ils soient dorés sur les deux côtés.

La tradition du maïs

Les Amérindiens ont sauvé les premiers colons des États-Unis grâce à leurs réserves de maïs. Ils ont montré aux colons la façon de faire pousser, de sécher et de moudre le maïs en repas. De façon intéressante, la culture du maïs a commencé au Mexique et en Amérique centrale. La culture est remontée jusqu'au Canada, signe de mouvance et de partage entre les tribus.

Galettes de maïs au sirop d'érable

Donne 12 galettes moyennes

500 ml (2 tasses) de farine de riz
25 ml (5 c. à thé) de levure chimique
5 ml (1 c. à thé) de sel
30 ml (2 c. à soupe) de sirop d'érable
500 ml (2 tasses) de lait
2 œufs
15 ml (1 c. à soupe) de beurre, fondu
375 ml (1½ tasse) de maïs (frais ou surgelé)
Beurre ou huile pour la plaque chauffante

Voici un magnifique déjeuner rapide pour les enfants. Ces galettes conviennent également pour le brunch ou le petit déjeuner. Elles peuvent être servies avec du bacon, des saucisses, ou du jambon et des œufs, pour ceux qui ont vraiment faim.

1. Mélanger tous les ingrédients secs dans un bol.
2. Ajouter graduellement le sirop, le lait, les œufs et le beurre fondu en fouettant pour garder le mélange léger. Incorporer le maïs.
3. Faire chauffer la poêle ou la plaque chauffante à feu moyen. Déposer les galettes sur la plaque beurrée, à l'aide d'une louche. Frire jusqu'à ce que des bulles apparaissent à la surface. Tourner et frire l'autre côté jusqu'à ce qu'il soit doré. Servir avec du sirop d'érable ou des petits fruits frais et de la crème fouettée.

La polenta : un nom sophistiqué pour la bonne vieille semoule de maïs
La polenta peut être achetée au gramme dans les épiceries. Elle est toutefois chère et moins nourrissante que si vous la préparez vous-même. Vous pouvez préparer la polenta au kilo de manière économique. Elle peut être élégante, mais est généralement simplement frite ou servie, légère et crémeuse, en un petit monticule, un peu comme les pommes de terre en purée. Elle est bonne avec n'importe quelle sauce ; son goût est très fade, et vous devez donc l'épicer.

Polenta classique aux herbes et au parmesan

Utiliser 1,75 l (7 tasses) d'eau pour une polenta légère dont la consistance s'apparente à celle de la purée de pommes de terre ; utiliser 1,625 l (6½ tasses) pour qu'elle soit suffisamment ferme pour être coupée en carrés pour la griller ou la frire.

Donne de 4 à 6 portions

- 1,625 à 1,75 l (6½ à 7 tasses) d'eau
- 30 ml (2 c. à soupe) de sel
- 500 ml (2 tasses) de semoule de maïs jaune
- 65 à 125 ml (¼ à ½ tasse) de beurre non salé
- 30 ml (2 c. à soupe) d'herbes séchées ou 15 ml (1 c. à soupe) chacun de basilic, romarin et persil frais, hachés
- 125 ml (½ tasse) de parmesan, fraîchement râpé
- Poivre noir du moulin, au goût

1. Amener l'eau à ébullition.
2. Ajouter le sel et à la main, déposer la semoule dans l'eau bouillante en laissant échapper les grains lentement entre vos doigts, afin de former un mince flot. Vous devriez être en mesure de voir chaque grain. Ne pas mettre la semoule d'un coup sinon vous obtiendrez une masse de colle.
3. Remuer constamment en ajoutant la semoule. Réduire le feu pour laisser mijoter et continuer à remuer environ 20 minutes jusqu'à épaississement.
4. Incorporer le beurre, les herbes, le parmesan et le poivre. Dans le cas de la polenta légère, servir immédiatement. Pour une polenta ferme, l'étendre dans un moule à lasagne de 28 x 33 cm (11 x 13 po) en le vaporisant d'un enduit à cuisson antiadhésif. Laisser refroidir 3 heures ou toute la nuit. Couper en portions et frire ou griller.

L'aliment de base de la Lombardie

La polenta est l'aliment de base de la Lombardie, située au pied des Alpes italiennes, depuis trois siècles. Grâce à Christophe Colomb et à ses marins, le maïs, les piments et d'autres aliments de base maintenant traditionnels ont élargi le régime de l'ensemble de l'Europe.

Polenta aux tomates séchées et au basilic

Donne 12 carrés

1 pot de 227 g (8 oz) de tomates séchées au soleil dans l'huile, hachées finement

20 feuilles de basilic, rincées

2 gousses d'ail

1 recette de *Polenta classique aux herbes et parmesan* (voir à la page 175) préparée pour qu'elle soit ferme

Huile d'olive supplémentaire (au besoin)

250 ml (1 tasse) de mozzarella, râpée

L'aspect fascinant de la polenta est le fait qu'on peut modifier les assaisonnements, la garniture et la frire ou la griller afin d'obtenir sans cesse de nouveaux plats à base de cet aliment.

1. Préchauffer le four à 180 °C (350 °F).
2. Mélanger les tomates, le basilic et l'ail au robot culinaire. Le mélange devrait former des morceaux, pas une purée. Ajouter de l'huile d'olive, si le mélange est trop sec. Étendre le mélange de tomates sur la polenta et couper en morceaux.
3. Déposer les carrés sur une plaque à biscuits beurrée ou vaporisée d'un enduit à cuisson antiadhésif. Cuire 20 minutes.
4. À la dernière minute, étendre la mozzarella sur le dessus et cuire jusqu'à ce qu'elle soit fondue. Servir immédiatement.

Polenta avec piments et cheddar

Donne de 6 à 7 portions

1 recette de *Polenta classique aux herbes et parmesan* (voir à la page 175) préparée pour qu'elle soit ferme

250 ml (1 tasse) de salsa (douce, moyenne ou épicée, au goût)

4 piments jalapeños, étrognés, épépinés et hachés

375 ml (1½ tasse) de cheddar, râpé grossièrement

Crème sure pour la garniture, 15 ml (1 c. à soupe) par carré de polenta avec sauce et fromage

Cette polenta renferme une saveur du Sud-ouest. Elle est délicieuse avec du jambon, du porc ou du barbecue. Elle est également bonne avec une soupe aux pois cassés.

1. Quand la polenta est ferme, couper en portions et déposer sur une plaque à biscuit.
2. Préchauffer le four à 180 °C (350 °F). Mélanger la salsa, les piments et le fromage. Mettre une cuillère du mélange sur les carrés de polenta.
3. Cuire jusqu'à ce que ce soit très chaud et que le fromage fonde dans la sauce. Mettre sur des assiettes et ajouter une cuillère de crème sure sur chaque carré.

Chapitre 13

Salsas et chutneys

Donne environ 250 ml (1 tasse)

- De 10 à 12 tomatilles, décortiquées, rincées et hachées
- 30 ml (2 c. à soupe) d'huile d'olive
- 1 tomate jaune, étrognée et hachée finement
- ½ oignon rouge, haché finement
- 2 gousses d'ail, hachées
- Jus de 1 lime et 3 ml (½ c. à thé) de zeste
- 2 piments Serrano, étrognés, épépinés et hachés
- 5 ml (1 c. à thé) de sel, ou au goût
- 65 ml (¼ tasse) de persil ou de coriandre, haché

Salsa verte aux tomatilles

Les tomatilles sont de petits fruits verts qui ressemblent aux tomates et qui sont recouverts d'une enveloppe parcheminée. On les trouve dans plusieurs épiceries et dans toutes les épiceries latines.

Mélanger tous les ingrédients ensemble dans un bol et couvrir. Laisser reposer 2 heures ou réfrigérer toute la nuit. Servir à la température ambiante.

Donne environ 375 ml (1½ tasse)

- 10 grosses tomates italiennes ou Roma, blanchies et pelées
- 65 ml (¼ tasse) de jus de citron
- 3 gousses d'ail, hachées
- 2 épis de maïs cuits, égrainés
- 5 ml (1 c. à thé) de cumin
- 2 oignons, pelés et coupés en quartiers
- Sel et sauce forte, au goût
- 125 ml (½ tasse) de coriandre ou de persil frais, haché, au goût

Salsa épicée aux tomates

La salsa préparée avec des tomates et des herbes fraîches est un délice. Évidemment, il est possible de varier les ingrédients. Amusez-vous en ajoutant des légumes et des herbes de votre jardin.

Mélanger tous les ingrédients ensemble au robot culinaire, jusqu'à consistance épaisse. Réfrigérer jusqu'au moment de servir.

Chutney aux pommes, aux canneberges et aux noix

Cette recette est excellente avec le canardeau et, évidemment, la dinde. Elle est facile à préparer et se conserve jusqu'à 2 semaines au réfrigérateur. Sinon, il faut en préparer beaucoup et la mettre au congélateur.

Donne 500 ml (2 tasses)

65 ml (½ tasse) d'échalotes, hachées finement

30 ml (2 c. à soupe) d'huile à cuisson

500 ml (2 tasses) de canneberges, fraîches ou surgelées, lavées et choisies, si fraîches

2 pommes acidulées, pelées, étrognées et hachées

125 ml (½ tasse) de cassonade, ou au goût

65 ml (¼ tasse) de vinaigre de cidre

65 ml (¼ tasse) d'eau

5 ml (1 c. à thé) de zeste d'orange

3 ml (½ c. à thé) de graines de coriandre moulues

3 ml (½ c. à thé) de poivre noir

3 ml (½ c. à thé) de sel

125 ml (½ tasse) de noix de Grenoble, coupées en morceaux et grillées

1. Dans une grande casserole épaisse, cuire les échalotes dans l'huile jusqu'à ce qu'elles soient ramollies.
2. Incorporer tous les ingrédients, sauf les noix. Cuire, en mélangeant, jusqu'à ce que les baies éclatent et que la sauce épaississe.
3. Laisser refroidir et ajouter les noix grillées. Conserver au réfrigérateur.

Les fruits et le poivre

Essayez du poivre sur le melon d'eau, le cantaloup ou le melon miel. Vous découvrirez que les salsas et chutneys poivrés accompagnent agréablement toutes sortes de plats.

Donne 375 ml (1½ tasse)

- 2 mangues mûres, pelées et hachées
- 125 ml (½ tasse) de cerises séchées, trempées dans 125 ml (½ tasse) d'eau chaude
- 2 ou 3 abricots mûrs, blanchis, pelés, coupés en moitiés et dénoyautés
- 1 piment jalapeño, étrogné, épépiné et haché
- 15 ml (1 c. à soupe) de racine de gingembre, hachée
- 15 ml (1 c. à soupe) de cassonade, ou au goût
- 2 échalotes, hachées
- Jus de 1 gros citron

Chutney à la mangue, à la cerise et à l'abricot

Prévoir une recette double — elle est si délicieuse qu'on ne peut y résister ! Ce chutney est idéal avec l'espadon et les crevettes.

Bien mélanger tous les ingrédients dans un bol. Couvrir et réfrigérer toute la nuit. Servir à la température ambiante. (Cette recette se conserve de 2 à 3 jours au réfrigérateur.)

La racine de gingembre

Quoique le gingembre, une véritable épice, soit génial dans les mets asiatiques, il est également délicieux avec les ragoûts de bœuf et d'agneau. Les grand-mères avaient l'habitude d'émietter des gâteaux secs au gingembre pour rehausser les ragoûts et les farces. Le gingembre se conserve bien au réfrigérateur ou au congélateur. Vous n'avez qu'à en briser un morceau, à le peler et à le hacher. On trouve également du gingembre séché, mais le frais est bien meilleur.

Salsa fruitée des tropiques

Le mélange fruité-épicé est extraordinaire. Cette salsa se marie bien avec le porc, l'agneau et toutes les sortes de poissons.

Donne environ 375 ml (1½ tasse)

- 1 grosse mangue, pelée, dénoyautée et coupée en dés
- 250 ml (1 tasse) d'ananas frais, coupé en dés
- 65 ml (¼ tasse) d'oignon rouge, haché
- 5 ml (1 c. à thé) de sauce Tabasco, ou au goût
- 3 ml (½ c. à thé) de zeste de lime, fraîchement râpé
- Jus de ½ lime
- Sel, au goût

Mélanger tous les ingrédients dans un bol et couvrir. Réfrigérer 2 heures. Servir à la température ambiante.

Le piment chili, à manipuler avec soin

Lorsque vous manipulez des piments chilis, il est sage de porter des gants. S'ils brûlent la langue, ils peuvent également brûler la peau. Si vous ne portez pas de gants, assurez-vous de bien vous laver les mains immédiatement après avoir manipulé les piments. Et soyez vigilant. Tout ce qui est outrageusement épicé brûlera quelques papilles gustatives… avec le temps, vous aurez besoin d'en mettre davantage !

Donne 500 ml (2 tasses)

- 375 ml (1½ tasse) d'ananas frais, coupé en morceaux
- 30 ml (2 c. à soupe) de cassonade
- 15 ml (1 c. à soupe) de sauce forte
- 65 ml (¼ tasse) de jus de citron frais
- Sel, au goût
- 3 ml (½ c. à thé) de coriandre moulue
- 125 ml (½ tasse) d'oignon doux, haché

Salsa sucrée et piquante aux ananas

Cette recette est délicieuse, en tout temps de l'année.

Mélanger ensemble tous les ingrédients au robot culinaire et hacher grossièrement. Varier en ajoutant des noix hachées grillées ou des morceaux croquants de pommes ou de jicama.

Le robot culinaire

De nos jours, il est possible de se procurer un robot culinaire de n'importe quelle taille. Pour prévenir les dégâts, traitez vos aliments en portion. Autrement, le liquide débordera et vous aurez un gâchis dans votre appareil et un dégât sur le comptoir.

Donne 375 ml (1½ tasse)

- 1 recette d'*Aïoli de base* (voir à la page 203) ou 375 ml (1½ tasse) de mayonnaise du commerce
- 65 ml (¼ tasse) de brins d'aneth frais
- 125 ml (½ tasse) de persil frais, haché
- 6 feuilles de basilic frais, déchiquetées
- 5 ml (1 c. à thé) de poivre du moulin
- Jus de citron additionnel (facultatif)

Sauce verte

Voilà une autre sauce polyvalente qui accompagne à merveille les fruits de mer, les légumes ou le poulet.

Mélanger tous les ingrédients ensemble au robot culinaire ou au mélangeur électrique. Conserver au réfrigérateur.

Une sauce verte pour le saumon

La sauce verte est populaire avec le saumon. Elle peut être préparée avec différentes herbes, de la mayonnaise et du jus de citron. L'idée est d'utiliser beaucoup d'herbes fraîches pour lui donner une saveur et une couleur riches.

Salsa à la mangue

Cette recette est simple et rapide. L'essayer avec du poulet froid, des fruits de mer ou du poisson grillé.

Donne environ 250 ml (1 tasse)

2 mangues mûres, pelées, dénoyautées et hachées

1 piment jalapeño, ou au goût, haché

Jus de 1 lime

5 ml (1 c. à thé) de zeste de lime

30 ml (2 c. à soupe) d'oignon rouge, haché

5 ml (1 c. à thé) de sucre

Sel, au goût

65 ml (¼ tasse) de menthe ou de persil frais, haché

Mélanger ensemble tous les ingrédients et laisser reposer 2 heures ou toute la nuit au réfrigérateur. Servir froide ou à la température ambiante.

Mayonnaise au cari et à la moutarde

Cette mayonnaise est fabuleuse dans une salade de riz avec des fruits de mer ou du poulet. Elle est aussi excellente avec des légumes grillés.

Donne 375 ml (1½ tasse)

1 recette d'*Aïoli de base* (voir à la page 203) ou 375 ml (1½ tasse) de mayonnaise du commerce

10 ml (2 c. à thé) de poudre de cari, ou au goût

10 ml (2 c. à thé) de moutarde de Dijon, ou au goût

15 ml (1 c. à soupe) de jus de citron

1 trait de sauce Tabasco

Fouetter ensemble tous les ingrédients dans un bol, couvrir et réfrigérer. Des variations comprennent l'ajout d'herbes, de grains de poivre vert ou de câpres.

Sauce au cari et à la mayonnaise

Cette recette est excellente avec toutes sortes de viandes froides et dans les salades de riz. Une utilisation classique de la mayonnaise au cari et à la moutarde est la recette française de salade de poulet Boulestin, avec des morceaux de poulet et du riz. Elle est également délicieuse dans une salade de riz aux légumes. Essayez-la aussi en trempette pour les crevettes.

Salsa rouge classique aux tomates

Donne de 375 à 500 ml (1½ à 2 tasses)

- 6 grosses tomates, mûres et juteuses
- 2 gousses d'ail
- 2 piments Serrano ou jalapeños, ou au goût, étrognés, épépinés et hachés
- 125 ml (½ tasse) d'oignon blanc doux, haché
- Jus de 1 lime
- 5 ml (1 c. à thé) de sel, ou au goût
- 125 ml (½ tasse) de coriandre, hachée

Votre propre salsa maison faites de tomates rouges et mûres est tellement plus savoureuse que celle du commerce !

Mettre tous les ingrédients au robot culinaire et bien mélanger. Ne pas réduire en purée. Servir après avoir laissé reposer 1 heure ou toute la nuit au réfrigérateur. Il est possible de varier la quantité de piment, au goût.

À la salsa !

La salsa est d'origine mexicaine, à base de piments forts et de poivrons doux, de tomates, d'herbes et d'épices qui sont à portée de la main. La nourriture épicée a sa raison d'être dans les pays chauds : elle vous fait transpirer, ce qui, en retour, vous rafraîchit… un peu. La nourriture très épicée, toutefois, détruit les papilles gustatives. Ne punissez pas votre bouche !

Sauce hollandaise extraordinaire

Cette sauce est extrêmement polyvalente. Elle se marie bien avec le poisson, le homard ou les légumes cuits, particulièrement les asperges, les artichauts et le brocoli.

Donne 315 ml (1¼ tasse)

- 2 bâtons (250 ml [1 tasse]) de beurre non salé
- 1 œuf entier et 1 ou 2 jaunes d'œufs, selon la richesse désirée
- 15 ml (1 c. à soupe) de jus de citron, fraîchement pressé
- ½ ml (⅛ c. à thé) de piment de Cayenne
- Sel, au goût

1. Faire fondre le beurre dans une petite casserole à fond épais à feu très doux. Mettre les œufs, le jus de citron et le piment de Cayenne dans le récipient d'un mélangeur ou au robot culinaire. Bien mélanger.
2. Le moteur réglé à faible intensité, incorporer le beurre chaud, graduellement.
3. Remettre dans la casserole. En fouettant, épaissir la sauce à feu très doux en ajoutant le sel. Dès que la sauce épaissit, verser dans un bol, une saucière ou sur les aliments. (Faire réchauffer la sauce pour l'épaissir est une étape délicate. Il faut éviter une chaleur trop intense qui cuirait les œufs ou les ferait cailler. Le cas échéant, ajouter 15 ml [1 c. à soupe] d'eau bouillante et fouetter avec vigueur.)

La sauce hollandaise

Le nom laisse entendre que la sauce serait d'origine hollandaise, un pays où l'on fait grand usage du beurre. Cependant, hollandaise ne signifie pas nécessairement « de Hollande ». Dans les régions où le beurre est roi, la sauce hollandaise, avec sa consistance riche et crémeuse, règne en maître. Bien que les gens pensent surtout à cette sauce pour accompagner les œufs à la bénédictine, elle est délicieuse avec la plupart des légumes verts.

Donne 250 ml (1 tasse)

2 bâtons (250 ml [1 tasse]) de beurre non salé

1 œuf entier et 1 ou 2 jaunes d'œufs, selon la richesse désirée

15 ml (1 c. à soupe) de jus d'orange, fraîchement pressée

3 ml (½ c. à thé) de zeste d'orange

½ ml (⅛ c. à thé) de piment de Cayenne

Sel, au goût

Sauce Tabasco, au goût (facultatif)

Sauce maltaise

Cette variation superbe de la sauce hollandaise accompagne à merveille le poisson, les fruits de mer, le poulet et les légumes.

1. Faire fondre le beurre dans une petite casserole à fond épais, à feu très doux. Mettre les œufs, le jus d'orange, le zeste d'orange, le sel et le piment de Cayenne dans le récipient d'un mélangeur ou au robot culinaire. Bien mélanger.
2. Le moteur réglé à faible intensité, incorporer le beurre chaud, graduellement.
3. Remettre dans la casserole. En fouettant, épaissir la sauce à feu très doux en ajoutant le sel. Dès que la sauce épaissit, verser dans un bol, une saucière ou sur les aliments. (Faire réchauffer la sauce pour l'épaissir est une étape délicate. Il faut éviter une chaleur trop intense qui cuirait les œufs ou les ferait cailler. Le cas échéant, ajouter 15 ml [1 c. à soupe] d'eau bouillante et fouetter avec vigueur.)

Sauce béarnaise

Cette sauce classique est généralement servie avec un filet mignon, une côte de bœuf ou du poisson. Elle est excellente avec l'espadon et le saumon.

Donne 315 ml (1¼ tasse)

- 2 bâtons (250 ml [1 tasse]) de beurre non salé
- 1 œuf entier et 1 ou 2 jaunes d'œufs, selon la richesse désirée
- 15 ml (1 c. à soupe) de vinaigre de vin blanc
- 3 ml (½ c. à thé) d'estragon séché
- ½ ml (⅛ c. à thé) de piment de Cayenne
- Sel, au goût

1. Faire fondre le beurre dans une petite casserole à fond épais, à feu très doux. Mettre les œufs, le vinaigre, l'estragon et le piment de Cayenne dans le récipient d'un mélangeur ou au robot culinaire. Bien mélanger.
2. Le moteur réglé à faible intensité, incorporer le beurre chaud, graduellement.
3. Remettre dans la casserole. En fouettant, épaissir la sauce à feu très doux en ajoutant le sel. Dès que la sauce épaissit, verser dans un bol, une saucière ou sur les aliments. (Faire réchauffer la sauce pour l'épaissir est une étape délicate. Il faut éviter une chaleur trop intense qui cuirait les œufs ou les ferait cailler. Le cas échéant, ajouter 15 ml [1 c. à soupe] d'eau bouillante et fouetter avec vigueur.)

Sauce aigre-douce aux pruneaux et à l'eau-de-vie

Donne 250 ml (1 tasse)

125 ml (½ tasse) de pruneaux, dénoyautés

125 ml (½ tasse) de cognac ou d'eau-de-vie

1 ml (¼ c. à thé) de piment de la Jamaïque

125 ml (½ tasse) de crème riche en matière grasse

1 ml (¼ c. à thé) de poivre noir du moulin

Avec le gibier, c'est un mariage parfait. Cette sauce est également excellente avec la dinde et le porc. Il suffit d'ajouter une cuillerée de cette préparation à n'importe quel plat, et le tour est joué.

1. Faire tremper les pruneaux dans l'eau-de-vie jusqu'à ce qu'ils soient gonflés. Au mélangeur électrique, mélanger les pruneaux et l'eau-de-vie avec le piment de la Jamaïque et réserver.
2. Fouetter la crème avec le poivre jusqu'à ce qu'elle soit ferme.
3. Faire réchauffer la préparation de pruneaux, incorporer la crème fouettée et servir en accompagnement.

L'eau-de-vie, pour donner du goût

L'ajout d'eau-de-vie de fruit à une sauce ou à un ragoût lui donnera une saveur de noisette. L'alcool cuit et s'évapore. Ne vous inquiétez pas, personne ne sera pompette avec une sauce à l'eau-de-vie. Ajouter à une sauce brune ou à une sauce crémeuse, pour un mariage divin !

Sauce aux raisins blancs et rouges pour la volaille et le gibier

Cette sauce est délicieuse avec le poulet, la dinde et le canard. Pour une saveur qui sort de l'ordinaire, l'essayer avec le bison ou la venaison.

Donne 500 ml (2 tasses)

- 30 ml (2 c. à soupe) de beurre non salé
- 2 échalotes, hachées
- 30 ml (2 c. à soupe) de fécule de maïs
- 250 ml (1 tasse) de bouillon de poulet, réchauffé
- 125 ml (½ tasse) de raisins rouges sans pépins, lavés et coupés en deux
- 125 ml (½ tasse) de raisins verts sans pépins, lavés et coupés en deux
- 65 ml (¼ tasse) de vin blanc sec
- 5 ml (1 c. à thé) de romarin
- 10 feuilles de basilic frais
- 5 ml (1 c. à thé) de sauce Worcestershire
- Sel et poivre, au goût

1. Faire fondre le beurre et faire sauter les échalotes. Lorsqu'elles sont tendres, après environ 5 minutes à feu moyen, incorporer la fécule de maïs ; cuire 4 minutes. Incorporer en fouettant le bouillon chaud et ajouter les raisins, le vin et les herbes. (Pour varier, il est possible d'ajouter 125 ml [½ tasse] de crème riche en matière grasse ou du jus de citron.) Amener à ébullition et cuire 10 minutes, jusqu'à ce que les raisins soient tendres.
2. Ajouter la sauce Worcestershire, le sel et le poivre. Servir chaud.

Le chutney

Les Britanniques sont tombés dans le chutney lorsqu'ils gouvernaient l'Inde. Vous pouvez vous procurer du chutney traditionnel dans les épiceries. Cependant, tout Indien qui se respecte préparera un chutney pour accompagner le plat du jour. C'est délicieux avec n'importe quelle viande froide ou n'importe quel cari chaud.

Donne environ 250 ml (1 tasse)

125 ml (½ tasse) de gelée de cassis
125 ml (½ tasse) de porto blanc
65 ml (¼ tasse) d'eau
10 ml (2 c. à thé) de fécule de maïs
½ ml (⅛ c. à thé) de clou de girofle
½ ml (⅛ c. à thé) de piment de la Jamaïque
3 ml (½ c. à thé) de sel
Poivre noir du moulin, au goût

Sauce aux cassis et au porto pour le porc et le gibier

Un tout petit peu suffit. Vaut mieux la servir dans une saucière en accompagnement, afin que chaque convive se serve à sa guise.

1. Faire réchauffer la gelée et le porto dans une casserole. Mélanger l'eau et la fécule de maïs et incorporer en fouettant au mélange de gelée et porto. Faire bouillir 5 minutes.
2. Ajouter le reste des ingrédients et servir. (Pour varier, ajouter 15 ml [1 c. à soupe] de jus d'orange frais, 5 ml [1 c. à thé] de jus de citron ou 65 ml [¼ tasse] de crème riche en matière grasse.)

Le cassis

Les cassis sont de petites baies qui poussent sur des buissons. Elles ont un petit goût acidulé, mais sont plutôt sucrées lorsqu'elles sont déshydratées. La gelée de cassis s'achète dans le commerce et est un accompagnement classique du gibier à plumes et de la venaison. La gelée de cassis se marie également bien à la dinde, pour remplacer la sauce aux canneberges.

Pesto à la menthe

Donne environ 250 ml (1 tasse)

- 125 ml (½ tasse) de menthe fraîche, lavée et asséchée avec un essuie-tout
- 125 ml (½ tasse) de persil plat frais, rincé et asséché
- 190 ml (¾ tasse) d'huile d'olive extra-vierge, plus au besoin
- Jus de ½ citron
- 3 ml (½ c. à thé) de poivre
- 125 ml (½ tasse) d'amandes blanchies, grillées
- Sel, au goût

Cette sauce est délicieuse avec le porc et les légumes.

Mélanger tous les ingrédients au mélangeur électrique. Goûter avant d'ajouter du sel.

De la menthe et encore de la menthe

Promenez-vous chez un producteur d'herbes fraîches et vous découvrirez toutes sortes de variétés de menthe. Outre la menthe verte et la menthe poivrée, il y a la menthe à l'orange, au citron, voire au chocolat. La menthe pousse comme une mauvaise herbe et envahit le jardin, avec un peu d'encouragement. Plantez les pousses de menthe dans un pot de café dont vous aurez préalablement retiré le couvercle et le fond, afin d'éviter que la menthe n'envahisse tout, ou presque.

Pesto

Donne 375 ml (1½ tasse)

- 500 ml (2 tasses) de feuilles de basilic frais, rincées, asséchées et compactées
- 2 ou 3 gousses d'ail
- 250 ml (1 tasse) d'huile d'olive extra-vierge
- 125 ml (½ tasse) de noix de pin, grillées
- Sel et poivre, au goût

Cette sauce est un grand classique. Elle est délicieuse avec les légumes et la courge spaghetti et accompagne bien les nouilles de riz.

Mettre tous les ingrédients au mélangeur électrique et réduire en purée. Il faudra peut-être ajouter un peu d'huile d'olive, si le pesto semble sec. Servir immédiatement.

La courge spaghetti, presque une pâte

Nous avons découvert que nous aimons la courge spaghetti presque autant que les pâtes. Elle s'adapte à toutes les sauces qui accompagnent les pâtes riches en gluten. Agrémentez-la de sauce bolognaise, Alfredo, carbonara, aux fruits de mer ou tout simplement de sauce tomate. Pour un plat d'accompagnement tout simple, elle est délicieuse avec du beurre, du parmesan et des herbes fraîches.

Coulis sucré et piquant aux tomates jaunes

Donne 375 ml (1½ tasse)

4 grosses tomates jaunes, rincées, épépinées et hachées

2 gousses d'ail, coupées en deux

3 échalotes, pelées

125 ml (½ tasse) d'huile d'olive extra vierge

15 ml (1 c. à soupe) de jus d'orange

15 ml (1 c. à soupe) de persil, haché finement

Sel et poivre, au goût

Ce coulis est excellent pour arroser des crevettes, du poisson ou du poulet. Son goût frais se conservera au réfrigérateur ou au congélateur.

Mettre tous les ingrédients au mélangeur. Réduire en purée. Servir le coulis froid ou le faire réchauffer à feu doux.

Les tomates

Les tomates jaunes sont beaucoup plus sucrées que les tomates rouges. Elles sont délicieuses frites, cuites dans une sauce ou transformées en coulis. Le seul problème des tomates jaunes est leur courte saison. Dès que vous les voyez, qu'elles soient de grande taille ou cerises, saisissez-les et mangez-les immédiatement. Ou encore, servez-les avec du basilic frais et un filet d'huile d'olive.

Sauce sucrée aux poivrons rouges

Donne 250 ml (1 tasse)

125 ml (½ tasse) de poivrons rouges grillés, conservés dans l'huile

1 gousse d'ail

30 ml (2 c. à soupe) de jus de citron

4 feuilles de basilic frais

125 ml (½ tasse) de crème sure

Sel et poivre, au goût

Une minute ou deux suffisent pour préparer cette sauce — du temps bien employé. Versez-la sur des légumes grillés, des soupes, du porc ou du poulet. Elle peut également être utilisée comme trempette avec des croustilles.

1. Mêler les poivrons grillés, l'ail, le jus de citron et le basilic au mélangeur, puis verser la préparation dans un bol.
2. Incorporer la crème sure et ajouter ensuite le sel et le poivre. Servir froid.

Sauce aux courgettes pour les fruits de mer

Cette sauce est excellente avec des crevettes, du poulet ou des pétoncles grillés.

Donne 375 ml (1½ tasse)

250 ml (1 tasse) de courgettes, cuites à la vapeur
2 gousses d'ail
65 ml (¼ tasse) de bouillon de poulet
30 ml (2 c. à soupe) d'échalotes, hachées
30 ml (2 c. à soupe) de jus de lime
65 ml (¼ tasse) d'huile d'olive
Sel et sauce Tabasco, au goût

Mettre tous les ingrédients au mélangeur. Réduire en purée. Servir chaud ou froid.

La préparation de sauces et de coulis intéressants
Quand vous réduisez en purée des légumes tels que des poivrons rouges grillés ainsi que des courges d'été et des courgettes cuites, vous obtenez une belle base crémeuse pour des saveurs. Ajoutez ensuite vos herbes préférées et du jus de lime, de citron ou d'orange. Ajustez ensuite le côté piquant en fonction de vos goûts personnels. Il est également possible d'ajouter de la crème, de la crème sure ou de la mayonnaise, pour plus d'onctuosité.

Sauce à l'ail rôti avec crème et fromage

Rôtir l'ail modifie sa saveur. Il devient plus doux, léger et sucré.

Donne 190 ml (¾ tasse)

1 tête d'ail, non pelée et humectée
15 ml (3 c. à thé) de beurre non salé
5 ml (1 c. à thé) de fécule de maïs
65 ml (¼ tasse) de bouillon de poulet
30 ml (2 c. à soupe) de persil plat, haché
30 ml (2 c. à soupe) d'huile d'olive
5 ml (1 c. à thé) de vinaigre ou de jus de citron
Sel et poivre, au goût
30 ml (2 c. à soupe) de parmesan
125 ml (½ tasse) de crème riche en matière grasse

1. Préchauffer le four à 180 °C (350 °F).
2. Emballer l'ail humecté dans du papier d'aluminium et cuire 60 minutes. Laisser refroidir jusqu'à ce qu'il soit possible de le manipuler. Couper les extrémités et écraser pour faire jaillir l'ail des gousses ; réserver.
3. Faire fondre le beurre à feu doux et incorporer la fécule de maïs. Continuer à cuire quelques minutes à feu doux. Incorporer en fouettant le bouillon de poulet, le persil et l'huile d'olive.
4. Ajouter le vinaigre ou le jus de citron, le sel, le poivre et le fromage. Mêler tous les ingrédients au mélangeur. Verser dans un bol de service pour accompagner des légumes, de la courge spaghetti, des salades, du riz ou des tomates.

Donne 125 ml (½ tasse)

- 60 ml (4 c. à soupe) de beurre non salé
- 15 ml (1 c. à soupe) d'huile d'olive extra vierge
- 2 grosses échalotes, hachées
- 1 gousse d'ail, hachée
- 45 ml (3 c. à soupe) de câpres
- 65 ml (¼ tasse) de vin blanc sec
- 5 ml (1 c. à thé) de jus de citron
- 125 ml (½ tasse) de persil, haché
- 4 feuilles de menthe, déchiquetées
- Sel et poivre, au goût

Sauce aux câpres pour le poisson, la viande et la volaille

Ces ingrédients méditerranéens rehausseront toutes sortes de hors-d'œuvre. À utiliser dans la plupart des plats, comme sauce ou pour donner de la saveur.

1. Dans une casserole, faire sauter les échalotes dans le beurre et l'huile d'olive en mélangeant 5 minutes.
2. Ajouter le reste des ingrédients et cuire, en remuant, encore 5 minutes. Napper des hors-d'œuvre, du poisson, de la volaille, du steak ou des légumes grillés.

Les échalotes

Les échalotes sont douces et savoureuses. Faites-les rôtir ou caraméliser dans une poêle avec un peu de beurre. Elles appartiennent à la famille des oignons, mais en plus doux. Elles sont plus douces que l'oignon et certains lui trouvent un petit goût d'ail. Elles sont très polyvalentes.

Sauce au vin blanc

Il est possible de varier les herbes et d'ajouter quelques tranches de champignons, des olives, des câpres ou des grains de poivre vert. Versez la sauce sur du poisson, de la viande, une purée de pommes de terre ou du riz.

Donne 375 ml (1½ tasse)

- 125 ml (½ tasse) d'oignon rouge, haché
- 30 ml (2 c. à soupe) de beurre non salé
- 15 ml (1 c. à soupe) d'huile d'olive extra vierge
- 45 ml (3 c. à soupe) de fécule de maïs
- 250 ml (1 tasse) de bouillon de poulet, chaud
- 125 ml (½ tasse) de vin blanc ou de vermouth sec
- 3 ml (½ c. à thé) de moutarde de Dijon
- 65 ml (¼ tasse) de persil, haché
- 5 ml (1 c. à thé) de basilic frais, haché
- 3 ml (½ c. à thé) d'estragon ou de romarin séché
- Sel et poivre, au goût
- 125 ml (½ tasse) de crème riche en matière grasse (facultatif)

1. Faire sauter les oignons 4 minutes dans le beurre et l'huile. Incorporer au fouet la fécule de maïs et cuire de 3 à 4 minutes.
2. Incorporer au fouet le bouillon de poulet chaud, jusqu'à consistance lisse. Ajouter ensuite le vin ou le vermouth. Incorporer la moutarde, les herbes, le sel et le poivre. Laisser mijoter à feu doux 10 minutes en remuant occasionnellement.
3. Ajouter la crème, si désiré. Servir chaud.

Sauce au vin rouge

Donne 500 ml (2 tasses)

4 échalotes, pelées et hachées finement

2 gousses d'ail, ou au goût, hachées

30 ml (2 c. à soupe) de beurre

30 ml (2 c. à soupe) d'huile d'olive

250 ml (1 tasse) de champignons café, blancs ou exotiques, tranchés

15 ml (3 c. à thé) de farine de pommes de terre, de maïs ou de riz

250 ml (1 tasse) de bouillon de bœuf, chaud

250 ml (1 tasse) de vin rouge sec (comme un bourgogne ou un merlot)

15 ml (1 c. à soupe) de sauce Worcestershire

Sel et poivre, au goût

Après avoir goûté cette sauce avec du filet mignon, de la côte de bœuf ou un burger élégant, vous en ferez vite un classique.

1. Faire sauter les échalotes et l'ail dans le beurre et l'huile dans une grande casserole à feu doux. Ajouter les champignons pour les enrober de beurre et d'huile. Incorporer la farine et laisser mijoter 10 minutes en remuant.
2. Incorporer au fouet le bouillon et le vin rouge, la sauce Worcestershire, le sel et le poivre. Amener à ébullition. Réduire le feu et laisser mijoter 20 minutes à feu très doux.

Variations sur un même thème

Cette recette comporte de nombreuses variations. Impossible de ne pas aimer cette sauce de base simple. Voilà pourquoi elle est si populaire depuis 200 ans. Essayez différentes herbes comme le persil, le romarin ou le basilic. Vous pouvez la relever avec quelques gouttes de sauce forte, comme la Tabasco. Les câpres, les olives hachées ou les grains de poivre vert ajoutent une petite touche intéressante.

Chapitre 14

Pâtes et sauces

Donne 375 ml (1½ tasse)

- 15 ml (1 c. à soupe) de beurre bon salé
- 30 ml (2 c. à soupe) d'échalotes, hachées
- 250 ml (1 tasse) de crème riche en matière grasse
- 250 ml (1 tasse) de petits pois, ceux qui sont surgelés conviennent (facultatif)
- 125 ml (½ tasse) de parmesan, râpé
- 2 gros œufs
- 15 ml (1 c. à soupe) de grains de poivre, écrasés, ou au goût
- Sel, au goût
- 125 ml (½ tasse) de persil frais, haché

Sauce Alfredo au persil

Les œufs de la sauce Alfredo sont généralement cuits par les pâtes chaudes ou mélangés avec les pâtes pour cuire.

1. Faire fondre le beurre pour faire sauter les échalotes de 3 à 4 minutes. Ajouter la crème. Pour les petits pois, les cuire dans la crème chaude. Amener à ébullition, et épaissir en cuisant environ 6 minutes tout en remuant constamment.
2. Retirer du feu et incorporer le fromage. Dans un autre grand bol de service, battre les œufs. Incorporer 15 ml (1 c. à soupe) de sauce à la crème en fouettant; remuant constamment, ajouter graduellement le reste de la sauce. (Agir avec soin : ajouter la sauce chaude dans les œufs trop rapidement les transformera en œufs brouillés.)
3. Ajouter le poivre, le sel et le persil. Servir sur une courge spaghetti ou des nouilles de riz.

Grains de poivre écrasés

Quand une recette requiert des grains de poivre écrasés ou moulus grossièrement, il existe une façon simple de les obtenir. Placez environ 15 ml (1 c. à soupe) de grains de poivre sur une planche à découper. Pressez une épaisse poêle à frire sur les grains et frottez-la délicatement. Vous obtiendrez ainsi des grains écrasés. Plusieurs moulins à poivre peuvent également être ajustés en fonction de la mouture désirée. Vous devez généralement desserrer la vis sur le dessus du moulin, pour que le poivre soit grossièrement moulu.

Sauce carbonara

Cette recette ne conviendra pas à une personne qui suit un régime amaigrissant ; elle est cependant délicieuse et facile à faire.

Donne 375 ml (1½ tasse)

- 4 tranches de bacon
- 4 échalotes, hachées
- 10 ml (2 c. à thé) de poivre noir, grossièrement moulu
- 250 ml (1 tasse) de crème riche en matière grasse
- 2 œufs, battus
- 125 ml (½ tasse) de parmesan, râpé
- 65 ml (¼ tasse) de persil frais, haché
- 15 ml (1 c. à soupe) de romarin frais, ou 5 ml (1 c. à thé) de romarin séché, émietté
- 5 ml (1 c. à thé) de grains de poivre noir, écrasés

1. Cuire le bacon à feu doux jusqu'à ce qu'il soit croustillant, puis le retirer et le déposer sur des essuie-tout, avant de l'émietter. Faire sauter les échalotes dans le gras du bacon. Ajouter le poivre noir et la crème. Amener à ébullition et cuire à feu moyen-doux jusqu'à épaississement.
2. Mélanger les œufs et le fromage dans un bol. Ajouter 15 ml (1 c. à soupe) de sauce en fouettant. Continuer à ajouter lentement la sauce en fouettant continuellement. Ajouter le persil, le romarin émietté, le bacon et le poivre.
3. Verser sur des nouilles de riz ou une courge spaghetti. (Le sel ne sera sans doute pas nécessaire, puisque le bacon est salé.)

Amateur de carbonara

Les origines de la sauce carbonara sont en Italie, mais on ne sait si elle provient de Rome ou de la grande région du Latium. Calvin Trillin, auteur de plusieurs ouvrages sur la cuisine, dont *The Tummy Trilogy*, est si amateur de sauce carbonara qu'il a suggéré qu'elle remplace la dinde traditionnelle de l'Action de grâces.

Donne 500 ml (2 tasses)

45 ml (3 c. à soupe) de beurre non salé

45 ml (3 c. à soupe) de farine de maïs

500 ml (2 tasses) de lait ou de crème, chaud

Sel et poivre, au goût

FACULTATIF :

½ ml (⅛ c. à thé) de muscade

5 ml (1 c. à thé) de moutarde de Dijon

ou 15 ml (1 c. à soupe) de ciboulette fraîche, hachée

Sauce à la crème de base

Cette sauce à la crème est à la base de beaucoup de recettes. Il est possible d'utiliser du lait plutôt que de la crème, mais il ne faut pas remplacer le beurre par de la margarine.

1. Faire fondre le beurre et incorporer la farine. Faire sauter, en remuant, de 4 à 5 minutes à feu moyen-doux. Ajouter la crème ou le lait chaud, en fouettant constamment jusqu'à consistance désirée.
2. Juste avant de servir, ajouter le sel et le poivre. Les ingrédients facultatifs peuvent être ajoutés à ce moment.

Au-delà du b-a ba

Une fois que vous aurez appris à préparer une sauce à la crème de base, vous pouvez ajouter de la moutarde, des champignons sautés, des huîtres, des crevettes, des herbes et toutes sortes d'aliments succulents. Vous pouvez verser cette sauce sur des mollusques et des crustacés, du poulet et des légumes.

Sauce crémeuse au cheddar avec jambon et xérès

Cette sauce est excellente sur des légumes, une courge spaghetti ou du riz.

Donne 625 ml (2½ tasses)

- 45 ml (3 c. à soupe) de beurre non salé
- 45 ml (3 c. à soupe) de farine de maïs
- 500 ml (2 tasses) de lait ou de crème, chaud
- 170 ml (⅔ tasse) de cheddar fort, râpé
- 65 ml (¼ tasse) de jambon fumé, haché
- 10 ml (2 c. à thé) de xérès
- Sel et poivre, au goût

1. Faire fondre le beurre et incorporer la farine. Faire sauter, en remuant, de 4 à 5 minutes à feu moyen-doux. Ajouter la crème ou le lait chaud, en fouettant constamment jusqu'à consistance désirée.
2. Retirer du feu et incorporer le fromage, le jambon, le xérès, le sel et le poivre. Servir.

Le xérès, pour ajouter du goût

Il existe plusieurs variétés de xérès utilisées en cuisine, du sec et du sucré. On fait souvent référence au xérès sucré sous le nom de crème de xérès, comme le Harvey's Bristol Cream. Le vrai bon xérès est fait en Espagne par des entreprises britanniques qui l'exportent partout dans le monde. Les Chinois l'adorent dans les sauces et la soupe, et il ajoute une délicieuse saveur. Il est également délicieux dans la bisque de crevettes, avec le homard sauté à la crème ou d'autres plats de fruits de mer.

Donne 625 ml (2½ tasses)

45 ml (3 c. à soupe) de beurre non salé
45 ml (3 c. à soupe) de farine de maïs
500 ml (2 tasses) de crème régulière, chaude
30 ml (2 c. à soupe) de prosciutto, haché
125 ml (½ tasse) de gorgonzola ou de bleu, émietté
1 ml (¼ c. à thé) de muscade moulue
125 ml (½ tasse) de morceaux de noix, grillés
Sel et poivre, au goût

Riche sauce à la crème avec prosciutto, gorgonzola et noix

Voici une autre excellente variation de la sauce à la crème de base.

1. Faire fondre le beurre et incorporer la farine. Faire sauter, en remuant, de 4 à 5 minutes à feu moyen-doux. Ajouter la crème chaude, en fouettant constamment jusqu'à consistance désirée.
2. Retirer du feu et incorporer le prosciutto, le fromage, la muscade, les noix, le sel et le poivre. Servir immédiatement.

La polyvalence des riches sauces à la crème

Vous pouvez ajouter des herbes, du bouillon ou même du bacon à une sauce crémeuse et riche. Vous pouvez ajouter du fromage comme du mascarpone ou un peu de prosciutto ! Les champignons ajoutent également de la texture et de la saveur ! Vous pouvez adapter une sauce à la crème à une foule de poissons, de viandes et de légumes, et ainsi déguster de riches saveurs.

Aïoli de base (mayonnaise française ou italienne)

Cette mayonnaise est tellement plus savoureuse que celle du commerce. Utiliser des œufs à la température ambiante, sinon l'aïoli sera trop léger.

Donne 375 ml (1½ tasse)

2 œufs, à la température ambiante
2 gousses d'ail
5 ml (1 c. à thé) de moutarde anglaise sans gluten
15 ml (1 c. à soupe) de jus de citron frais ou de vinaigre de vin blanc
125 ml (½ tasse) d'huile d'olive
125 ml (½ tasse) d'huile de canola
Sel et poivre, au goût

1. Mettre les œufs, l'ail, la moutarde et le jus de citron ou le vinaigre dans le récipient d'un mélangeur électrique. Mélanger vigoureusement.
2. Diminuer la vitesse du moteur et ajouter très lentement les huiles, le sel et le poivre. Réfrigérer dans un contenant hermétique. (Il est possible de varier la recette en ajoutant 3 ml [½ c. à thé] de pâte d'anchois, ou au goût, du zeste de citron, différentes herbes, des graines de coriandre, des graines d'anis, de la sauce chili ou du fenouil frais haché.)

La mère de la mayonnaise

L'aïoli et la mayonnaise sont en gros préparés avec les mêmes ingrédients, à une exception près : l'aïoli contient beaucoup d'ail. Il est très copieux et peut être ajouté par cuillérée sur des ragoûts de fruits de mer méditerranéens et des soupes, ou encore étendez-le sur du pain sans gluten en ajoutant du fromage, afin de créer un savoureux croûton. Ajoutez des cuillerées dans des soupes ou servez-le comme garniture sur des fruits de mer.

Donne 4 portions

125 ml (½ tasse) de cognac

1 paquet de 113 g (4 oz) de bolets ou de champignons noirs asiatiques, séchés

45 ml (3 c. à soupe) de beurre non salé

45 ml (3 c. à soupe) de farine de noisettes

4 échalotes, hachées

315 ml (1¼ tasse) de champignons de Paris, extrémités des pieds enlevés

1 ml (¼ c. à thé) de muscade

250 ml (1 tasse) de bouillon de bœuf

250 ml (1 tasse) de crème riche en matière grasse

15 ml (1 c. à soupe) de thym frais

Sel et poivre du moulin, au goût

Sauce crémeuse aux champignons et au cognac

Cette sauce accompagne fort bien des pâtes sans gluten, de la polenta ou du riz. Il suffit d'ajouter 375 ml (1½ tasse) de bouillon afin de la transformer en soupe.

1. Mettre le cognac et les champignons séchés dans un poêlon et ajouter de l'eau pour couvrir. Mijoter à feu très doux 10 minutes. Retirer du feu et laisser refroidir. Réduire en purée au mélangeur.
2. Faire fondre le beurre et incorporer la farine de noisettes en remuant jusqu'à consistance lisse. Ajouter les échalotes et les champignons de Paris, en remuant constamment. Incorporer au fouet le reste des ingrédients, incluant la purée de champignons et cognac. (À ce moment, il est possible d'ajouter 375 ml [1½ tasse] de bouillon supplémentaire afin de faire une soupe.)

Un aliment de base simple

La polenta est un aliment de base difficile à rater. Vous pouvez toujours remplacer les pâtes par de la polenta, en la servant avec des tomates, des légumes, une sauce à la crème ou une sauce brune aux champignons. Vous pouvez la préparer légère, pour la servir telle quelle, ou ferme et la frire en carrés.

Sauce jambon, brocoli et crevettes

Cette sauce est excellente sur des nouilles de riz asiatiques. Il est possible de remplacer les crevettes par des languettes de poulet.

Donne 4 portions

- 1 brocoli, pied enlevé, divisé en petits bouquets
- 30 ml (2 c. à soupe) d'huile d'olive
- 5 ml (1 c. à thé) d'huile de sésame
- 2 gousses d'ail, tranchées finement
- 115 g (4 oz) de jambon fumé, haché finement
- Jus de ½ citron
- 125 ml (½ tasse) de vin blanc sec
- 30 ml (2 c. à soupe) de sauce soya ou de sauce Worcestershire
- 454 g (1 livre) de crevettes crues, décortiquées et déveinées
- 5 ml (1 c. à thé) de sucre
- 125 ml (½ tasse) de noix de pin et 65 ml (¼ tasse) de coriandre, hachée, ou de persil, en garniture

1. Amener une casserole d'eau salée à ébullition. Mettre le brocoli l'eau bouillante et cuire 10 minutes. Égoutter et réserver.
2. Faire chauffer les huiles et ajouter l'ail ; ne pas laisser brunir. Incorporer le jambon.
3. Ajouter le brocoli et le reste des ingrédients, à l'exception des noix de pin et de la coriandre ou du persil. Le plat est prêt quand les crevettes sont roses. Garnir de noix de pin et de coriandre ou de persil, haché, et servir.

Sauce épicée aux épinards et au homard

Donne 4 portions

1 homard de 700 g (1½ livre)
30 ml (2 c. à soupe) de beurre
30 ml (2 c. à soupe) de fécule de maïs
250 ml (1 tasse) de bouillon de poulet ou de palourdes, chaud
250 ml (1 tasse) de crème riche en matière grasse
750 ml (3 tasses) de bébés épinards frais, rincés, tiges enlevées
15 ml (1 c. à soupe) de xérès sec
1 pincée de muscade moulue
5 ml (1 c. à thé) de flocons de piment de Cayenne ou de piment de Cayenne
Sel et poivre, au goût

Les pâtes de quinoa sont riches en protéines et peuvent être utilisées comme presque n'importe quelle sorte de pâtes. Les pâtes de riz peuvent être achetées dans les épiceries asiatiques et dans certains supermarchés.

1. Plonger le homard dans une grande quantité d'eau bouillante salée. Cuire 15 minutes. Laisser refroidir ; briser la carcasse et retirer la chair. Réserver la chair.
2. Faire fondre le beurre et ajouter la fécule de maïs, en remuant jusqu'à homogénéité. Incorporer au fouet le bouillon de poulet. Ajouter la crème et faire chauffer.
3. Incorporer les épinards et cuire jusqu'à ce qu'ils soient fanés. Ajouter le xérès, la muscade, les flocons de piment de Cayenne et la chair de homard réservée. Saupoudrer de sel et de poivre. Servir sur des pâtes de quinoa ou de riz.

Sauce grecque aux olives et à l'aubergine

Donne 4 portions

1 aubergine moyenne, pelée et coupée en dés
125 ml (½ tasse) de farine de riz mélangée à 5 ml (1 c. à thé) de sel
85 ml (⅓ tasse) d'huile d'olive
2 gousses d'ail, hachées
125 ml (½ tasse) d'olives Kalamata ou autres olives noires grecques, dénoyautées et hachées
10 feuilles de menthe, hachées grossièrement
125 ml (½ tasse) de ciboulette, hachée finement
Jus de ½ citron
Huile d'olive supplémentaire, au besoin

Cette sauce évoque beaucoup de saveurs de la Grèce, sans le voyage. Quelques touches d'ail et de menthe ne sont pas envahissantes. Cette sauce est excellente sur des pâtes ou du riz.

1. Enrober l'aubergine de la farine et du sel. Dans une poêle, faire chauffer l'huile d'olive à feu moyen-élevé. Faire sauter l'aubergine jusqu'à ce qu'elle soit dorée.
2. Quand elle est dorée, réduire le feu et ajouter l'ail ; faire sauter 3 minutes de plus.
3. Ajouter le reste des ingrédients et servir.

Pâtes de riz avec confettis et poulet

Ce mets est amusant à manger et joli à regarder. Les « confettis » sont des légumes hachés. On complète le plat par beaucoup de parmesan.

Donne 4 portions

125 ml (½ tasse) d'huile d'olive

125 ml (½ tasse) de poivron rouge, haché finement

125 ml (½ tasse) de courge d'été jaune, hachée finement

1 botte d'oignons verts, hachés finement

2 gousses d'ail, hachées finement

125 ml (½ tasse) de farine de riz ou de maïs

5 ml (1 c. à thé) de sel

3 ml (½ c. à thé) de poivre, ou au goût

3 ml (½ c. à thé) de thym séché

340 g (¾ livre) de poitrines de poulet désossées, sans peau, coupées en bouchées

125 ml (½ tasse) de bouillon de poulet

8 tomates italiennes (Roma) mûres, hachées, ou 375 ml (1½ tasse) de tomates en conserve

5 ml (1 c. à thé) d'origan séché

5 ml (1 c. à thé) de basilic séché

15 ml (1 c. à soupe) de flocons de piment de Cayenne, ou au goût

454 g (1 livre) de pâtes de riz, cuites

250 ml (1 tasse) de parmesan, fraîchement râpé

1. Faire chauffer l'huile d'olive et ajouter les poivrons, la courge, les oignons verts et l'ail. Faire sauter à feu moyen, en remuant fréquemment. Pendant que les légumes cuisent, mélanger la farine, le sel, le poivre et le thym sur une feuille de papier ciré.
2. Enrober le poulet du mélange de farine et le faire sauter avec les légumes. Ajouter le bouillon, les tomates, l'origan, le basilic et beaucoup de flocons de piment de Cayenne. Cuire, à découvert, 10 minutes pour s'assurer que le poulet est prêt.
3. Ajouter les pâtes à la sauce dans la poêle et mélanger. Saupoudrer d'une bonne quantité de parmesan et servir.

Les pâtes de riz

Les pâtes de riz se trouvent en ligne et dans les épiceries asiatiques. Plusieurs supermarchés en offrent également. Les soba — nouilles japonaises — contiennent à la fois de la farine de sarrasin et de la farine de blé, et leurs ingrédients sont parfois indiqués en caractères japonais.

Sauce noisettes, crème sure et jambon

Donne 4 portions en accompagnement

225 g (½ livre) de pâtes sans gluten
250 ml (1 tasse) de noisettes, grillées et pelées
4 échalotes, hachées
65 ml (¼ tasse) d'huile d'olive
250 ml (1 tasse) de jambon de Virginie, coupé en petits dés
375 ml (1½ tasse) de crème sure (pas faible en matière grasse)
Poivre du moulin et sel de céleri

Cette crème est si riche qu'une petite quantité suffit. Elle est excellente pour accompagner des fruits de mer, du poisson ou du poulet.

1. Cuire les pâtes selon les instructions sur l'emballage. Hacher grossièrement les noix au robot culinaire.
2. Pendant la cuisson des pâtes, attendrir les échalotes dans l'huile d'olive, environ 5 minutes. Ajouter les noisettes grillées, le jambon et la crème sure.
3. Réduire le feu, et dès que la crème sure est chaude, saupoudrer de poivre et de sel de céleri et servir.

Les noisettes prêtes à l'emploi

La coquille des noisettes est dure, et après l'avoir cassée pour enlever la noix, vous devez peler celle-ci. Récemment, des noisettes prêtes à l'emploi ont fait leur apparition dans les épiceries. Il est tellement agréable de les trouver prêtes à être utilisées, dans des plats en plastique. Rôties, elles peuvent être ajoutées à des salades ou vous pouvez les moudre ou les écraser, pour enrober un morceau de poisson ou une poitrine de canard.

Chapitre 15

Gâteaux, biscuits et tourtes aux fruits

15

Tourte à la ricotta avec écorces d'orange confites et pépites de chocolat

Donne de 6 à 8 portions

5 œufs
500 ml (2 tasses) de ricotta de lait entier
125 ml (½ tasse) de fromage à la crème (pas léger ou sans gras)
5 ml (1 c. à thé) d'extrait de vanille
5 ml (1 c. à thé) de sel
190 ml (¾ tasse) d'écorces d'orange confites, hachées
250 ml (1 tasse) de pépites de chocolat

Ce dessert est une adaptation d'une tourte de Noël italienne ; il est riche et constitue un plat final très facile à préparer pour un grand dîner familial.

1. Préchauffer le four à 180 °C (350 °F). Séparer les œufs et battre les blancs jusqu'à ce qu'ils soient fermes ; réserver. Mettre les jaunes d'œufs, les fromages, la vanille et le sel au robot culinaire. Mélanger jusqu'à consistance lisse.
2. Mettre dans un bol et incorporer les blancs d'œufs, les écorces d'orange et les pépites de chocolat. Préparer une assiette à tarte (préférablement une en verre) en la vaporisant d'un enduit à cuisson antiadhésif. Verser le mélange d'œufs et cuire 45 minutes ou jusqu'à ce que le dessus soit figé ou doré.

La ricotta et le cottage

Il est possible de remplacer la ricotta par du cottage dans n'importe quelle recette. Assurez-vous simplement d'utiliser du cottage à petits grains et hyposodique. Le cottage peut être un peu plus mouillé que la ricotta, mais il suffit de le drainer à l'aide d'un tamis en laissant le liquide s'évacuer ou encore de l'essorer dans une étamine.

Gâteau au fromage marbré au chocolat à la menthe avec croûte chocolatée aux noix

Ce gâteau est incroyablement riche et délicieux. Il s'agit assurément d'un gâteau pour les occasions spéciales, avec des couches de saveurs intenses. Le couper en très petites portions puisqu'il est très, très riche.

Donne de 10 à 12 portions

- 375 ml (1½ tasse) de noix de Grenoble, moulues (le robot fonctionne bien)
- 125 ml (½ tasse) de sucre
- 85 ml (⅓ tasse) de beurre non salé, fondu
- 115 g (4 oz) de chocolat mi-sucré, fondu
- 4 œufs, séparés
- 3 paquets de 227 g (8 oz) de fromage à la crème (pas léger ou sans gras)
- 250 ml (1 tasse) de crème sure
- 190 ml (¾ tasse) de sucre
- 8 ml (1½ c. à thé) d'extrait de vanille pure
- 5 ml (1 c. à thé) de sel
- 30 ml (2 c. à soupe) de farine de châtaigne
- 115 g (4 oz) de chocolat mi-sucré
- 30 ml (2 c. à soupe) de schnaps à la menthe poivrée
- Crème fouettée pour la garniture (facultatif)

1. Mélanger les quatre premiers ingrédients ensemble. Vaporiser un moule à charnière d'un enduit à cuisson antiadhésif et presser le mélange de noix au fond du moule, afin de faire une croûte. Réfrigérer au moins 1 heure.
2. Préchauffer le four à 180 °C (350 °F). Dans un bol propre, battre les blancs d'œufs jusqu'à ce qu'ils soient fermes. Dans un autre bol, à l'aide d'un mélangeur, brasser le fromage à la crème, la crème sure, le sucre, la vanille, la farine de châtaigne et le sel dans un grand bol. Faire fondre 115 g (4 oz) de chocolat mi-sucré avec le schnaps.
3. Pendant que le mélangeur continue de tourner, ajouter les jaunes d'œufs, un à la fois, en battant vigoureusement. À l'aide d'un couteau, incorporer le chocolat et le schnaps dans le bol.
4. Verser dans le moule à charnière et cuire 1 heure. Éteindre le four et, la porte entrouverte, laisser le gâteau reposer 1 heure. Servir froid. Il est possible d'ajouter de la crème fouettée sur le dessus avant de servir.

Cuisiner avec le fromage à la crème

Il est préférable d'utiliser du fromage à la crème qui n'est pas léger ou sans matière grasse. Moins il y a de matières grasses, plus le fromage contient des produits chimiques, afin qu'il puisse être tartiné. En cuisinant, utilisez les ingrédients les plus purs possible, puisque la chaleur modifiera la consistance de tout ce qui est artificiel.

Gâteau au fromage vanille-cerise avec croûte de noix de Grenoble

Donne de 10 à 12 portions

375 ml (1½ tasse) de noix de Grenoble moulues
125 ml (½ tasse) de sucre
125 ml (½ tasse) de beurre non salé, fondu
4 œufs, séparés
3 paquets de 227 g (8 oz) de fromage à la crème
250 ml (1 tasse) de crème sure
10 ml (2 c. à thé) d'extrait de vanille
5 ml (1 c. à thé) de sel
30 ml (2 c. à soupe) de farine de riz
170 ml (⅔ tasse) de gelée de cerise

Voici un excellent gâteau qui allie une saveur délicieuse et une consistance régulière.

1. Mélanger ensemble les noix, le sucre et le beurre fondu. Vaporiser un moule à charnière d'un enduit à cuisson antiadhésif et presser le mélange de noix au fond du moule afin de faire une croûte. Réfrigérer au moins 1 heure.
2. Préchauffer le four à 180 °C (350 °F). Battre les blancs d'œufs et réserver. Dans un grand bol, à l'aide d'un batteur à main, battre ensemble le fromage à la crème, la crème sure, la vanille, le sucre, le sel et la farine de riz.
3. Ajouter les jaunes d'œufs, un à la fois, tout en battant. Quand le mélange est lisse, incorporer les blancs d'œufs ainsi que la gelée de cerise.
4. Verser dans le moule et cuire 1 heure. Éteindre le four et laisser la porte entrouverte pour que le gâteau refroidisse 1 heure. Servir froid.

Croûtes de noix pour le gâteau au fromage

Nous spécifions d'utiliser des noix de Grenoble, parce que ce sont sans doute les noix les moins chères, et elles conviennent fort bien à ces recettes. Cependant, il est possible d'utiliser des noisettes, des amandes ou des pacanes. Les pacanes ajoutent une touche tropicale et sont vraiment bonnes — et chères. Moudre des noix est facile : il suffit d'utiliser un robot culinaire.

Gâteau au fromage au citron avec croûte de noix

Ce gâteau au fromage est léger, avec une intense saveur de citron. C'est un bon gâteau au fromage d'été ; les invités en redemanderont.

Donne de 10 à 12 portions

315 ml (1¼ tasse) de noix de Grenoble moulues (ou toute autre sorte de noix, au goût)

125 ml (½ tasse) de sucre

125 ml (½ tasse) de beurre non salé, fondu

5 blancs d'œufs

3 paquets de 227 g (8 oz) de fromage à la crème

250 ml (1 tasse) de crème sure

170 ml (⅔ tasse) de sucre

30 ml (2 c. à soupe) de farine de riz

3 jaunes d'œufs

Jus de 1 citron

Zeste de 1 citron, haché

5 ml (1 c. à thé) de sel

Noix supplémentaires et tranches de citron très minces, pour la garniture

1. Mélanger ensemble les noix moulues, le sucre et le beurre fondu. Vaporiser un moule à charnière d'un enduit à cuisson antiadhésif et presser le mélange de noix au fond du moule afin de faire une croûte, et réfrigérer.
2. Préchauffer le four à 180 °C (350 °F). Battre les blancs d'œufs jusqu'à ce qu'ils soient fermes, et réserver. À l'aide d'un mélangeur électrique, brasser le fromage à la crème, la crème sure, le sucre, la farine, le sel et les jaunes d'œufs, ajoutant les jaunes un à la fois. Incorporer le jus et l'écorce de citron.
3. Incorporer délicatement les blancs d'œufs. Verser le mélange de fromage et de citron dans le moule. Cuire 1 heure. Éteindre le four et laisser la porte entrouverte pour que le gâteau refroidisse 1 heure. Laisser refroidir avant de servir. L'ajout de noix hachées et de fines tranches de citron agrémentent bien ce gâteau.

Des blancs d'œufs bien battus

Veillez à ne pas laisser ne serait-ce qu'un minuscule point de jaune dans des blancs d'œufs qui doivent être battus en neige. Une seule goutte de jaune empêchera des blancs d'œufs de devenir fermes. Utilisez également toujours des batteurs propres. Tout gras ou toute huile empêcheront les blancs de gonfler. Il est possible d'ajouter une goutte de vinaigre ou de jus de citron pour aider à le raffermir.

Coulis de framboises

Donne 375 ml (1½ tasse)

475 ml (1 chopine) de framboises
125 ml (½ tasse) de sucre
65 ml (¼ tasse) d'eau, de jus d'orange ou d'une liqueur de fruits (pêche ou cerise)

Il est possible d'utiliser n'importe quel petit fruit. Les petits fruits contenant beaucoup de graines peuvent être passés dans un tamis fin ou une étamine. Différentes liqueurs constituent un agréable ajout.

Mettre les petits fruits dans une casserole avec le sucre et l'eau, le jus ou la liqueur. Porter à ébullition. Laisser refroidir et passer au tamis.

Gâteau au chocolat noir avec lave en fusion

Donne 8 portions

40 ml (8 c. à thé) de beurre pour graisser des ramequins à flan
120 ml (8 c. à soupe) de sucre pour saupoudrer des ramequins à flan
227 g (8 oz) de chocolat mi-sucré
190 ml (¾ tasse) de beurre non salé
3 œufs
3 jaunes d'œufs
85 ml (⅓ tasse) de sucre
15 ml (1 c. à soupe) de farine de châtaigne
5 ml (1 c. à thé) de vanille
1 l (1 pinte) de sorbet aux framboises

Cette recette facile donne un résultat fort élégant. Ce gâteau a un goût plus complexe que sa préparation. La farine de noisette ajoute une belle touche de saveur.

1. Préparer l'intérieur de 8 ramequins à flan de 190 ml (6 oz) en les enduisant de beurre, avant de les saupoudrer de sucre. Préchauffer le four à 215 °C (425 °F). À feu très doux, faire fondre le chocolat et le beurre dans une casserole épaisse.
2. Battre les œufs, les jaunes d'œufs, le sucre, la farine et la vanille environ 10 minutes. Ajouter le mélange de chocolat à la cuillère, jusqu'à ce que les œufs aient absorbé une partie du chocolat. Incorporer le reste du mélange de chocolat et de beurre.
3. Diviser le mélange entre les ramequins à flan. Déposer les ramequins sur une tôle à biscuits et cuire de 12 à 13 minutes. Les côtés devraient être gonflés et le centre très mou. Servir chaud avec le sorbet aux framboises déposé dans les « cratères ».

Coulis fraise-bleuet

Donne 375 ml (1½ tasse)

240 ml (½ pinte) de bleuets, rincés
240 ml (½ pinte) de fraises, rincées
65 ml (¼ tasse) d'eau
65 ml (¼ tasse) de sucre
1 écorce d'orange de 2,5 x 1,3 cm (1 x ½ po)

Ce coulis est excellent non seulement sur des crêpes, mais également sur de la crème glacée. Il est également possible de l'incorporer au Pouding au riz (voir à la page 236), pour une variation d'un dessert traditionnel.

Mettre tous les ingrédients dans une casserole et amener à ébullition. Retirer du feu et laisser refroidir. Fouetter jusqu'à consistance lisse. Servir tiède ou froid.

Gâteau sucré au chocolat blanc fondu

Donne 8 portions

40 ml (8 c. à thé) de beurre pour graisser des ramequins à flan
120 ml (8 c. à soupe) de sucre pour saupoudrer des ramequins à flan
227 g (8 oz) de chocolat blanc non sucré
190 ml (¾ tasse) de beurre non salé
3 œufs
3 jaunes d'œufs
85 ml (⅓ tasse) de sucre
15 ml (1 c. à soupe) de farine de châtaigne
5 ml (1 c. à thé) de vanille
3 ml (½ c. à thé) de sel
500 ml (2 tasses) de petits fruits mélangés (fraises, framboises et bleuets)

Ce gâteau est délicieux avec des petits fruits frais et de la crème fouettée dans les « cratères ».

1. Préparer l'intérieur de 8 ramequins à flan de 190 ml (6 oz) en les enduisant de beurre, avant de les saupoudrer de sucre. Préchauffer le four à 215 °C (425 °F). Faire fondre le chocolat et le beurre à feu très doux dans une casserole épaisse. Dans un grand bol, à l'aide d'un mélangeur électrique, battre ensemble les œufs, les jaunes d'œufs, le sucre et la farine. Ajouter la vanille et le sel.
2. Tout en continuant à mélanger, ajouter lentement à la cuillère le quart du mélange de chocolat blanc. Quand la préparation est bien mélangée, ajouter le reste du chocolat, très lentement.
3. Diviser le mélange entre les ramequins, déposer les sur une tôle à biscuits et cuire environ 12 minutes. Servir avec les petits fruits mélangés déposés dans les « cratères ». Varier la recette en mettant du chocolat mi-sucré râpé dans les cratères, ou des cuillères de crème glacée ou de sorbet.

Gâteau aux carottes à l'orange

Donne de 8 à 10 portions

4 œufs, séparés
125 ml (½ tasse) de cassonade
375 ml (1½ tasse) de carottes, râpées
15 ml (1 c. à soupe) de jus de citron
Zeste de ½ orange, râpée
125 ml (½ tasse) de farine de maïs
2,5 cm (1 po) de racine de gingembre, pelée et hachée
8 ml (1½ c. à thé) de bicarbonate de soude
3 ml (½ c. à thé) de sel

Ce délicieux gâteau est agrémenté par l'ajout d'un peu de jus de citron et de la peau râpée d'une orange. Le gingembre ajoute un raffinement attrayant.

1. Enduire abondamment un moule à charnières de beurre et préchauffer le four à 165 °C (325 °F). Battre les blancs d'œufs jusqu'à ce qu'ils soient fermes, et réserver.
2. Battre ensemble les jaunes d'œufs, le sucre et les carottes. Ajouter le jus de citron, l'écorce d'orange et la farine de maïs. Quand le mélange est lisse, ajouter le gingembre, le bicarbonate de soude et le sel. Incorporer délicatement dans les blancs d'œufs.
3. Verser la pâte dans le moule et cuire 1 heure. Vérifier la cuisson en plantant un cure-dent au centre du gâteau — si le cure-dent est propre en sortant, le gâteau est prêt.

Euh, quoi de neuf, docteur ?

Le gâteau aux carottes a été inventé pendant la Seconde Guerre mondiale, quand la farine et le sucre ont été rationnés. Le côté sucré des carottes a aidé ce gâteau, et quand les oranges sont devenues disponibles, il est devenu un festin. Les cuisiniers utilisaient également le combustible avec précaution, cuisant le ragoût et la soupe en même temps dans le four. Parfois, les temps difficiles se traduisent par des fins heureuses.

Gâteau Pavlova classique

Ce gâteau léger, magnifique, délicat et délicieux est agrémenté de bananes et de fraises.

Donne 6 portions

4 blancs d'œufs
5 ml (1 c. à thé) de vinaigre
125 ml (½ tasse) de sucre
250 ml (1 tasse) de crème riche en matière grasse
45 ml (3 c. à soupe) de sucre glace
3 ml (½ c. à thé) de vanille
1 banane, tranchée
1 l (1 pinte) de fraises, lavées, équeutées et coupées en deux, en garder 8 entières pour la garniture

4. Préchauffer le four à 100 °C (200 °F).
5. Battre les blancs d'œufs, et quand ils commencent à s'affermir, ajouter le vinaigre, puis, lentement, le sucre. Verser dans un moule à tarte en verre de 23 cm (9 po) vaporisé d'enduit à cuisson antiadhésif.
6. Cuire la meringue 2 heures. Puis, éteindre le four et entrouvrir la porte. Laisser la meringue reposer 1 heure. Celle-ci devrait devenir très croustillante et dorée. Ne pas ranger, si le temps est humide.
7. Fouetter la crème et incorporer le sucre glace et la vanille. Placer une rangée de tranches de banane au fond de la croûte de meringue refroidie. Ajouter un étage de crème fouettée. Garnir avec les moitiés de fraises.
8. Ajouter une autre couche de crème fouettée et décorer avec les fraises entières. Servir immédiatement, sinon le dessert sera détrempé.

Origines du Pavlova

Il y a des discussions quant à la personne qui a inventé ce gâteau. Il a été conçu en l'honneur de la célèbre ballerine Anna Pavlova qui avait des admirateurs partout dans le monde. Certains affirment qu'il a été créé en Australie, alors que d'autres soutiennent qu'il est né aux États-Unis.

Pavlova avec chocolat et bananes

Donne 6 portions

4 blancs d'œufs
5 ml (1 c. à thé) de vinaigre
125 ml (½ tasse) de sucre
3 carrés de chocolat mi-sucré
125 ml (½ tasse) de beurre non salé
85 ml (⅓ tasse) de sucre
2 bananes, placées 20 minutes au réfrigérateur pour s'affermir
250 ml (1 tasse) de crème riche en matière grasse, fouettée avec 10 ml (2 c. à thé) de sucre glace

Les utilisations de la meringue sont innombrables — nous n'en donnons que quelques-unes.

1. Préchauffer le four à 100 °C (200 °F).
2. Battre les blancs d'œufs, et quand ils commencent à s'affermir, ajouter le vinaigre, et, lentement, le sucre. Verser dans un moule à tarte en verre de 23 cm (9 po) vaporisé d'enduit à cuisson antiadhésif.
3. Cuire la meringue 2 heures. Puis, éteindre le four et entrouvrir la porte. Laisser la meringue reposer 1 heure. Celle-ci devrait devenir très croustillante et dorée. Ne pas ranger, si le temps est humide.
4. Faire fondre le chocolat, le beurre et le sucre. Laisser refroidir jusqu'à ce que le mélange soit encore liquide, mais à la température ambiante.
5. Peler et couper une banane pour la placer sur la croûte de meringue. Verser la moitié de la sauce au chocolat par-dessus. Ajouter l'autre banane et le reste de la sauce au chocolat, avant de garnir de crème fouettée.

Blanchir, blanchir !

Quand on blanchit une pêche, une tomate ou une nectarine, on la plonge dans l'eau bouillante une minute. Il ne s'agit pas de la cuire, mais plutôt de ramollir la peau. Si vous blanchissez plusieurs morceaux, mettez une passoire à côté de votre chaudron d'eau bouillante et un bol d'eau glacée dans l'évier. Utilisez une écumoire pour enlever le fruit de l'eau bouillante, déposez-le dans la passoire avant de plonger celle-ci dans l'eau glacée. Dès que le fruit a assez refroidi pour être manipulé, enlevez la peau et coupez-le.

Pavlova avec crème de pêche Melba

Les amateurs de pêche Melba raffoleront de ce dessert.
Avec la meringue croustillante, c'est excellent.

1. Préchauffer le four à 100 °C (200 °F).
2. Battre les blancs d'œufs, et quand ils commencent à s'affermir, ajouter le vinaigre, et, lentement, le sucre. Verser dans un moule à tarte en verre de 23 cm (9 po) vaporisé d'enduit à cuisson antiadhésif.
3. Cuire la meringue 2 heures. Puis, éteindre le four et entrouvrir la porte. Laisser la meringue reposer 1 heure. Celle-ci devrait devenir très croustillante et dorée. Ne pas ranger, si le temps est humide.
4. Mettre l'eau et la gélatine au mélangeur. Dans une casserole, amener de l'eau à ébullition. Ajouter les pêches, et quand la peau ramollit, enlever les pêches et les laisser refroidir.
5. Faire une entaille sur la peau des pêches. Enlever le noyau et les couper. Ajouter les pêches à la gélatine et à l'eau au mélangeur. Mélanger, puis laisser refroidir à la température ambiante.
6. Juste avant de servir, incorporer les blancs d'œufs battus au mélange de pêches. Incorporer la crème fouettée. Remplir les coquilles de meringue du mélange de pêches, et garnir de framboises.

Donne 6 portions

4 blancs d'œufs
5 ml (1 c. à thé) de vinaigre
125 ml (½ tasse) de sucre
120 ml (4 oz) d'eau froide
1 paquet de 14 g (¼ oz) de gélatine nature
4 pêches
3 blancs d'œufs, bien battus
250 ml (1 tasse) de crème riche en matière grasse, fouettée en neige
500 ml (½ pinte) de framboises fraîches, rincées et séchées sur des essuie-tout

Donne 4 portions

6 blancs d'œufs

5 ml (1 c. à thé) de vinaigre

170 ml (⅔ tasse) de sucre

125 ml (½ tasse) de morceaux de noix de Grenoble, hachées grossièrement

4 boules de sorbet aux framboises ou aux fraises

20 ml (4 c. à thé) de pépites de chocolat ou de chocolat mi-sucré râpé, pour la garniture

250 ml (1 tasse) de crème riche en matière grasse, fouettée avec 30 ml (2 c. à soupe) de sucre

Coupes de meringue avec garniture de sorbet et de fruits

Choisir, au goût de chacun, la garniture de ces meringues — essayer différentes saveurs de sorbets et de fruits.

1. Battre les blancs d'œufs, ajoutant lentement le vinaigre et le sucre. Incorporer les noix. Préchauffer le four à 120 °C (250 °F).
2. Vaporiser 6 ramequins à flan de 190 ml (6 oz) d'un enduit à cuisson antiadhésif. À l'aide d'une cuillère, déposer le mélange de blancs d'œufs dans les ramequins en façonnant un creux au centre de chacun.
3. Cuire 1 heure. Éteindre ensuite le four et entrouvrir la porte pour s'assurer que les coupes sont complètement cuites et croustillantes.
4. Remplir les coupes de sorbet aux fruits ou de crème glacée. Garnir de pépites de chocolat ou de chocolat râpé et de crème fouettée.

Les meringues sont parfaites pour les desserts sans gluten

Les meringues sont hypocaloriques puisqu'elles sont faites à partir de blanc d'œuf, et il est possible de remplacer le sucre par un édulcorant artificiel et manger la quantité de sucre que vous désirez. On peut ajouter une saveur de chocolat, de vanille et des liqueurs de fruits aux meringues. Les coupes de meringues peuvent être remplies de tout ce que vous désirez, des glaces à la crème glacée.

Biscuits aux châtaignes

Ces biscuits sont festifs et délicieux. En préparer beaucoup pour une fête ou pour en donner à des amis.

Donne environ 48 biscuits

- 1 boîte de 57 g (2 oz) de châtaignes, rôties, pelées et emballées dans l'eau
- 375 ml (1½ tasse) de farine de châtaigne
- 125 ml (½ tasse) de lait
- 2 jaunes d'œufs
- 5 ml (1 c. à thé) de vanille
- 5 ml (1 c. à thé) de sel
- 10 ml (2 c. à thé) de levure chimique
- 125 ml (½ tasse) de sucre granulé
- 125 ml (½ tasse) de beurre non salé, fondu
- 3 blancs d'œufs, battus jusqu'à consistance ferme

1. Égoutter les châtaignes et les hacher au robot culinaire. Les placer dans le bol du mélangeur électrique. Le moteur réglé à basse vitesse, ajouter la farine de châtaigne, le lait, les jaunes d'œufs, la vanille, le sel, la levure chimique, le sucre et le beurre fondu.
2. Préchauffer le four à 180 °C (350 °F). Incorporer les blancs d'œufs au mélange de châtaignes. Placer à la cuillère sur des tôles à biscuits couvertes de papier parchemin.
3. Cuire de 12 à 15 minutes. Laisser refroidir et déposer sur des assiettes pour usage immédiat ou ranger dans un contenant hermétique pour un usage ultérieur.

Les châtaignes — crues, en pot ou en conserve ?

Préparer des châtaignes peut être très pénible ! Il faut fendre chacune d'elle, avant de la faire bouillir et de la rôtir puis d'enlever la coquille. Il faut ensuite peler la peau. Ce processus est long. Il est cependant possible d'acheter des châtaignes préparées en pot ou en conserve, ce qui permet de gagner du temps. Évidemment, votre maison n'embaumera pas l'odeur des châtaignes rôties, mais vous aurez plus de temps pour les savourer.

Donne environ 40 biscuits

125 ml (½ tasse) de sucre, divisé

65 ml (¼ tasse) de poudre de cacao non sucrée

½ ml (⅛ c. à thé) de sel

3 blancs d'œufs (provenant de très gros œufs)

½ ml (⅛ c. à thé) de crème de tartre

125 ml (½ tasse) de noisettes, légèrement rôties, pelées et grossièrement hachées

Biscuits à la meringue chocolat-noix

Ces biscuits sont croustillants et délicieux. Les noix ajoutent une magnifique touche de croquant. Utiliser des amandes blanchies ou des noisettes.

1. Préchauffer le four à 135 °C (275 °F). Placer du papier parchemin sur deux tôles à biscuits. Tamiser ensemble 65 ml (¼ tasse) de sucre et 65 ml (¼ tasse) de cacao dans un bol. Ajouter du sel.
2. Battre les blancs d'œufs avec la crème de tartre. Quand des pics commencent à se former, ajouter les 65 ml (¼ tasse) de sucre qui restent, 5 ml (1 c. à thé) à la fois. Incorporer lentement dans le mélange de cacao. La meringue devrait être ferme et brillante.
3. Ajouter les noix hachées. Déposer par cuillerée sur le papier parchemin. Cuire de 45 à 50 minutes. Laisser refroidir sur les tôles à biscuits. Il est possible de les conserver dans une jarre à biscuits hermétique ou de le servir le même jour.

Moches, mais bons !

Ces biscuits sont connus en Italie comme « moches, mais bons » ! D'autres descriptions, plus gentilles, incluent « bisous » et « croquants ». Ils ont un aspect un peu moche, mais il suffit d'en goûter un. Cette recette est une version simplifiée de l'originale, qui est nettement plus longue à préparer.

Tourte aux pommes avec croûte au cheddar

Cette tourte est très facile à préparer — il suffit de la cuire une heure avant de servir.

Donne de 8 à 10 portions

- 500 ml (2 tasses) de farine de maïs
- 3 ml (½ c. à thé) de sel
- 20 ml (4 c. à thé) de levure chimique
- 3 ml (½ c. à thé) de piment de Cayenne
- 65 ml (¼ tasse) de margarine, ramollie
- 190 ml (¾ tasse) de babeurre
- 190 ml (¾ tasse) de cheddar fort, râpé
- 8 grosses pommes acidulées, telles que des Granny Smith, pelées, étrognées et tranchées
- 85 ml (⅓ tasse) de jus de citron
- 10 ml (2 c. à thé) de cannelle
- 1 ml (¼ c. à thé) de muscade
- 25 ml (1½ c. à soupe) de fécule de maïs
- 65 ml (¼ tasse) de cassonade brune
- 65 ml (¼ tasse) de sucre
- 1 pincée de sel
- 60 ml (4 c. à soupe) de beurre

1. Préchauffer le four à 165 °C (325 °F). Dans un grand bol, mélanger la farine, le sel, la levure chimique et le piment de Cayenne. Travailler la margarine avec une fourchette, jusqu'à ce qu'elle ressemble à du gruau. Ajouter le babeurre et mélanger. Ajouter le fromage et réserver.
2. Déposer les pommes dans un grand plat allant au four, environ 23 x 33 cm (9 x 13 po), ou dans une casserole de 2 l (2 pintes). Les arroser de jus de citron.
3. Mélanger ensemble les épices, la fécule de maïs, la cassonade, le sucre et le sel. Ajouter les pommes dans ce mélange. Déposer des noisettes de beurre. Ajouter le mélange de fromage à la cuillère sur le dessus.
4. Cuire 50 minutes, ou jusqu'à ce que la croûte soit dorée et que les pommes bouillonnent. Servir avec des tranches de fromage supplémentaires ou avec de la crème glacée à la vanille.

Tourte aux bleuets et aux pêches

Donne 10 portions

- 6 pêches mûres, blanchies dans l'eau bouillante, pelées, dénoyautées, et tranchées
- 125 ml (½ tasse) de jus de citron frais
- 250 ml (1 tasse) de sucre, divisé
- 1 l (1 pinte) de bleuets, rincés, choisis, équeutés
- 1 bâton (125 ml [½ tasse]) de beurre non salé, fondu
- 3 ml (½ c. à thé) de sel
- 375 ml (1½ tasse) de farine de riz ou de farine de quinoa
- 15 ml (1 c. à soupe) de levure chimique
- 250 ml (1 tasse) de babeurre

Cette tourte sent et goûte le mois d'août. Mais, on peut blanchir et congeler les pêches et acheter des bleuets surgelés, pour évoquer le mois d'août en janvier.

1. Préchauffer le four à 190 °C (375 °F). Couper les pêches en tranches et les arroser de jus de citron ainsi que de 125 ml (½ tasse) de sucre. Ajouter les bleuets et bien mélanger.
2. Préparer un plat allant au four de 23 x 33 cm (9 x 13 po) en le vaporisant d'enduit à cuisson antiadhésif. Placer les pêches et les bleuets au fond du plat. Verser le beurre fondu dans un grand bol. Ajouter les 125 ml (½ tasse) de sucre restants et le sel, puis fouetter pour incorporer la farine et la levure chimique. Ajouter le babeurre et mélanger ; ne pas s'inquiéter des grumeaux.
3. Mettre la pâte par cuillerées sur les fruits. Cuire de 35 à 40 minutes. Laisser refroidir 25 minutes. Servir avec de la crème glacée à la vanille ou de la crème fouettée.

Biscuits à la semoule de maïs et à l'orange

Donne 30 biscuits

- 3 œufs
- 250 ml (1 tasse) de sucre
- 375 ml (1½ tasse) de semoule de maïs (jaune)
- 315 ml (1¼ tasse) de farine de maïs
- 3 ml (½ c. à thé) de sel
- 4 ml (¾ c. à thé) de gomme de xanthane
- 1½ bâton (190 ml [¾ tasse]) de beurre non salé, fondu
- 15 ml (1 c. à soupe) de concentré de jus d'orange
- Zeste de ½ orange, finement haché

Cette adaptation d'un biscuit italien classique est délicieuse pour les enfants. Comme variante, ajoutez des raisins secs ou de Corinthe, ou des tranches de pommes séchées.

1. Mélanger les œufs et le sucre dans le récipient du robot culinaire. Ajouter lentement le reste des ingrédients en arrêtant à l'occasion pour racler les parois du bol.
2. Ne pas trop mélanger. Quand la pâte se forme, la retirer du robot et l'envelopper de pellicule plastique. Réfrigérer de 1 à 2 heures.
3. Préchauffer le four à 180 °C (350 °F). Vaporiser une tôle à biscuits d'enduit à cuisson antiadhésif ou mettre du papier parchemin sur celle-ci.
4. Étendre la pâte pour former un ovale plat. Prendre un petit morceau et le rouler pour former une boule. Aplatir et déposer sur la tôle. Répéter jusqu'à ce que toute la pâte ait été utilisée. Cuire 10 minutes ou jusqu'à ce que les biscuits soient dorés.

Chapitre 16

Poudings, mousses et soufflés

Pouding Betty aux pommes et au pain de maïs

Donne 4 portions

- 4 grosses pommes acidulées, pelées, étrognées et tranchées
- Jus de ½ citron
- 500 ml (2 tasses) de dés de pain de maïs
- 2 œufs, légèrement battus
- 375 ml (1½ tasse) de lait
- 5 ml (1 c. à thé) d'extrait de vanille
- 1 ml (¼ c. à thé) de muscade moulue
- 5 ml (1 c. à thé) de cannelle moulue
- ½ ml (⅛ c. à thé) de clou de girofle moulu
- 3 ml (½ c. à thé) de sel
- 125 ml (½ tasse) de cassonade brune, ou au goût
- 125 ml (½ tasse) de beurre

Au tout début des États-Unis, il n'y avait pas de gaspillage de nourriture. Par conséquent, le pain rassis était transformé en un pouding maison délicieux.

1. Préchauffer le four à 180 °C (350 °F). Bien beurrer une cocotte de 2 l (2 pintes) ou la vaporiser d'un enduit à cuisson antiadhésif.
2. Mettre les pommes dans la cocotte et arroser de jus de citron. Ajouter les dés de pain. Bien mélanger.
3. Battre ensemble les œufs, le lait, la vanille, les épices, le sel et la cassonade. Incorporer aux pommes et au pain. Ajouter des copeaux de beurre.
4. Cuire 45 minutes ou jusqu'à ce que le dessus soit doré et l'intérieur moelleux. Servir chaud avec de la crème fouettée ou de la crème glacée.

Pourquoi ne pas utiliser la crème fouettée du commerce ?
La crème fouettée en aérosol est beaucoup plus sucrée que celle fouettée à la maison. De plus, il y a beaucoup d'air dans la bombe aérosol, vous payez donc pour le vaporisateur prêt-à-servir. En préparant votre propre crème fouettée, il y aura plus de saveur, moins d'additifs et le produit sera meilleur pour la santé.

Pouding amérindien avec de la crème fouettée

Si la recette est imposante, laisser raffermir le pouding et le frire dans le beurre pour en faire des galettes sucrées pour le petit déjeuner du lendemain.

Donne 8 portions

- 1 l (4 tasses) de lait, divisé
- 65 ml (¼ tasse) de semoule de maïs blanche ou jaune
- 85 ml (⅓ tasse) de cassonade brune
- 65 ml (¼ tasse) de sucre
- 5 ml (1 c. à thé) de sel
- 5 ml (1 c. à thé) de cannelle
- 1 ml (¼ c. à thé) de muscade moulue
- 5 ml (1 c. à thé) de racine gingembre frais, hachée
- 65 ml (¼ tasse) de mélasse
- 75 ml (5 c. à soupe) de beurre non salé

1. Préchauffer le four à 120 °C (250 °F). Faire chauffer 500 ml (2 tasses) de lait. Mettre la semoule et le reste des ingrédients secs, le gingembre et la mélasse dans le bol supérieur d'un bain-marie.
2. Incorporer au fouet le lait chaud dans le mélange, cuire en mélangeant 10 minutes à l'eau bouillonnante ou jusqu'à ce que la préparation soit lisse. Badigeonner un plat allant au four de beurre ou vaporiser d'un enduit à cuisson antiadhésif.
3. Ajouter au fouet le lait froid au mélange et verser dans le plat. Cuire 3 heures. Servir chaud ou à la température ambiante avec de la crème fouettée.

Pouding suédois aux fruits

Les enfants et les adultes adorent ce pouding. Il est relevé et d'un rouge vif. Le servir dans des coupes à vin garni d'une cuillerée de crème fouettée.

Donne 4 portions

- 1 boîte de 284 g (10 oz) de fraises surgelées
- 1 boîte de 284 g (10 oz) de framboises surgelées
- 65 ml (¼ tasse) de jus de citron
- 25 ml (1½ c. à soupe) de farine ou de fécule d'arrow-root
- 1 pincée de sel
- 65 ml (¼ tasse) de sucre, ou au goût
- 30 ml (2 c. à soupe) de liqueur d'orange (facultatif)
- Crème fouettée ou glacée

1. Mettre les baies décongelées dans une casserole. Verser le jus de décongélation dans un bol. Incorporer le jus de citron. Ajouter la farine ou la fécule d'arrow-root.
2. Verser le liquide et la pincée de sel sur les baies. Cuire à feu doux jusqu'à épaississement. Ajouter la liqueur. Laisser refroidir et servir dans des coupes à vin avec de la crème fouettée.

Pouding suédois aux airelles ou aux chicoutés

Donne 4 portions

375 ml (1¾ tasse) d'airelles ou de chicoutés, fraîches ou surgelées, décongelées
125 ml (½ tasse) de sucre, ou au goût
45 ml (3 c. à soupe) de fécule de maïs ou de farine d'arrow-root
125 ml (½ tasse) d'eau froide
250 ml (1 tasse) de crème riche en matière grasse, fouettée avec 5 ml (1 c. à thé) de sucre

Une variation du traditionnel pouding scandinave, avec toute la douceur des baies estivales.

1. Mettre les baies et le sucre dans une casserole.
2. Mélanger la fécule de maïs et l'eau froide dans une tasse jusqu'à ce que le mélange soit lisse. Ajouter aux baies.
3. Laisser mijoter jusqu'à épaississement. Laisser refroidir. Fouetter la crème et ajouter à la préparation aux fruits.

Parfait aux prunes

Donne 4 portions

8 ml (1½ c. à thé) de gélatine sans saveur
30 ml (2 c. à soupe) d'eau
125 ml (½ tasse) de sucre, ou au goût
4 prunes rouges ou mauves
250 ml (1 tasse) d'eau
2,5 cm (1 po) d'écorce d'orange
250 ml (1 tasse) de crème riche en matière grasse, fouettée avec 15 ml (1 c. à soupe) de sucre

Cette recette est toute simple et très jolie. Cependant, il est important que les prunes soient fraîches, grosses et juteuses. Passer à une autre recette si les prunes sont dures ou trop petites.

1. Dans le récipient du mélangeur électrique, verser la gélatine dans l'eau froide. Laisser reposer jusqu'à ce que la gélatine gonfle.
2. Dans une casserole, mélanger le sucre, les prunes, l'écorce d'orange et l'eau ; amener à ébullition. Verser le mélange d'eau et de sucre sur la gélatine et mélanger. Lorsque les prunes sont assez froides pour être manipulées, retirer les noyaux et ajouter les fruits dans le mélangeur, avec la peau.
3. Mettre à la cuillère la préparation à base de prunes refroidie dans des coupes à vin, en intercalant des couches de crème fouettée. Marbrer au couteau. Réfrigérer et servir.

Panna cotta

Ce dessert classique de l'Italie a de multiples variations. Il peut être préparé avec de la crème, du lait, du yogourt ou du babeurre, ou un mélange des quatre.

Donne 6 portions

10 ml (2 c. à thé) d'eau

10 ml (2 c. à thé) de gélatine sans saveur

250 ml (1 tasse) de crème à fouetter

85 ml (⅓ tasse) de sucre, ou au goût

500 ml (2 tasses) de babeurre écrémé, bien brassé

5 ml (1 c. à thé) de vanille

Coulis de fruit ou fruits frais, au choix

1. Mélanger l'eau et la gélatine et laisser reposer jusqu'à ce que la gélatine soit gonflée, environ 5 minutes.
2. Dans une casserole à feu moyen, mélanger la crème et le sucre jusqu'à ce que le sucre soit dissous. Ne pas amener à ébullition. Incorporer au fouet la gélatine et laisser refroidir à la température ambiante. Incorporer au fouet le babeurre et la vanille.
3. Vaporiser 6 ramequins à flan de 190 ml (6 oz) d'un enduit à cuisson antiadhésif. Diviser le flan dans les 6 ramequins. Réfrigérer 6 heures ou toute la nuit.
4. Décoller le flan avec un couteau affûté. Renverser les ramequins sur des assiettes froides. Servir avec un coulis de fruits ou des baies fraîches, ou les deux.

La panna cotta

Ce dessert italien est en fait une crème préparée avec du babeurre. Le flan est également une crème et peut être à base de fruit. La crème anglaise est faite d'œufs, de lait, de sucre et d'un parfum. Simples et de digestion facile, ces crèmes conviennent aussi bien aux adultes qu'aux enfants.

Nuages aux fraises

Donne 4 portions

1 sachet de 7 g (¼ oz) de gélatine sans saveur

65 ml (¼ tasse) d'eau froide

250 ml (1 tasse) d'eau bouillante

1 l (1 pinte) de fraises, rincées et équeutées

Sucre, au goût

2 blancs d'œufs, battus en neige

125 ml (½ tasse) de crème riche en matière grasse, fouettée avec 15 ml (1 c. à soupe) de sucre

Ces délices duveteux sont frais et rafraîchissants. Garnir de brins de menthe fraîche. Cette recette est un heureux mélange de crème bavaroise et de mousse.

1. Mettre la gélatine et l'eau dans le récipient du mélangeur électrique. Laisser reposer 5 minutes jusqu'à ce que la gélatine soit gonflée. Le moteur en marche, ajouter tranquillement l'eau bouillante.
2. Ajouter les fraises et le sucre et mélanger jusqu'à ce que le tout soit homogène, en prenant soin de racler les parois à l'occasion.
3. Lorsque les baies sont refroidies, incorporer les blancs d'œufs et la crème fouettée. Réfrigérer jusqu'à ce que le tout soit bien frais, en mélangeant à l'occasion.

Les nuages

Vous pouvez utiliser des baies pour parfumer vos nuages, mais les pêches, blanchies et en purée, sont aussi délicieuses, tout comme les poires. À l'automne, essayez des nuages à la compote de pommes maison épicée. La recette de base s'adapte à n'importe quel fruit. Ajustez simplement la quantité de sucre au fruit choisi. C'est-à-dire que si le fruit est très sucré, diminuez la quantité.

Nuages au citron

Frais et délicieux — un vrai délice, à tout moment !

Donne de 4 à 6 portions

8 ml (1½ c. à thé) de gélatine sans saveur
30 ml (2 c. à soupe) d'eau froide
Jus de 1 citron
15 ml (1 c. à soupe) de zeste de citron, haché
125 ml (½ tasse) de sucre, ou au goût
250 ml (1 tasse) d'eau bouillante
30 ml (2 c. à soupe) de beurre non salé
4 blancs d'œufs

1. Dans le récipient du mélangeur électrique, verser la gélatine dans l'eau froide. Laisser reposer de 4 à 5 minutes. Ajouter le jus de citron, l'écorce de citron, le sucre, l'eau bouillante et le beurre. Bien mélanger. Laisser refroidir.
2. Battre les œufs en neige. Les incorporer à la préparation à base de citron. Réfrigérer en mélangeant toutes les demi-heures. Mettre dans des verres individuels ou des bols. Servir avec beaucoup de fruits frais.

Sauce chaude au beurre et aux pacanes

Rien de mieux sur une crème glacée, un sorbet ou des crêpes !
Les noix donnent un petit croquant délicieux.

Donne 250 ml (1 tasse)

125 ml (½ tasse) de cassonade brune
125 ml (½ tasse) de sucre
1 pincée de sel
5 ml (1 c. à thé) de vanille
65 ml (¼ tasse) de crème riche en matière grasse
250 ml (1 tasse) de morceaux de pacanes

Mélanger la cassonade, le sucre et le sel dans une casserole à fond épais. Faire chauffer en mélangeant jusqu'à ce que le sucre soit fondu, et amener à ébullition. Cuire à feu vif jusqu'à ce que le mélange soit caramélisé. Retirer du feu et ajouter la vanille et la crème. Ajouter les noix, mélanger et servir chaud.

Mousse au chocolat

Le grand classique des bistros français ! Voici une variation intéressante de ce dessert bien-aimé.

Donne de 6 à 8 portions

4 carrés de chocolat mi-sucré
65 ml (¼ tasse) de rhum ou de cognac
125 ml (½ tasse) de sucre, ou au goût
5 ml (1 c. à thé) de café soluble
65 ml (¼ tasse) d'eau bouillante
5 œufs, séparés
250 ml (1 tasse) de crème riche en matière grasse, fouettée en neige avec 15 ml (1 c. à soupe) de sucre

1. Mélanger le chocolat, le rhum ou le cognac et le sucre dans une casserole à fond épais ou dans le récipient supérieur d'un bain-marie. Mélanger le café soluble et l'eau bouillante et ajouter au mélange à base de chocolat.
2. Cuire à feu très doux, mélangeant à l'occasion, jusqu'à ce que le chocolat soit fondu. Retirer et du feu et laisser reposer 3 minutes. Incorporer doucement les jaunes d'œufs, un à la fois.
3. Laisser refroidir et incorporer les blancs d'œufs. Mettre à la cuillère dans un bol de service ou dans des coupes à dessert. Réfrigérer de 4 à 6 heures. Servir avec de la crème fouettée.

Garnitures pour mousse au chocolat

Les framboises fraîches sont une excellente garniture pour la mousse au chocolat, tout comme les brins de menthe fraîche. Vous pouvez aussi verser un peu de schnaps à la menthe pour donner du goût. Le Chambord, une liqueur de framboise, est également bon ajouté à la mousse en cours de préparation.

Soufflé au chocolat et aux framboises

Le chocolat et les framboises sont un mariage divin. Un soufflé est assez impressionnant, mais l'ajout de framboises fraîches le rend encore plus spécial.

Donne 4 portions

- 2 carrés de chocolat mi-sucré
- 125 ml (½ tasse) de sucre
- 15 ml (1 c. à soupe) de beurre + 15 ml (1 c. à soupe) pour le moule à soufflé
- 30 ml (2 c. à soupe) de Chambord (liqueur de framboises)
- 45 ml (3 c. à soupe) de farine de riz ou de fécule de maïs
- 45 ml (3 c. à soupe) de lait froid
- 4 jaunes d'œufs
- 5 blancs d'œufs
- 1 pincée de crème de tartre
- 500 ml (½ pinte) de framboises fraîches, rincées et épongées avec un essuie-tout

1. Préchauffer le four à 190 °C (375 °F).
2. Dans une casserole épaisse de taille moyenne, faire fondre le chocolat avec le sucre, le beurre et le Chambord. Retirer du feu. Fouetter ensemble la farine et le lait, incorporer au mélange à base de chocolat.
3. Incorporer les jaunes d'œufs, un à la fois, dans le mélange. Fouetter les blancs d'œufs et la crème de tartre en neige. Incorporer les blancs d'œufs dans le mélange à base de chocolat et verser dans un moule à soufflé beurré de 1½ l (1½ pinte).
4. Cuire de 35 à 40 minutes ou jusqu'à ce qu'il soit gonflé et doré. Garnir chaque portion de framboises fraîches et de crème fouettée, si désiré.

Le soufflé créatif

La variété de soufflés que vous pouvez préparer n'est restreinte que par la disponibilité des ingrédients et par votre imagination. Vous pouvez remplacer le chocolat par des bananes en purée, ou encore des mangues. Le soufflé est superbe à présenter, mais il doit être servi immédiatement, sinon il s'effondrera.

Flan à l'espresso

Donne 4 portions

45 ml (3 c. à soupe) de café espresso soluble
30 ml (2 c. à soupe) d'eau bouillante
500 ml (2 tasses) de crème à fouetter
3 œufs entiers
20 ml (4 c. à thé) de fécule de maïs
20 ml (4 c. à thé) d'eau froide
125 ml (½ tasse) de sucre, ou au goût
5 ml (1 c. à thé) de vanille

Ce flan riche et soyeux peut être servi avec de la crème fouettée ou de la crème glacée au café.

1. Préchauffer le four à 165 °C (325 °F). Fouetter ensemble le café soluble et l'eau bouillante ; ajouter la crème et incorporer les œufs. Mélanger la fécule de maïs et l'eau jusqu'à homogénéité, et incorporer au mélange.
2. Ajouter le reste des ingrédients et bien mélanger. Mettre 4 ramequins à flan bien beurrés dans une rôtissoire remplie d'eau chaude posée au milieu du four. Ajouter le flan.
3. Cuire de 50 à 60 minutes. Servir tiède, à la température ambiante ou froid, avec de la crème fouettée.

Espresso

Les grains de café espresso sont torréfiés plus longtemps que les grains de café réguliers, voilà pourquoi ils sont si foncés et ont une saveur si prononcée. En cuisine, utilisez du café espresso soluble. Vous pouvez aussi utiliser du café espresso soluble décaféiné pour un même résultat, sans l'effet de la caféine.

Mousse demi-glacée au moka

Le moka, ce mariage de café et de chocolat serait, dit-on, aphrodisiaque. Lorsqu'il est assez glacé pour être très froid et très noir, il évoquerait Éros.

Donne 4 portions

30 ml (2 c. à soupe) de café espresso soluble

60 ml (4 c. à soupe) de poudre de cacao hollandais

85 ml (⅓ tasse) d'eau glacée

170 ml (⅔ tasse) de sucre

5 ml (1 c. à thé) de vanille

3 ml (½ c. à thé) de sel

250 ml (1 tasse) de crème riche en matière grasse

1. Mélanger ensemble le café espresso instant, la poudre de cacao et l'eau jusqu'à homogénéité. Ajouter le sucre, la vanille et le sel.
2. Fouetter la crème et l'incorporer au mélange à base de café, en douceur, mais complètement.
3. Mettre le bol au congélateur 1 heure, en mélangeant à l'occasion ; sans le laisser geler complètement. Servir dans des verres à cognac avec des copeaux de chocolat sur le dessus.

Flan à la citrouille

Il est possible de remplacer la citrouille par de la courge d'hiver surgelée. La purée de citrouille en conserve est épaisse et forte, éviter si possible.

Donne de 6 à 8 portions

500 ml (2 tasses) de dés de citrouille fraîche, cuite à la vapeur dans 250 ml (1 tasse) d'eau ou 2 paquets de 340 ou 370 g (12 ou 13 oz]) de courge d'hiver surgelée, décongelée

125 ml (½ tasse) de cassonade

65 ml (¼ tasse) de sucre

3 ml (½ c. à thé) chaque de gingembre moulu, de clou de girofle moulu, de muscade moulue

5 ml (1 c à thé) de cannelle moulue

3 œufs, battus

250 ml (1 tasse) de crème riche en matière grasse

1. Préchauffer le four à 165 °C (325 °F). Réduire la citrouille en purée au mélangeur électrique ou au robot culinaire. Ajouter doucement le reste des ingrédients.
2. Verser dans un moule beurré. Poser une rôtissoire remplie d'eau au centre du four. Mettre le moule de flan dans la rôtissoire et cuire de 50 à 60 minutes. Une variation intéressante consiste à ajouter 250 ml (1 tasse) de morceaux de pacanes et de les cuire à même le flan.

Pouding au riz aux abricots

Donne de 6 à 8 portions

- 250 ml (1 tasse) d'abricots séchés, coupés en quartiers
- 250 ml (1 tasse) d'eau
- 125 ml (½ tasse) de sucre
- 250 ml (1 tasse) de riz (basmati de préférence)
- 625 ml (2½ tasses) de lait
- 5 ml (1 c. à thé) de vanille
- ½ ml (⅛ c. à thé) de muscade
- 125 ml (½ tasse) de sucre, plus au goût
- 250 ml (1 tasse) de crème riche en matière grasse, fouettée en neige
- 250 ml (1 tasse) d'amandes blanches, grillées pour la garniture

La recette classique exige de mélanger des cerises en conserve dans leur sirop au pouding au riz. Celle-ci est légèrement différente et, croit-on, meilleure.

1. Amener les abricots, l'eau et le sucre à ébullition et réduire le feu. Laisser mijoter jusqu'à ce que les abricots soient gonflés et la sauce sirupeuse.
2. Dans une grande casserole à fond épais, mélanger le riz et le lait. Amener à ébullition et réduire le feu pour laisser mijoter et cuire environ 60 minutes, en mélangeant à l'occasion.
3. Ajouter la vanille, la muscade et le sucre ; bien mélanger. Laisser refroidir légèrement. Fouetter la crème et incorporer au pouding. Incorporer les abricots dans le pouding. Garnir d'amandes grillées.

Sauce au chocolat

Donne 250 ml (1 tasse)

- 55 g (2 oz) de chocolat mi-sucré
- 125 ml (½ tasse) d'eau
- 125 ml (½ tasse) de sucre, ou au goût
- 5 ml (1 c. à thé) d'extrait de vanille
- 30 ml (2 c. à soupe) de beurre non salé
- 1 ml (¼ c. à thé) de sel

Une garniture incontournable pour la crème glacée, le pouding au riz et tout autre dessert. Cette sauce se conserve au moins deux semaines au réfrigérateur.

Mélanger ensemble tous les ingrédients dans une casserole à fond épais. Cuire, en remuant, jusqu'à épaississement de la sauce et jusqu'à ce que le sucre soit fondu. Conserver dans un pot au réfrigérateur.

Chapitre 17

Collations pour enfants approuvées par les parents

Maïs soufflé avec beurre épicé

Donne 2 portions

½ bâton (65 ml [¼ tasse]) de beurre ou de margarine

5 ml (1 c. à thé) de sauce Tabasco

3 ml (½ c. à thé) de poivre noir du moulin

5 ml (1 c. à thé) de sel

1 paquet de maïs soufflé à micro-ondes ou 1 l (4 tasses) de maïs soufflé, nature (sans saveur et sans beurre)

Voici une excellente alternative à l'habituel maïs soufflé avec du beurre. Il est possible d'ajouter davantage de piquant, de même que du sel assaisonné.

Faire fondre le beurre et ajouter les assaisonnements. Verser sur le maïs soufflé chaud en brassant vigoureusement.

Amandes rôties au poivre rose

Donne environ 625 ml (2½ tasses)

½ bâton (65 ml [¼ tasse]) de beurre ou de margarine

190 ml (¾ tasse) de cassonade dorée (pas brune)

20 ml (4 c. à thé) d'eau

3 ml (½ c. à thé) de clou de girofle moulu

1 ml (¼ c. à thé) de cannelle

10 ml (2 c. à thé) de sel

15 ml (1 c. à soupe) de poivre rose du moulin

625 ml (2½ tasses) d'amandes blanchies

Ces noix peuvent être conservées dans un sac de plastique ou un contenant en métal. On peut utiliser également du poivre noir ou blanc : les résultats seront légèrement différents.

1. Préchauffer le four à 180 °C (350 °F). Couvrir une tôle à biscuits de papier d'aluminium et la vaporiser d'enduit à cuisson antiadhésif.
2. Faire fondre le beurre et incorporer le sucre ainsi que l'eau en brassant à feu moyen. Ajouter les épices, le sel et le poivre. Lorsque le mélange est homogène, ajouter les amandes et les enrober.
3. Transférer les noix sur la tôle à biscuits. Cuire environ 10 minutes, jusqu'à ce qu'elles soient bien dorées. Laisser refroidir et conserver dans un contenant hermétique.

Carrés de pain de maïs croustillants

Donne de 15 à 20 carrés

250 ml (1 tasse) de semoule de maïs
250 ml (1 tasse) de farine de maïs
10 ml (2 c. à thé) de bicarbonate de soude
5 ml (1 c. à thé) de crème de tartre
5 ml (1 c. à thé) de sel, ou au goût
60 ml (4 c. à soupe) de sucre ou de cassonade
250 ml (1 tasse) de crème sure
65 ml (¼ tasse) de babeurre
2 œufs, battus
60 ml (4 c. à soupe) de beurre, fondu

Ces carrés peuvent également être taillés en forme de rectangle et utilisés pour les trempettes et les tartinades.

1. Vaporiser un moule de 23 x 33 cm (9 x 13 po) d'enduit à cuisson antiadhésif et préchauffer le four à 220 °C (425 °F). Mélanger tous les ingrédients secs ensemble dans un bol. Incorporer la crème sure, le babeurre et les œufs. (Il est possible d'ajouter différentes herbes et épices afin de modifier les saveurs, comme de l'origan et de la poudre d'ail, pour une saveur italienne ou du chili et du cumin, pour un goût mexicain.)
2. Verser dans le moule et cuire 20 minutes ou jusqu'à ce que le mélange soit doré.

Les collations

Partie prenante des habitudes alimentaires des Américains depuis toujours, les collations devraient constituer un ajout sain au régime. Des collations trop sucrées comme des gâteaux et des bonbons ne sont absolument pas utiles, puisqu'elles entraînent une hausse du taux de sucre suivie par davantage d'appétit. Les vrais aliments sont nourrissants et éloignent la faim.

Donne 1 l (1 pinte)

225 g (½ livre) de bœuf haché
1 oignon, haché
2 piments jalapeños, ou au goût, étrognés, épépinés et hachés
2 gousses d'ail, hachées
65 ml (¼ tasse) d'huile végétale
20 ml (4 c. à thé) de poudre de chili, ou au goût
1 boîte de 385 ml (13 oz) de tomates broyées, avec leur jus
1 boîte de 370 g (13 oz) de haricots rouges
125 ml (½ tasse) de bière plate
Choix de carottes, morceaux de céleri, radis, brocoli, courgettes, etc.

Trempette de chili et haricots avec légumes

Voici un ajout extraordinaire à n'importe quelle collation, que ce soit pour regarder un match de sport à la télévision ou après l'école. La servir avec des Carrés de pain de maïs croustillants (voir à la page 239).

1. Faire sauter le bœuf et les légumes dans l'huile, déchiquetant la viande avec une cuillère afin d'éviter les agglutinements.
2. Quand les légumes sont tendres, ajouter le reste des ingrédients (sauf les légumes pour la trempette). Couvrir et laisser mijoter 1 heure. Servir chaud. Ou laisser refroidir et transformer le mélange en trempette en le passant au robot. Ne pas le rendre lisse. Servir avec des légumes en accompagnement.

Le chili et les fèves

Il existe un nombre infini de combinaisons de chili et de fèves. Certains utilisent de la dinde, d'autres ajoutent du chocolat noir et de la cannelle et modifient la quantité de fèves et de tomates. Certaines variétés de chili ne contiennent aucune fève. Différentes régions utilisent différentes quantités d'épices et d'ingrédients, et le goût peut être plus ou moins relevé.

Piments et poivrons farcis au monterey

Voici une collation facile ou une grignotine pour les cocktails.

Donne 4 portions

- 4 poivrons rouges, coupés en quartiers, étrognés et épépinés
- 20 ml (4 c. à thé) d'huile d'olive, ou flacon vaporisateur d'huile d'olive
- 125 ml (½ tasse) de monterey ou pepperjack, râpé
- 125 ml (½ tasse) de *Carrés de pain de maïs croustillants* (voir à la page 239), émiettés du mélangeur ou au robot
- Poivre noir et piment de Cayenne, au goût
- 20 ml (4 c. à thé) de parmesan, pour la garniture
- Laitue, déchiquetée, et crème sure, pour la garniture

1. Préchauffer le four à 180 °C (350 °F).
2. Vaporiser un plat allant au four d'un enduit à cuisson antiadhésif. Étendre les poivrons dans le plat. Les vaporiser ou les arroser d'huile d'olive. Diviser le fromage entre les poivrons.
3. Mélanger la chapelure, le poivre, le piment de Cayenne et le parmesan ensemble, avant de mettre ce mélange à la cuillère au-dessus du fromage. Cuire jusqu'à ce que le fromage fonde, environ 10 minutes. Servir garni de laitue déchiquetée et d'un peu de crème sure.

Poivrons farcis à la gelée de jalapeño et au fromage à la crème

Voici une collation facile ou une grignotine pour les cocktails.

Donne 32 morceaux

- 4 gros poivrons rouges mûrs, étrognés, épépinés, coupés en quartiers puis en deux
- 1 paquet de 227 g (8 oz) de fromage à la crème
- 1 paquet de 227 g (8 oz) de gelée de piments jalapeños

Déposer les poivrons coupés en forme de « cuillères » sur une assiette. Placer un peu de fromage à la crème sur chacune d'elle, ajouter un peu de gelée de jalapeño épicée/douce, et servir.

Œufs farcis de caviar ou de crevettes

Donne 10 œufs farcis

5 œufs, cuits dur

125 ml (½ tasse) de mayonnaise, régulière ou faible en matière grasse

5 ml (1 c. à thé) de moutarde de Dijon

5 ml (1 c. à thé) de sauce Tabasco, ou toute autre sauce forte

½ botte de ciboulette, finement taillée

10 ml (2 c. à thé) de câpres, les plus petites possible

55 g (2 oz) de caviar de saumon rouge ou 10 petites crevettes, cuites

Crème sure, si vous utilisez du caviar

Il n'y a rien de plus délicieux qu'un œuf farci d'un peu de caviar ainsi que d'une touche de crème sure par-dessus.

1. Écaler les œufs, les couper en deux et retirer les jaunes pour les mettre au robot. Mettre les blancs sur une assiette.
2. Ajouter la mayonnaise, la moutarde, la sauce aux piments, la ciboulette et les câpres dans le robot et remuer jusqu'à ce que ce soit bien mélangé.
3. Farcir les blancs d'œufs du mélange de jaunes d'œufs et ajouter 1 ml (¼ c. à thé) de caviar, ou une crevette, sur chacun d'entre eux. Servir avec la crème sure en accompagnement pour le caviar.

L'huile d'olive en flacons pulvérisateurs
Voici une façon très facile et très économique d'utiliser de l'huile d'olive. Il suffit d'acheter un flacon pulvérisateur conçu pour arroser les plantes et de le remplir d'huile d'olive. Utilisez-le pour vaporiser vos aliments, salade, etc. Vous pouvez également acheter de l'enduit antiadhésif à saveur d'huile d'olive à l'épicerie. L'enduit antiadhésif ne convient cependant pas aux salades.

Ailes de poulet grillées au cari

Les ailes de poulet à la mode de Buffalo sont généralement frites. Celles-ci, enrobées d'épices et d'un peu d'huile d'olive, sont beaucoup moins grasses. Il est possible de doubler la recette et d'en réfrigérer la moitié, pour de délicieuses collations froides.

Donne de 4 à 8 portions

- 1,8 kg (4 livres) d'ailes de poulet, divisées aux jointures, les pointes enlevées
- 15 ml (1 c. à soupe) de poudre de cari, ou au goût
- 15 ml (1 c. à soupe) de poudre d'oignon
- 15 ml (1 c. à soupe) de poudre d'ail
- 1 ml (¼ c. à thé) de cannelle
- 10 ml (2 c. à thé) de cassonade
- 65 ml (¼ tasse) de jus de lime fraîchement pressé
- 65 ml (¼ tasse) d'huile d'olive
- 5 ml (1 c. à thé) de sel
- Poivre noir du moulin, au goût

1. Rincer les ailes et les déposer sur des essuie-tout, pour qu'elles sèchent.
2. Dans un grand bol, mélanger le reste des ingrédients ensemble. Enrober le poulet du mélange de cari, couvrir et réfrigérer 1 heure.
3. Griller sur des charbons à chaleur moyenne ou griller à 180 °C (350 °F) 20 minutes, tournant les ailes régulièrement, ou jusqu'à ce qu'elles soient dorées.

Ailes de poulet grillées très épicées

L'aspect le plus intéressant de cette recette est le fait qu'il est possible de la préparer aussi épicée que désiré. Pour les enfants, il est préférable de les préparer juste un peu piquantes.

Donne de 4 à 8 portions

- 1,8 kg (4 livres) d'ailes de poulet, divisées aux jointures, les pointes enlevées
- 250 ml (1 tasse) de beurre, fondu
- 20 à 40 ml (4 à 8 c. à thé) de sauce Tabasco, ou toute autre sauce forte
- 5 à 10 ml (1 à 2 c. à thé) de sel, ou au goût
- Branches de céleri avec vinaigrette au fromage bleu pour la garniture

1. Rincer les ailes et les déposer sur des essuie-tout pour qu'elles sèchent. (Si le poulet est humide, l'enrobage ne collera pas.)
2. Mélanger le beurre, la sauce Tabasco et le sel dans un bol. Placer les morceaux de poulet dans le bol pour les enrober.
3. Griller sous une flamme moyenne ou griller à 180 °C (350 °F), jusqu'à ce que le poulet soit doré et grésillant, environ 20 minutes. Attention à ne pas les brûler. Servir avec du céleri et de la vinaigrette au bleu.

Céleris farcis au gorgonzola et aux grains de poivre vert

Donne 375 ml (1½ tasse)

- 1 pied de céleri, lavé et coupé en longueurs de 5 cm (2 po)
- 190 ml (¾ tasse) de crème sure
- 125 ml (½ tasse) de gorgonzola, émietté
- 15 ml (1 c. à soupe) de jus de citron
- 15 ml (1 c. à soupe) d'oignon, haché
- 5 ml (1 c. à thé) de sel de céleri
- 5 ml (1 c. à thé) de sauce Tabasco, ou toute autre sauce forte
- 30 ml (2 c. à soupe) de grains de poivre vert, dans la saumure

Le céleri est un excellent substitut, sans oublier qu'il est meilleur pour la santé, aux craquelins quand vous avez une alimentation sans gluten.

1. Placer le céleri sur une assiette, couvrir et réfrigérer.
2. Mélanger le reste des ingrédients ensemble. Farcir les céleris et servir. Il est possible de préparer les céleris deux à trois heures à l'avance.
3. Garnir de ciboulette hachée, de petites crevettes, de morceaux de poivrons rouges grillés, de demi-olives noires et d'herbes telles que du persil, de la ciboulette ou de l'origan.

Petites côtes levées de dos

Donne de 4 à 6 portions

- 1,8 kg (4 livres) de petites côtes levées de dos, coupées en portions d'une côte
- 125 ml (½ tasse) d'huile d'olive
- 250 ml (1 tasse) de votre sauce barbecue préférée
- 250 ml (1 tasse) de jus de tomate
- 125 ml (½ tasse) de jus d'orange

On peut utiliser n'importe quelle sauce asiatique ou barbecue. Le truc consiste à cuire les côtes levées dans la sauce.

1. Frire les côtes dans l'huile végétale, en les tournant, à feu moyen-vif jusqu'à ce qu'elles soient légèrement dorées.
2. Ajouter le reste des ingrédients et couvrir. Cuire à feu très doux 1 heure.
3. Retirer les côtes et continuer à cuire la sauce jusqu'à ce qu'elle soit réduite à 250 ml (1 tasse). Servir la sauce avec les côtes.

Fromage fondu sur carrés de pain de maïs grillé

Cette recette est l'une des centaines de gâteries qu'il est possible de préparer quand on a des carrés de pain de maïs grillé au réfrigérateur ou au congélateur.

Donne 32 petits carrés

- 1 recette de *Carrés de pain de maïs croustillants* (voir à la page 239)
- 125 ml (½ tasse) de beurre, mou
- 250 ml (1 tasse) de monterey, coupé en cubes
- 125 ml (½ tasse) de parmesan, râpé
- 125 ml (½ tasse) de poivrons rouges grillés, ceux en bocal conviennent
- 125 ml (½ tasse) d'oignon rouge sucré, haché

1. Déposer les carrés de pain de maïs sur une tôle à biscuits préalablement vaporisée d'un enduit à cuisson antiadhésif. Préchauffer le four à 180 °C (350 °F).
2. Bien mélanger le reste des ingrédients au robot culinaire. Il n'est pas nécessaire que le mélange soit lisse. À l'aide d'une cuillère, déposer une petite quantité du mélange de fromage et de beurre sur chaque carré.
3. Cuire jusqu'à ce que le fromage fonde, environ 10 minutes. Il est possible de varier la recette en ajoutant différentes herbes, de l'ail haché ou vos assaisonnements préférés, au goût.

Farces et tartinades

Préparer des tartinades et des farces pour toutes sortes d'aliments est une façon géniale d'utiliser les restes. Il est possible d'utiliser un reste de brie, le mettre au robot avec des oignons hachés et un peu de beurre ou de margarine, afin de le transformer en une toute nouvelle expérience. Les restes de poulet conviennent fort bien à la préparation de nombreuses tartinades, de farces pour le céleri ou pour un petit sandwich.

Crêpes de pois chiches à farcir

Donne l'équivalent de 8 collations

315 ml (1¼ tasse) d'eau froide

1 œuf

5 ml (1 c. à thé) de sauce Tabasco, ou toute autre sauce forte

250 ml (1 tasse) de farine de pois chiches

5 ml (1 c. à thé) de sel

5 ml (1 c. à thé) de poudre d'ail (facultatif)

Huile végétale ou d'olive pour la friture

Ces crêpes sont très polyvalentes — on peut les farcir et les rouler ou les rouler et les farcir, comme des cannellonis ou des manicottis, pour un repas.

1. Mettre l'eau, l'œuf et la sauce Tabasco au robot ou au mélangeur électrique. Remuer en ajoutant lentement la farine. Arrêter et racler les parois du récipient.
2. Incorporer le sel et la poudre d'ail. Faire chauffer une poêle antiadhésive à feu moyen-élevé et ajouter 5 ml (1 c. à thé) d'huile végétale ou d'olive.
3. Verser environ 65 ml (2 oz) de pâte dans la poêle, la basculant rapidement afin d'étendre la pâte. Frire environ 3 minutes ou jusqu'à ce que les bords soient croustillants. Retourner avec précaution et, quand elle est dorée, mettre sur du papier ciré ou parchemin pour qu'elle refroidisse.
4. Plier pour former des tubes. Remplir de l'une des farces de ce chapitre.

Les crêpes — une touche d'élégance

L'aspect extraordinaire des crêpes est qu'elles ajoutent une touche d'élégance et de charme à n'importe quel repas ou n'importe quelle collation. La deuxième chose agréable des crêpes est qu'elles peuvent être préparées, réfrigérées ou congelées. Elles sont merveilleuses à avoir sous la main — si des invités inattendus arrivent pour le cocktail et le dîner, pas de problème. Les seuls instruments nécessaires sont un mélangeur et une poêle antiadhésive.

Hot-dogs épicés

Voici une manière géniale de servir des hot-dogs à des gens qui ont une alimentation sans gluten. Les transformer en tartinade ajoute une touche emballante.

Donne de 6 à 8 portions

3 saucisses à hot-dog, grillées, bouillies ou cuites à la vapeur
10 ml (2 c. à thé) de moutarde de Dijon
10 ml (2 c. à thé) d'oignon, haché
10 ml (2 c. à thé) de relish verte ou rouge
1 recette de *Crêpes de pois chiches* (voir à la page 246)

1. Préparer une tôle à biscuits en la vaporisant d'un enduit à cuisson antiadhésif. Préchauffer le four à 180 °C (350 °F).
2. Mélanger les saucisses à hot-dog, la moutarde, l'oignon et la relish au robot.
3. Tartiner 5 ml (1 c. à thé) du mélange sur le quart de chaque crêpe et plier en deux, puis en quatre.
4. Cuire environ 10 minutes, jusqu'à ce qu'elles soient chaudes. Servir avec du football, du soccer ou du baseball et beaucoup de moutarde, en accompagnement.

Poulet au cari

Tout le concept est très moyen-oriental. Ce poulet est utilisé pour farcir des crêpes.

Donne 8 portions

1 recette de *Crêpes de pois chiches* (voir à la page 246)
225 g (½ livre) de poitrines de poulet, pochées 10 minutes, ou reste de poulet cuit, haché
125 ml (½ tasse) de yogourt nature
10 ml (2 c. à thé) de poudre de cari, ou au goût
65 ml (¼ tasse) de chutney à la mangue Major Grey

1. Empiler les crêpes avec du papier ciré entre elles. Mélanger ensemble le poulet, la poudre de cari et le chutney. Mettre une cuillère du mélange de poulet et de cari sur un quart de chaque crêpe.
2. Plier en quatre. Déposer sur une assiette et servir.

Donne de 8 à 10 petites crêpes

1 banane, en tranches, par crêpe

8 x 3 ml (½ c. à thé) de beurre d'arachide

1 recette de *Crêpes de pois chiches* (voir à la page 246)

8 x 3 ml (½ c. à thé) de miel

4 tranches de bacon, croustillants et émiettés

Garniture beurre d'arachide, bananes et bacon

Voici une collation sur le pouce parfaite pour les enfants, après l'école. C'est également un aliment réconfortant pour les grands.

Placer la banane et le beurre d'arachide côte à côte au bout de la crêpe. Arroser de miel et parsemer de bacon émietté. Ramener le côté avec le beurre d'arachide, le miel et le bacon sur le côté avec la banane et plier de nouveau.

Donne de 8 à 10 petites crêpes

65 ml (¼ tasse) de mozzarella fraîche, coupée en petits morceaux

8 à 10 tranches de pepperoni

1 recette de *Crêpes de pois chiches* (petites, environ 10 cm [4 po] ; voir à la page 246)

Garniture pepperoni et fromage

Voici une autre idée succulente pour farcir des crêpes. Il est possible d'ajouter des poivrons rouges rôtis, des oignons et un peu de tomates broyées en conserve.

1. Préparer une tôle à biscuits en la vaporisant d'un enduit à cuisson antiadhésif. Mettre le fromage et le pepperoni sur le quart de chaque crêpe. Ajouter tout ce que vous voulez. Il est possible d'ajouter un peu de sauce à pizza sur chaque crêpe, avant de la plier.
2. Cuire jusqu'à ce que le fromage fonde, environ 10 minutes.

Chapitre 18

Buffet de réception pour douze personnes

Donne de 12 à 24 carrés

1,625 l (6½ tasses) d'eau

30 ml (2 c. à soupe) de sel

500 ml (2 tasses) de semoule de maïs jaune

60 à 120 ml (2 à 4 oz) de beurre non salé

30 ml (2 c. à soupe) d'herbes séchées ou 15 ml (1 c. à soupe) chacun de basilic, de romarin et de persil frais

125 ml (½ tasse) de parmesan, fraîchement râpé

Poivre du moulin, au goût

30 ml (2 c. à soupe) de beurre non salé, et 30 à 60 ml (2 à 4 c. à soupe) d'huile végétale, pour la friture

1 pot de 227 g (8 oz) de votre salsa préférée ou de *Guacamole* (voir à la page 251) pour la trempette

Carrés de polenta frits accompagnés de salsa

Préparer la polenta la veille, puis réfrigérer jusqu'au moment de servir.

1. Amener l'eau à ébullition.
2. Ajouter le sel et faites glisser les grains de semoule lentement entre vos doigts dans l'eau bouillante, afin de former un mince flot. Vous devriez être en mesure de voir chaque grain. Ne pas mettre la semoule d'un coup ou vous obtiendrez une masse de colle.
3. Mélanger sans cesse en versant la semoule. Réduire pour laisser mijoter en remuant environ 20 minutes jusqu'à épaississement.
4. Incorporer le beurre, les herbes, le parmesan et le poivre. Étendre dans un moule en verre de 23 x 33 cm (9 x 13 po) vaporisé d'un enduit à cuisson antiadhésif.
5. Réfrigérer 3 heures ou toute la nuit. Couper en carrés et frire jusqu'à ce qu'ils soient dorés à feu moyen dans un mélange de beurre et d'huile. Pour une fête en plein air, les carrés peuvent être grillés sur le barbecue, à feu doux, pour une saveur fumée. Servir avec de la salsa ou du guacamole.

Guacamole

Il existe de nombreuses recettes de guacamole. Certaines demandent de la sauce adobo, d'autres des tomates, et d'autres encore mélangent le jus de lime et le jus de citron.

Donne de 250 à 325 ml (de 1 à 1½ tasse)

3 avocats Hass moyens ou 2 gros à peau lisse, pelés et dénoyautés

Jus de 2 limes

125 ml (½ tasse) d'oignon doux, haché

5 ml (1 c. à thé) de sauce Tabasco, ou au goût

3 ml (½ c. à thé) de sel, ou au goût

30 ml (2 c. à soupe) de coriandre fraîche, hachée finement

Avec une fourchette, réduire les avocats en purée en incorporant les autres ingrédients ; bien mélanger.

Choisir les avocats

La plupart des avocats du commerce sont durs comme de la roche. Ça va. Si vous achetez des avocats mûrs, ils auront tendance à avoir des meurtrissures. Achetez-les tout simplement quelques jours à l'avance. Posez-les sur un seuil de fenêtre ensoleillé ou encore dans un sac en papier ou enveloppés de papier journal. Le papier semble accélérer le mûrissement. L'avocat ne devrait pas avoir de taches noires huileuses lorsque vous le tranchez ; il devrait être d'un beau vert uniforme. Une ou deux taches noires peuvent être retirées, mais n'utilisez pas un avocat qui serait tout noir ou qui aurait des taches gris-brun.

Sauce aux concombres pour le gravlax

Donne 750 ml (3 tasses)

- 1 grand concombre anglais, pelé
- 1 oignon rouge, haché finement
- 375 ml (1½ tasse) de crème sure
- 125 ml (½ tasse) d'aneth frais, haché
- Jus et zeste haché de 1 citron
- 5 ml (1 c. à thé) de vinaigre de champagne ou d'un autre vin blanc
- 5 ml (1 c. à thé) de sel
- Poivre blanc ou noir de moulin, au goût
- Ciboulette et persil, hachés, pour la garniture

Cette sauce accompagne magnifiquement le gravlax. Elle est également délicieuse avec le filet mignon ou le jambon rôti.

1. Trancher le concombre en deux dans le sens de la longueur ; enlever les pépins et les jeter. Hacher finement le concombre.
2. Ajouter le reste des ingrédients, sauf la ciboulette et le persil, et réfrigérer au moins 2 heures pour bien marier les saveurs.
3. Servir dans un bol froid avec le gravlax. Garnir de ciboulette et de persil.

Gravlax (saumon cuit dans le sucre et le sel)

Donne de 12 à 15 portions

- De 454 g à 1,4 kg (de 1 à 3 livres) de filets de saumon, sans la peau
- 170 ml (⅔ tasse) de sel
- 125 ml (½ tasse) de sucre
- 20 grains de poivre blanc, écrasés
- 6 grosses tranches de racine de gingembre, pelées
- 5 gros brins d'aneth frais
- 1 recette de *Sauce au concombre* (voir ci-dessous)
- 1 recette de *Sauce à la moutarde* (voir à la page 253)

Voilà une spécialité suédoise qui est servie toute l'année — idéale pour tout buffet en toute occasion. Le saumon « cuira » ou sera « salé » dans le sel et le sucre.

1. Rincer le saumon et essuyer avec des essuie-tout.
2. Dans un grand plat en verre allant au four, mélanger le sel, le sucre et le poivre. Poser le saumon dans le plat et retourner pour enrober.
3. Disposer les tranches de gingembre sur et sous le poisson. Mettre les brins d'aneth sur et sous le poisson. Couvrir hermétiquement et réfrigérer de 16 à 24 heures.
4. Gratter le sel et le sucre en essuyant le poisson avec des essuie-tout. Trancher mince, en diagonale, et servir avec des cressons, des tranches d'œufs cuits dur et de la vinaigrette.

Sauce à la moutarde pour le gravlax, le jambon ou le rôti de bœuf

Cette sauce simple et délicieuse est un succès à tout coup. Elle peut également servir de vinaigrette pour les salades.

Donne 250 ml (1 tasse)

- 170 ml (2/3 tasse) d'huile d'olive
- 85 ml (1/3 tasse) de vinaigre de vin blanc
- 15 ml (1 c. à soupe) de moutarde de Dijon
- 5 ml (1 c. à thé) de sucre
- Sel et poivre, au goût
- Herbes fraîches, comme l'aneth, l'origan, le persil ou le basilic

Mettre tous les ingrédients au mélangeur électrique jusqu'à émulsion. Servir dans un bol en verre ou une saucière. Conserver dans un pot en verre, couvert, au réfrigérateur. Se conserve une semaine, selon la fraîcheur des herbes, plus longtemps avec des herbes séchées.

Soupe chaude ou froide aux asperges

Dans de petites tasses, servir cette soupe très froide par temps chaud ou chaude et crémeuse par temps frisquet. Il est possible de garnir de petites crevettes cuites.

Donne environ 3,75 l (15 tasses)

- 4 échalotes, hachées
- 30 ml (2 c. à soupe) d'huile d'olive
- 1 l (4 tasses) d'asperges fraîches ou 3 paquets de 284 g (10 oz) d'asperges surgelées, en morceaux de 2,5 cm (1 po)
- 2 l (2 pintes) de bouillon de poulet
- Sel et poivre, au goût
- Jus de 1 citron et 5 ml (1 c. à thé) de zeste de citron
- 5 ml (1 c. à thé) de sauce Tabasco, ou au goût
- 500 ml (2 tasses) de crème riche en matière grasse
- 125 ml (1/2 tasse) de ciboulette ou de menthe fraîche, hachée, pour la garniture

1. Dans une grande casserole à fond épais, faire sauter les échalotes dans l'huile d'olive. Lorsque les échalotes sont tendres, ajouter les asperges et mélanger quelques minutes.
2. Ajouter le bouillon, le sel, le poivre, le jus et le zeste de citron et la sauce Tabasco. Couvrir et cuire jusqu'à ce que les asperges soient tendres.
3. Au mélangeur électrique, mélanger jusqu'à homogénéité. Si la soupe est servie chaude, faire réchauffer, ajouter la crème et servir. Pour une soupe froide, refroidir, ajouter la crème et servir. Garnir de ciboulette ou de menthe fraîche hachée.

Donne 12 petites crêpes

500 ml (2 tasses) de pois chiches

2 gousses d'ail, écrasées

5 ml (1 c. à thé) de sauce Tabasco ou de sauce forte

5 ml (1 c. à thé) de sel

325 ml (1½ tasse) d'eau

Huile d'olive, au besoin, pour la cuisson

Petites crêpes aux pois chiches

Ces petites crêpes ont un goût de noix qui se marie bien avec toutes sortes de trempettes et de garnitures. Elles peuvent être de tailles différentes, selon l'occasion.

1. Mélanger ensemble tous les ingrédients, sauf l'huile, au mélangeur électrique en prenant soin de racler les parois à l'occasion.
2. Faire chauffer de l'huile dans une poêle antiadhésive. Ajouter 15 ml (1 c. à soupe) de pâte pour une crêpe de 3,8 cm (1½ po).
3. Cuire jusqu'à ce que la crêpe soit croustillante en dessous ; puis retourner. Retirer du feu et réserver sur un essuie-tout ou dans une assiette. Ensuite, garnir au goût et fermer ou plier en deux pour tremper.

Riche en fibres solubles

Les nutritionnistes affirment que les pois chiches sont riches en fibres solubles — la meilleure sorte de fibres —, ce qui contribue à l'élimination du cholestérol. Les pois chiches sont également une bonne source d'acide folique, de vitamine E, de potassium, de fer, de manganèse, de cuivre, de zinc et de calcium. En tant qu'aliment riche en potassium et faible en sodium, les pois chiches aident à réduire la pression artérielle.

Fondue au fromage avec légumes à tremper

Voici un hors-d'œuvre interactif pour toute occasion. La fondue peut également être servie en repas principal.

Donne de 12 à 14 portions

1 gousse d'ail

250 ml (1 tasse) de vin blanc sec

454 g (1 livre) de fromage suisse, Jarlsberg ou autre, râpé grossièrement

1 ml (¼ c. à thé) de muscade moulue

Poivre noir du moulin, au goût

45 ml (3 c. à soupe) de kirsch (liqueur)

Sel, au goût

2 jaunes d'œufs, battus

30 ml (2 c. à soupe) de farine sans gluten, comme de la farine de pommes de terre

125 ml (½ tasse) de crème

30 ml (2 c. à soupe) de beurre

1 miche de pain français sans gluten, grillée et coupée en dés

1 tête de brocoli, blanchie dans l'eau bouillante 2 minutes, refroidie et coupée en morceaux

2 poivrons rouges doux, étrognés, épépinés et coupés en morceaux

250 ml (1 tasse) de pois mange-tout, rincés

2 courgettes ou 12 jeunes asperges, coupées en morceaux

1. Écraser l'ail et dans un caquelon de terre cuite ou un réchaud, faire chauffer l'ail dans le vin.
2. Incorporer le fromage, la muscade, le poivre, le kirsch et le sel. Mélanger doucement à feu doux.
3. Dans un autre bol, fouetter les jaunes d'œufs, la farine et la crème. Incorporer au mélange de fromage.
4. Servir avec des dés de pain beurré et des légumes, en gardant le feu doux sous le réchaud ou le caquelon.
5. Lorsque le mélange à base de fromage est fondu, savourer en piquant des légumes ou du pain sur de grandes fourchettes et en trempant dans le fromage. Si le fromage épaissit trop, ajouter un peu de vin chaud.

Au sujet de la fondue

Vous vous demandez d'où vient la fondue ? Elle a été inventée en Suisse comme façon d'utiliser le fromage durci. Il s'agit traditionnellement d'un plat paysan, mais la fondue a gagné en popularité en Amérique dans les années 1950 à la suite de l'ouverture du restaurant de fondue Le Chalet suisse, du chef Konrad Egli. La fondue au chocolat est arrivée plus tard.

Donne 12 portions

85 ml (⅓ tasse) de vinaigre balsamique ou de vin rouge
250 ml (1 tasse) d'huile d'olive
5 ml (1 c. à thé) de moutarde de Dijon
Sel et poivre, au goût
1 aubergine moyenne, pelée et tranchée en rondelles de 1,3 cm (½ po)
3 poivrons rouges doux, étrognés, épépinés et en deux
1 botte d'aragula ou de cresson, sans la tige et lavée
1 grosse laitue romaine, lavée, essorée et hachée
4 tomates mûres, étrognées et en morceaux
65 ml (¼ tasse) de provolone vieilli

Salade d'aubergine et de poivrons grillés

Griller l'aubergine et les poivrons une journée à l'avance, puis à la dernière minute, il ne reste qu'à assembler les légumes, couper le fromage et préparer la salade.

1. Préparer la vinaigrette en mélangeant les quatre premiers ingrédients dans un huilier. Bien mélanger. Couper l'aubergine en tranches, frotter de vinaigrette et griller 3 minutes de chaque côté. Laisser refroidir et couper en dés.
2. Griller les poivrons la peau vers le bas jusqu'à ce qu'elle soit carbonisée. Mettre dans un sac de papier, laisser refroidir et retirer la peau. Couper en morceaux.
3. Juste avant de servir, mélanger les légumes verts avec l'aubergine et les poivrons, ajouter les tomates et mettre des copeaux de provolone sur le dessus.
4. Mélanger le vinaigre, l'huile, la moutarde, le sel et le poivre au mélangeur électrique. Verser sur la salade.

Paella

Pour cette recette, il faut une très grande poêle. Il existe des poêles à paella faites de métal épais et recouvertes d'émail.

Donne de 10 à 16 portions

- 2 poulets, coupés en 10 morceaux
- 454 g (1 livre) de chorizo (saucisse espagnole) ou de saucisse italienne douce, coupée en bouchées
- 125 ml (½ tasse) d'huile d'olive
- 1 gros oignon, coupé en dés
- 2 gousses d'ail, hachées
- 750 ml (3 tasses) de riz
- 1,375 l (5½ tasses) de bouillon de poulet
- 1 pincée de safran
- 2 tomates, étrognées et hachées
- 1 boîte de 284 g (10 oz) de petits pois surgelés
- 18 palourdes du Pacifique, brossées
- 18 moules, brossées et barbes enlevées
- 680 g (1½ livre) de crevettes géantes, décortiquées et déveinées
- 125 ml (½ tasse) de persil frais, haché

1. Préchauffer le four à 180 °C (350 °F).
2. Faire dorer le poulet et le chorizo dans l'huile d'olive et les mettre sur le bord de la poêle. Ajouter l'oignon, l'ail et le riz, en mélangeant pour que les oignons deviennent transparents et que le riz soit enrobé.
3. Ajouter le bouillon, le safran et les tomates. Bien mélanger.
4. Cuire 20 minutes au four ou jusqu'à ce que le riz commence à absorber le bouillon. Ajouter les petits pois.
5. L'ordre d'ajout des fruits de mer est important. Il faut toujours commencer par ceux qui prennent plus de temps à cuire, en ajoutant les plus tendres en dernier. Commencer par répartir les palourdes sur le dessus. Lorsqu'elles commencent à ouvrir, ajouter les moules. Lorsqu'elles sont toutes deux ouvertes, ajouter les crevettes et mélanger avec le riz — les crevettes prennent seulement de 2 à 3 minutes à cuire. Saupoudrer de persil et servir dans la poêle de cuisson.

Chaque région a sa paella

Différents ingrédients entrent dans la composition de la paella, selon la région d'Espagne. Ici, en Amérique, vous pourriez retrouver du homard, plutôt que des langoustines dans la paella, et il y a toujours beaucoup de palourdes.

Donne de 10 à 12 portions

454 g (1 livre) d'épinards frais, lavés, coupés, blanchis et pressés pour extraire l'excédent de liquide ou 2 boîtes de 284 g (10 oz) d'épinards surgelés, décongelés et égouttés

30 ml (2 c. à soupe) d'huile d'olive

4 gousses d'ail, hachées

Jus de ½ citron

1 ml (¼ c. à thé) de muscade

250 ml (1 tasse) de chapelure sans gluten, assaisonnée (par exemple avec de l'origan séché, du sel et du poivre)

1 filet mignon de 2,7 kg (6 livres), bien apprêté

5 ml (1 c. à thé) de sel et poivre du moulin, au goût

30 ml (2 c. à soupe) de beurre ramolli

1 boîte de 385 ml (13 oz) de bouillon de bœuf hyposodique

Filet mignon farci grillé

Ce plat peut être servi chaud, froid ou à la température ambiante. La farce aux épinards et à l'ail agrémente merveilleusement la viande.

1. Préchauffer le four à 180 °C (350 °F).
2. Mettre les épinards sur un essuie-tout pour les assécher un peu. Faire chauffer l'huile d'olive et ajouter l'ail ; cuire à feu moyen jusqu'à ce qu'il soit tendre. Incorporer les épinards, le jus de citron et la muscade ; bien mélanger. Ajouter la chapelure.
3. À l'aide d'une grosse aiguille à tricoter ou le manche d'un couteau émoussé, pratiquer une ouverture dans la viande ; farcir.
4. Saupoudrer la viande de sel et de poivre, puis frotter de beurre ramolli. Rôtir au four 60 minutes en badigeonnant toutes les 15 minutes avec le bouillon de bœuf. Réserver le liquide de cuisson pour une utilisation ultérieure. Laisser le filet reposer 15 minutes avant de servir.

Une solution de rechange pour la chapelure

Au robot culinaire, réduisez en miettes du pain de maïs, des croustilles ou du maïs soufflé. Essayez aussi avec des céréales de riz sans gluten comme le riz soufflé ou le riz croustillant. Gardez les miettes dans des sacs de plastique réutilisables au réfrigérateur.

Fraises trempées dans le chocolat

Ce grand favori des foules est toujours délicieux et peut être fait à l'avance. Toujours se procurer les meilleures fraises possible.

Donne 36 fraises

36 très grosses fraises à longue queue
225 g (8 oz) de chocolat mi-sucré
170 g (6 oz) de barres de chocolat au lait
125 ml (½ tasse) de sucre

1. Rincer les fraises et les laisser égoutter sur des essuie-tout.
2. Faire fondre le chocolat et le sucre au bain-marie, avec de l'eau bouillante dans le récipient inférieur. Retirer du feu.
3. Tremper précautionneusement les fraises, une à la fois, dans le chocolat. Garder dans un endroit frais ou, si elles sont préparées plus de 5 heures à l'avance, garder au réfrigérateur.

Une gâterie pour la Saint-Valentin

Les fraises trempées dans le chocolat sont un cadeau populaire pour la Saint-Valentin, avec leur rouge vif explosant du chocolat crémeux et foncé. Surprenez la personne aimée avec une recette maison qui fera fondre son cœur.

Donne 14 portions

- 454 g (1 livre) de chocolat mi-sucré, haché
- 250 ml (1 tasse) de beurre non salé, coupé en morceaux
- 65 ml (¼ tasse) de poudre de cacao
- 65 ml (¼ tasse) de liqueur de noisette
- 3 ml (½ c. à thé) d'extrait de vanille
- 5 œufs
- 10 ml (2 c. à thé) de zeste d'orange, fraîchement zesté d'une orange à écorce épaisse
- 250 ml (1 tasse) de noisettes, grillées, pelées et moulues
- 250 ml (1 tasse) de noix de Grenoble, grillées et moulues
- 125 ml (½ tasse) de sucre glace

Tarte au chocolat foncé, aux noix de Grenoble et aux noisettes

Cette tarte est d'une richesse délicieuse. À garnir de crème glacée au café ou à la vanille. Quelques framboises fraîches en accompagnement se marient à merveille au chocolat.

1. Préchauffer le four à 180 °C (350 °F). Dans le récipient supérieur d'un bain-marie, faire fondre le chocolat et le beurre. Retirer du feu et mélanger.
2. Ajouter la poudre de cacao, la liqueur, la vanille, les œufs et le zeste d'orange ; bien mélanger.
3. Ajouter les noisettes et les noix de Grenoble. Verser la pâte dans un moule graissé de 23 cm (9 po) tapissé de papier ciré. Cuire jusqu'à ce que le gâteau soit à peine cuit, environ 25 à 30 minutes.
4. Laisser refroidir dans le moule 20 minutes. Démouler et poser sur une grille.
5. Laisser refroidir complètement et saupoudrer de sucre glace. Ajouter les framboises et la crème glacée en garniture.

La vanille

N'utilisez pas d'extrait de vanille artificiel. La vraie vanille est un peu plus chère, mais le goût en vaut vraiment la peine. L'extrait de vanille artificiel donne aux aliments un goût chimique. Vous pouvez utiliser des graines de vanille pour parfumer le sucre en ouvrant simplement la gousse et en l'insérant dans un pot de 500 ml (2 tasses) de sucre, scellé et entreposé 1 semaine.

Chapitre 19

Fête d'enfants, sans gluten

Légumes avec trempette cheddar et chili

Donne 500 ml (2 tasses)

- Assortiment de légumes crus, tels que des carottes, du céleri, des poivrons verts et jaunes
- 30 ml (2 c. à soupe) de beurre ou de margarine
- 30 ml (2 c. à soupe) de fécule ou de farine de maïs
- 250 ml (1 tasse) de lait chaud
- 375 ml (1½ tasse) de cheddar, râpé
- 15 ml (1 c. à soupe) de poudre d'oignon
- 15 ml (1 c. à soupe) de poudre de chili, ou au goût
- 15 ml (1 c. à soupe) de paprika

Cette recette convient à toutes les fêtes d'anniversaires de l'automne et de l'hiver ; la trempette est amusante à manger avec du céleri croquant, des carottes ou des morceaux de poivrons rouges. Les enfants, peu importe leur âge, l'adorent.

1. Préparer les légumes et les placer dans un sac en plastique au réfrigérateur.
2. Faire fondre le beurre et incorporer la fécule ou la farine de maïs. Fouetter en incorporant le lait ; cuire jusqu'à épaississement. Ajouter le reste des ingrédients, bien mélanger et servir avec les légumes.

Légumes avec trempette au fromage

Donne 500 ml (2 tasses)

- 125 ml (½ tasse) de fromage à la crème, à la température ambiante
- 25 ml (½ tasse) de bleu ou de gorgonzola, à la température ambiante
- 125 ml (½ tasse) de mayonnaise
- 125 ml (½ tasse) de crème sure
- 5 ml (1 c. à thé) de sel de céleri
- Poivre noir du moulin, au goût
- Assiette de légumes crus

Cette trempette est géniale pour les enfants et les adultes ; y ajouter les épices qui plaisent aux papilles !

Mélanger tous les ingrédients, sauf les légumes, au robot culinaire, arrêtant le moteur à quelques reprises afin de racler les parois du récipient. Réfrigérer ou servir immédiatement. Servir la trempette accompagnée de légumes.

Le croquant

Tout le monde aime les aliments croquants, surtout les enfants. Et quand ils sont agrémentés d'une magnifique trempette chaude ou froide au fromage, les légumes sont encore plus délicieux. Voici une manière géniale de faire manger des légumes verts crus, tels que du brocoli, des pois mange-tout et des oignons verts, aux enfants. Évidemment, les carottes et le céleri sont des classiques, mais essayez des poivrons rouges et jaunes pour augmenter le nombre de vitamines.

Ailes de poulet frites

Ajuster les quantités selon les autres aliments servis et l'âge des enfants présents à la fête. Prévoir 10 à 12 ailes par adolescent et 4 ou 5 par enfant.

Donne 20 ailes

- 20 ailes de poulet, séparées en deux et taillées, rincées et déposées sur des essuie-tout
- 375 ml (1½ tasse) de farine de pois chiches
- 5 ml (1 c. à thé) de bicarbonate de soude
- 5 ml (1 c. à thé) de poudre d'ail
- 375 ml (1½ tasse) d'eau
- 1 œuf
- Sel et poivre, au goût
- Huile végétale pour la friture, environ 2 l (2 pintes)

1. Assécher le poulet rincé avec des essuie-tout.
2. Mêler la farine, le bicarbonate de soude, l'eau, l'œuf, le sel et le poivre au mélangeur jusqu'à consistance lisse. Verser dans un grand bol.
3. Faire chauffer l'huile à 180 °C (350 °F). Tremper les ailes, 3 ou 4 à la fois, dans la pâte et, à l'aide de pinces, déposez-les dans l'huile chaude. Frire environ 20 minutes.
4. Égoutter sur des essuie-tout. Il est possible de les garder au chaud dans un four à 100 °C (200 °F), si les ailes sont déjà préparées. Servir accompagnées de sauce épicée pour les enfants plus vieux.

Un secret commercial

Pour transformer les ailes frites en ailes à la mode de Buffalo, ainsi nommées en l'honneur de la vieille ville de l'État de New York, mélanger 250 ml (1 tasse) de beurre, 10 ml (2 c. à thé) de vinaigre de cidre et de la sauce épicée au goût dans une casserole à feu moyen. Quand le beurre est fondu, trempez les ailes dans la sauce, pour cuire et ajouter du piquant.

Donne 16 rondelles de saucisse

454 g (1 livre) de saucisses italiennes, fortes ou douces

4 gros poivrons rouges ou verts, étrognés, épépinés et coupés en quartier

Saucisses italiennes sur quartiers de poivrons

Quelques saucisses mèneront loin. Utiliser la saucisse douce pour les jeunes enfants ; les plus vieux aimeront peut-être les fortes.

1. Mettre les saucisses entières, couvertes d'eau, dans une casserole, puis amener à ébullition. Réduire le feu et laisser mijoter 10 minutes.
2. Enlever les saucisses de l'eau. Griller à feu vif jusqu'à ce qu'elles soient entièrement dorées. Couper en rondelles et servir sur des cuillères de poivrons rouges ou verts.

Les secrets de la saucisse italienne

Une saucisse italienne de qualité supérieure ne contiendra que peu de gras, si peu de gras en fait que vous serez peut-être obligé d'ajouter de l'huile dans la poêle pour les cuire. Dans la préparation des boulettes, mélangez 225 g (½ livre) de saucisse avec la viande, et vous serez surpris par la différence.

Courge spaghetti avec sauce marinara et fromage

La courge spaghetti offre une infinité de possibilités pour une diète nutritive et sans gluten. C'est délicieux et si facile à préparer.

Donne de 6 à 8 portions

1 courge spaghetti de 1,8 kg (4 livres), rincée

250 ml (1 tasse) de parmesan, fraîchement râpé

Herbes fraîches telles que du persil, du basilic et de l'origan pour la garniture

500 ml (2 tasses) de sauce marinara maison ou en conserve, sans gluten, au choix

1. Préchauffer le four à 135 °C (275 °F).
2. Façonner un bateau en papier d'aluminium et déposer la courge au centre. Percer la courge à plusieurs endroits afin de laisser échapper la vapeur. Arroser d'eau. Couvrir de papier d'aluminium et cuire 2 heures. La courge est prête lorsqu'il est possible d'y enfoncer facilement une fourchette.
3. Laisser refroidir la courge jusqu'à ce qu'il soit possible de la manipuler facilement. La couper en deux et enlever les graines à l'aide d'une cuillère. Passer une fourchette sur la chair et celle-ci se transformera en spaghetti.
4. Mélanger la courge et presque tout le fromage afin de faire chauffer de nouveau. Saupoudrer le reste du fromage et les herbes. Incorporer la sauce marinara et servir.

Le fromage fraîchement râpé

Les morceaux de parmesan, bien emballés, se conserveront une semaine au réfrigérateur. Il est si facile de ne râper que la quantité nécessaire au moment où vous en avez besoin et cela a bien meilleur goût que le fromage râpé offert dans une boîte ou un bocal. Utilisez une râpe à fromage et mettez un morceau de papier ciré sur votre planche. Râpez, enlevez ensuite la râpe, faites un tunnel dans le papier et faites glisser le fromage dans un bol ou ajoutez-le à votre préparation. Il est également possible d'utiliser du romano, du fontina ou du cheddar de cette manière, afin d'en profiter encore plus.

Macaroni au fromage avec courge spaghetti

Donne de 4 à 6 portions

1 courge spaghetti de 2,3 kg (5 livres), rincée

1 recette de *Trempette cheddar et chili* (voir à la page 262)

125 ml (½ tasse) de lait

375 ml (1½ tasse) de cheddar, râpé, en plus, pour la garniture

30 ml (2 c. à soupe) de beurre

Tout le monde aime le macaroni au fromage. Cette recette remplace le macaroni par de la courge spaghetti et utilise la trempette cheddar-chili.

1. Préchauffer le four à 135 °C (275 °F).
2. Façonner un bateau en papier d'aluminium et déposer la courge au centre. Percer la courge à plusieurs endroits afin de laisser échapper la vapeur. Arroser d'eau. Couvrir de papier d'aluminium et cuire 2 heures. La courge est prête lorsqu'il est possible d'y enfoncer facilement une fourchette.
3. Laisser refroidir la courge jusqu'à ce qu'il soit possible de la manipuler facilement. Préparer un plat à cuisson en verre de 25 cm (10 po) en la vaporisant d'enduit à cuisson antiadhésif. À l'aide d'une fourchette, faire du « spaghetti » avec la courge et gratter pour la déposer dans le plat.
4. Augmenter la température du four à 180 °C (350 °F).
5. Mélanger la sauce et le lait supplémentaire pour ensuite les mettre dans le plat à cuisson. Parsemer le fromage sur le dessus et ajouter des noisettes de beurre. Cuire 30 minutes, jusqu'à ce que ce soit chaud et bouillonnant.

Granité aux trois fruits frais

Ce granité est excellent en soi ou mélangé à de la crème glacée à la vanille. Plus il y a de variétés de fruits, meilleur ce sera.

Donne 1 l (1 pinte)

- 375 ml (1½ tasse) de sucre
- 170 ml (⅔ tasse) d'eau
- 500 ml (1 chopine) de fraises, rincées et équeutées
- 750 ml (1½ chopine) de framboises fraîches, rincées
- 250 ml (½ chopine) de bleuets frais, rincés et choisis
- 65 ml (¼ tasse) de jus de citron

1. Mélanger le sucre et l'eau ensemble dans un grand poêlon et porter à ébullition. Réduire le feu et laisser mijoter jusqu'à ce que le sucre soit dissous.
2. Ajouter les petits fruits rincés et cuire 6 minutes. Ajouter le jus de citron.
3. Mettre au congélateur dans des bacs à glaçons. À quelques reprises, briser le granité avec une fourchette afin qu'il ne se transforme pas en bloc de glace. Il est également possible d'utiliser un congélateur pour crème glacée. Celui-ci allongera la durée de vie du granité, le transformant en sorbet. Laisser ramollir légèrement, avant de servir.

Croustilles maison

Ces croustilles sont tout simplement trop bonnes et elles partiront très vite, alors prévoir en faire davantage.

Donne environ 75 croustilles

- 4 grosses pommes de terre Yukon Gold
- 2 l (2 pintes) d'huile végétale légère, telle que de l'huile de canola
- Sel, au goût

1. Peler et trancher les pommes de terre. La meilleure façon de procéder consiste à trancher ces croustilles avec une mandoline ou avec la lame à trancher du robot culinaire.
2. Mettre 5 cm (2 po) d'huile dans la friteuse électrique. Faire chauffer l'huile à 170 °C (340 °F) et surveiller la température pendant la cuisson.
3. Ajouter les tranches de pommes de terre avec précaution, quelques-unes à la fois, dans l'huile chaude. Les retirer quand elles sont dorées et les égoutter sur des sacs en papier bruns ou sur des essuie-tout. Ajouter du sel. Servir chaud ou froid. (Pour varier, mélanger 10 ml (2 c. à thé) de poudre de chili avec 10 ml (2 c. à thé) de sel et saupoudrer sur les croustilles quand elles ont refroidi.)

Bananes surgelées trempées dans le chocolat

Donne 10 portions

- 10 bananes
- 10 bâtonnets de bois
- 454 g (1 livre) de chocolat mi-sucré
- 500 ml (2 tasses) de sucre
- Pincée de sel
- 5 ml (1 c. à thé) d'extrait de vanille pur

Les enfants adorent ces bananes, tout comme beaucoup de grands. Elles se préparent en un tournemain, et les enfants plus vieux peuvent aider à tremper les bananes.

1. Peler les bananes et insérer les bâtonnets. Déposer les bananes sur une tôle préalablement vaporisée d'un enduit à cuisson antiadhésif, et congeler.
2. Juste avant de servir, faire fondre le chocolat et le sucre dans un grand poêlon. Ajouter le sel et la vanille. Laisser le mélange tiédir, sans qu'il durcisse.
3. Tremper les bananes surgelées dans le chocolat et les déposer sur du papier ciré. Les bananes feront durcir le chocolat et elles sont prêtes à manger immédiatement.

Crème glacée surprise aux bonbons haricot

Donne 1,5 l (6 tasses)

- 1 l (1 pinte) de crème glacée à la vanille
- 375 ml (1½ tasse) de bonbons haricots, les plus petits possible

C'est parfait pour les jeunes enfants — il suffit de dire « Surprise ! », et ils sont heureux.

Dégeler partiellement la crème glacée. Incorporer les bonbons haricots. Congeler de nouveau et servir.

La passion du président

Tout le monde sait que l'ancien président Ronald Reagan était renommé pour son amour des bonbons haricot. Après sa mort et en son honneur, la compagnie de bonbons Jelly Bean a conçu des rubans noirs, fabriqués en bonbons haricot.

Gâteau au chocolat et aux châtaignes

Les adultes aimeront aussi ce gâteau. Remplir le trou de crème glacée à la vanille et parsemer de pépites de chocolat ou de M&M.

Donne de 10 à 12 portions

250 ml (1 tasse) de farine de châtaigne
250 ml (1 tasse) de farine de riz
15 ml (1 c. à soupe) de gomme de xanthane
190 ml (¾ tasse) de poudre de cacao
10 ml (2 c. à thé) de levure chimique
1 pincée de sel
250 ml (1 tasse) de beurre non salé
315 ml (1¼ tasse) de sucre
375 ml (1½ tasse) de crème sure
2 œufs
Crème glacée à la vanille ou au chocolat pour remplir le centre

1. Préchauffer le four à 180 °C (350 °F). Vaporiser un moule à charnières d'un enduit à cuisson antiadhésif.
2. Tamiser dans un bol les deux farines, la gomme de xanthane, la poudre de cacao et le sel.
3. Mettre le beurre et le sucre dans un grand bol. À l'aide d'un mélangeur électrique à basse vitesse, mêler jusqu'à consistance crémeuse et légère. Ajouter la moitié du mélange de farine et cacao et battre jusqu'à ce la préparation soit lisse.
4. Ajouter la crème sure et les œufs, puis mélanger vigoureusement. Ajouter lentement le reste du mélange de farine et cacao et battre jusqu'à la disparition complète des grumeaux.
5. Arrêter le mélangeur pour racler les parois du bol. Verser la pâte dans le moule et cuire 1 heure. Le gâteau sera moelleux. Juste avant de servir, remplir de crème glacée.

Le chocolat et les autres gâteries

Le chocolat et les châtaignes forment une combinaison magique. La plupart des noix se marient bien avec le chocolat. Il est possible de remplacer la farine de châtaigne de cette recette par de la farine d'amandes. Le chocolat et le café sont divins ensemble, tout comme le chocolat et les framboises, les fraises ou les bananes. On pourrait discuter longuement des combinaisons de chocolat et de vanille, de chocolat et de menthe, et du chocolat au lait avec le chocolat noir. Faites des expériences — il est impossible de se tromper.,

Coupe glacée aux carrés au chocolat

Donne 8 portions

85 g (3 oz) de chocolat mi-sucré
½ bâton (65 ml [¼ tasse]) de beurre ou de margarine
250 ml (1 tasse) de sucre
1 œuf
170 ml (⅔ tasse) de farine de riz
5 ml (1 c. à thé) de levure chimique
5 ml (1 c. à thé) de vanille
1 l (1 pinte) de crème glacée, saveur au goût

Émietter des carrés au chocolat chauds sur de la crème glacée à la vanille, au chocolat ou au café permet d'obtenir un délicieux dessert

1. Préchauffer le four à 150 °C (300 °F). Vaporiser un moule carré de 20 cm (8 po) d'un enduit à cuisson antiadhésif.
2. Faire fondre le chocolat et le beurre ensemble à feu très doux, incorporer le sucre.
3. Mélanger ensemble l'œuf, la farine, la levure chimique et la vanille. Incorporer ensuite le mélange de chocolat. Étendre au fond du moule. Cuire environ 30 minutes.
4. Laisser refroidir 5 minutes. Émietter et servir sur la crème glacée dans des bols.

La sauce au chocolat

Quand vous préparez une sauce au chocolat épaisse, rappelez-vous qu'il est préférable de la préparer avec de vrais morceaux de chocolat, plutôt que du cacao. Pour faire fondre le chocolat, il est possible d'utiliser une casserole épaisse ou le haut d'un bain-marie. Si nécessaire, ajoutez 5 ml (1 c. à thé) de beurre ou d'eau au chocolat.

Annexe A

Les clés d'une alimentation sans gluten

Selon le Gluten Intolerance Group (www.gluten.net) et la American Dietitic Association, les céréales, les farines et les féculents suivants sont permis dans un régime alimentaire sans gluten :

- le sarrasin
- le riz
- le maïs
- la pomme de terre
- le tapioca
- les haricots
- le sorgho
- le soya
- l'arrow-root
- l'amarante
- le quinoa
- le millet
- le tef
- les noix

Les céréales suivantes contiennent du gluten et sont donc interdites :

- le blé (le blé dur et la semoule)
- le seigle
- l'orge
- l'épeautre
- le triticale
- le Kamut
- la fécule de pomme de terre
- l'avoine

Les ingrédients suivants sont douteux et ne devraient pas être consommés à moins d'être en mesure de vérifier qu'ils ne contiennent pas de céréales interdites et qu'ils n'en sont pas dérivés :

- le sirop de riz brun (qui contient souvent de l'orge)
- la dextrine (généralement à base de maïs, mais parfois dérivée du blé)
- les produits à base de farine et de céréales
- la protéine végétale hydrolysée (PVH), la protéine végétale, la protéine de plante hydrolysée ou la protéine végétale texturée (PVT)
- le malt ou la saveur de malt (généralement à base d'orge; permis, si à base de maïs)
- l'amidon modifié
- la saveur naturelle ou artificielle (cependant, les extraits comme ceux de vanille, d'orange ou de citron sont sans gluten.)

D'autres composantes souvent négligées peuvent contenir du gluten :

- la panure
- les mélanges pour enrober
- les hosties
- les croûtons
- le simili-bacon
- les similis-fruits de mer
- les marinades
- les pâtes
- les charcuteries
- le roux
- les sauces
- le poulet rôti
- les bases pour soupe
- la farce
- les épaississants

Annexe B

Ressources sur le Web

Le Gluten Free Mall

www.glutenfreemall.com

Ce site Web a été créé par Scott Adams, qui est bien connu de la communauté cœliaque et sans gluten pour avoir fondé le site Celiac.com. Dans ces pages, vous trouverez des produits sans gluten de première qualité.

La George Mateljan Foundation — World's Healthiest Foods

www.whfoods.com

Cette fondation pour des aliments plus sains a été créée par George Mateljan pour la découverte, le développement et le partage de renseignements scientifiquement prouvés sur les bienfaits de l'alimentation saine. Vous pouvez utiliser l'assistant de recettes de ce site pour chercher des recettes qui excluent certains aliments.

Le Gluten Intolerance Group

www.gluten.net

Ce groupe, connu sous l'acronyme GIG, est un organisme sans but lucratif financé par des dons privés, dont ceux de la Combined Federal Campaign, de la United Way Designated Giving et du Employer Matching Funds, en plus des produits des droits d'adhésion et de la vente de produits et de ressources éducatives.

Living Without

www.livingwithout.com

Ce site propose un mode de vie pour les gens atteints d'allergies et de sensibilité alimentaires. Il aborde une grande variété de problématiques de santé, dont les allergies, la sensibilité alimentaire, l'hypersensibilité environnementale, l'intolérance au blé, l'intolérance au gluten, l'intolérance au lactose, les allergies aux produits laitiers, les troubles de l'alimentation, l'asthme, le diabète, la dermite, la gastroentérite, les régimes curatifs, la maladie cœliaque, l'anaphylaxie, en plus des allergènes communs comme les œufs, les produits laitiers, le blé, les arachides, les noix, les crustacés et les mollusques, le poisson, le maïs, le soya et le gluten.

Gluten Freeda

www.glutenfreeda.com

Le programme Glutenfreeda a été créé pour aider les gens atteints de la maladie cœliaque à apprendre à préparer tous les plats qu'ils aiment, sans gluten. L'objectif est de montrer à ceux qui souffrent d'intolérance au gluten comment bien manger, manger sainement et fonctionner positivement dans un univers engorgé de gluten. Les recettes de ce site seront appréciées de toute la famille et ont été sélectionnées pour rendre l'expérience agréable… et sans sacrifice.

Cooking Gluten-Free

www.cookingglutenfree.com

Publié par Celiac Publishing, Cooking Gluten-Free ! est le résultat d'un travail tissé d'amour et conçu pour prouver que l'alimentation sans gluten peut être savoureuse.

Rice and Recipes

www.riceandrecipes.com

Des recettes, des concours de recettes, des liens sur le riz et des données intéressantes sur le riz.

Gluten-Free Pantry

www.glutenfreepantry.com

Des recettes, un localisateur de boutiques, des renseignements sur la maladie cœliaque, l'autisme, et plus encore.

L'alimentation sans gluten

www.gluten.net/diet.asp

L'alimentation sans gluten est le traitement recommandé médicalement pour les gens souffrant d'intolérance au gluten, comme ceux atteints de la maladie cœliaque et de la dermatite herpétiforme. Une réaction du système immunitaire à la consommation de gluten entraîne des troubles de l'intestin grêle chez les gens souffrant d'intolérance au gluten.

Un réseau d'entraide pour la maladie cœliaque et l'alimentation sans gluten

www.celiac.com/celiacdisease.html

Ce centre de soutien propose des ressources intéressantes et des renseignements importants pour les gens suivant un régime alimentaire sans gluten en raison de la maladie cœliaque, d'une intolérance au gluten, d'une dermatite herpétiforme, d'une allergie au blé ou tout autre trouble de la santé. Le site Celiac.com propose des ressources en ligne clés sur l'alimentation sans gluten et sans blé, qui sont utiles pour quiconque a des besoins nutritionnels particuliers.

Le trio sans gluten

www.pamelasproducts.com/GFTrio.html

Ce site est une collaboration entre trois entreprises indépendantes : Pamela's Products, Mrs. Leeper's Pasta et Edward & Sons.

Gluten Solutions

www.glutensolutions.com

Pour acheter des aliments, obtenir de l'information et joindre un groupe en ligne.

Amazing Grains

www.amazinggrains.com

Ce site vend la farine Montina, des livres de recettes et des outils de cuisson, en plus de présenter une coopérative de cultivateurs et des groupes de soutien.

Enjoy Life Foods

www.enjoylifefoods.com

Naviguer et acheter, dénicher des données sur les produits et trouver des ressources.

Index

C

D

E

F

T

V

X

Aussi disponibles, de la même série :

Tout sur les anges
Tout sur le tarot
Tout sur l'allaitement maternel
Tout sur la numérologie
Tout sur la cuisine au barbecue
Tout sur La mise en conserve et la préservation
Tout sur la mijoteuse
Tout sur la première année de bébé
Tout sur les pirates
Tout sur les vampires
Tout sur les rêves
Tout sur la Loi de l’attraction
Tout sur le virage vert
Tout sur le vin
Tout sur les dragons – pour les enfants
Tout sur le sudoku en 15 minutes
Tout sur le sudoku en 30 minutes

ADA éditions
www.AdA-inc.com
info@AdA-inc.com